北京绿能煤炭经济研究基金会　资助

中经煤炭产业景气指数研究
10 年 纪 实

岳福斌　主编

应 急 管 理 出 版 社

·北　京·

图书在版编目（CIP）数据

中经煤炭产业景气指数研究10年纪实/岳福斌主编．--北京：应急
管理出版社，2022

ISBN 978-7-5020-9331-0

Ⅰ.①中… Ⅱ.①岳… Ⅲ.①煤炭工业—产业发展—研究—中国
Ⅳ.①F426.21

中国版本图书馆 CIP 数据核字（2022）第 066585 号

中经煤炭产业景气指数研究 10 年纪实

主　　编	岳福斌	
责任编辑	成联君　尹燕华	
责任校对	孔青青	
封面设计	安德馨	

出版发行　应急管理出版社（北京市朝阳区芍药居 35 号　100029）
电　　话　010-84657898（总编室）　010-84657880（读者服务部）
网　　址　www.cciph.com.cn
印　　刷　北京盛通印刷股份有限公司
经　　销　全国新华书店

开　　本　710mm×1000mm¹/₁₆　印张　21¹/₂　字数　341 千字
版　　次　2022 年 5 月第 1 版　2022 年 5 月第 1 次印刷
社内编号　20211487　　　　　　定价　75.00 元

作　者　简　介

岳福斌　男，辽宁省葫芦岛市人，原中国社会科学院研究生院教授、博士生导师，中央财经大学、中国矿业大学（北京）中国煤炭经济研究院院长，现已退休。自踏上教学科研主路以来，长期致力于中国经济问题研究，出版著作30余部，发表学术论文300余篇。近二十多年来致力于中国煤炭经济研究，先后主持了铁路建设基金对煤炭产业的影响、煤炭价格形成机制、煤炭成本构成、煤炭交易制度、煤炭财产保险、煤炭管理体制、北煤南运铁路专线建设、煤炭产业基金、煤矿企业兼并重组、煤炭企业精细化管理、煤炭税费制度综合改革、加强商品煤质量管理、混合所有制及其在煤炭产业的构建、中国能源革命与煤炭产业策略、科学推进我国煤制油产业发展、煤炭工业发展"十三五"产能规划研究、煤炭产能新常态与落后产能退出新机制、煤炭产业脱困发展与供给侧结构性改革、积极稳妥降低煤炭企业杠杆率、煤炭产业供给侧结构性改革降成本，以及《国务院关于促进煤炭工业健康发展的若干意见》（国发〔2005〕18号）、《煤炭工业发展"十二五"规划》、河南省等多项地方政府和煤炭企业发展战略课题研究，主编《煤炭蓝皮书》十一卷，创建并主持"中国煤炭经济30人论坛（CCEF-30）"活动39次，组织发布"中国煤炭产业经济景气指数"44期，提出的多项政策建议被政府采纳。被载入《中国当代著名经济学家辞典》《中国当代著名青年学者辞典》《世界华人著名教育家辞典》《当代华人名人传略》《经济日报——领军者人物专版》等。

目　　次

导　　语

　　中国煤炭产业景气指数是我从事煤炭产业经济研究 20 年生涯中近 10 年开展的一项课题研究，近 3 年又被称为"中矿（北京）煤炭产业景气指数"。该指数作为煤炭产业运行的重要分析工具，曾客观准确地预测研判了近 10 年出现的趋势性波动，其中包括始于 2012 年的"隆冬四年"、2016 年报复性反弹、2017—2018 年的高位盘整及新冠肺炎疫情暴发以来对复工复产发展轨迹的研判。

　　经过 10 年汗水心血的浇灌，培养出的中国煤炭产业景气指数，寄希望成为启动煤炭产业百年新征程的一块铺路石。在诸多同仁的帮助下，经过认真的文献收集整理，采用纪实的方式，集结成此书，作为为煤炭产业发展努力 20 年的经济学人的一点奉献。

　　忆往昔峥嵘岁月稠。2002 年 9 月，我在隶属于中国社会科学院的中央重大经济理论课题组工作时，甘肃平凉华亭煤矿发生了尖锐的产权纠纷，同时受聘为中国科协基金会顾问的我，被时任中国科协党组书记、副主席的高潮同志安排前往调研该事件。2003 年 1 月，我应邀到内蒙古呼和浩特作中共十六大后相关政策取向的报告。为了做好这次报告，我在内蒙古自治区内开展了一周的调研，结识了伊盟煤炭的张双旺同志，他建议我对煤炭经济开展研究，引起我的重视。在与全国劳动模范、全国人大代表张双旺同志的交流中，我了解到煤炭在改革发展过程中存在很多制度上和政策上的问题亟待研究。当时的煤炭产业经济形势十分低迷，全产业亏损，山西大同煤矿甚至喊出"人人二百三（工资），共同渡难关"的口号，在这一严峻的煤炭产业经济形势面前，做好分析研判，提出对策建议，为产业脱困发展出力，也是新中国培养出的经济学家的责任。

　　从内蒙古呼和浩特回来后，我开始投入煤炭经济研究，通过多次前往内蒙古、甘肃、山东、山西、陕西、河南、河北、黑龙江、辽宁、福建、浙江、四川、安徽等煤炭企业所在地实地调研，先后完成铁路建设基金、煤炭价格、交易制度、企业税收、管理体制、成本构成、并购重组、发展战略等煤炭经济方面研究报告数十篇；组织筹办与煤炭经济相关研讨、交流、培训、会议活动多次，并在会上作主旨发言。其间除了在各类煤炭相关会议和各大煤炭企业做报告，我还参与了河南省等地区，山西焦煤集团、广能集团等企业的煤炭发展战略论证；帮助筹建我国第一家煤炭专业保险公司——中煤财产保险股份有限公司及两个煤炭交易中心——中国（太原）煤炭交易中心、中国西安煤炭交易中心等；参与讨论《国务院关于促进煤炭工业健康发展的若干意见》《关于加快推进煤矿企业兼并重组的若干意见》等煤炭相关文件的起草与修改、完善，为煤炭企业出谋划策，为煤炭产业谋求发展。其中，2007 年 5 月，经过一年筹建，中央财经大学正式批准成立中央财经大学中国煤炭经济研究院，聘任我为首任院长，并从2008 年开始，正式招收国家计划内煤炭产业经济方向的研究生，为煤炭产业提供智力支持和培养人才。2008 年初，我国南方地区遭受四次低温雨雪冰冻极端天气袭击，造成人员生命财产严重损失，面对这场灾难所暴露出的矛盾，我又与有关专家首次提出建设北煤南运大通道，解决华中地区能源瓶颈的设想，经过两三年的研究，形成提案提交全国人大会议，研究报告也提交相关部门，为世界上一次性建成并开通运营里程最长的重载铁路、纵贯南北的煤炭能源运输大通道——浩吉铁路的建设奠定了坚实的基础。

通过多年对中国煤炭经济的研究，取得了一定成果，同时引起了国务院机关报《经济日报》产经部的关注。2010 年 9 月，他们邀请我参加"中经煤炭产业景气指数"的编制，并作为主撰稿人对报告进行解读。

"中经产业景气指数"的前期筹备工作开始于 2008 年 10 月。当时由美国次贷危机引发的国际金融危机对全球实体经济冲击日益显现，国内许多企业希望有一个客观、可靠且带有预见性的产业景气指数，以帮助加强对产业运行的监测，提高对产业发展趋势的预判能力。在此背景下，经济日报社于 2008 年 11 月初成立了中经产业景气指数研究中心，并联手国家统计局中国经济景气监测中心，开始共同研究编制"中经产业景气指数"。2009 年 4 月"中经产业景气指数"正式对外发布，首季发布家电、乳制品和钢铁三个产业景气指数，并做立体式延伸、解读报道。2009 年 7 月，在总结一季度经验的基础上，产业从 3 个增加到 6 个，并对指数编制方法进行了补充，形成了装备制造、家电、乳制品、石化、钢铁、纺织 6 个产业景气指数。由于获得了良好的社会反响，经过进一步调整和拓展，最终形成了包括煤炭产业在内的按季度发布的"1+10+1"的监测体系，即"工业+十大重点产业+热点行业"，包括工业、装备制造、煤炭、石油、电力、钢铁、水泥、有色、化工、家电、服装和乳制品。"中经产业景气指数"依托经济日报社和国家统计局各自在国内经济领域的权威视角，跟踪监测、前瞻预警国民经济重点行业领域的运行状况，及时发掘报道行业领域中的新情况、新问题，着力搭建一个行业景气发展态势持续监测及信息发布的高层平台，打造一个有影响力的准确预测判断行业发展态势的数据产品品牌，以期为中央政府、产业主管部门、广大工商企业提供科学的决策依据。

2010 年三季度，我开始参与研判"中经煤炭产业景气指数"，撰写"报告解读"并公开发表在《经济日报》主办的《中经产业景气指数专刊》。该专刊除 2010 年四季度和 2011 年一季度暂停二期，每季度出版一期，直至 2016 年改变经管体制，停办此刊。

在《中经产业景气指数专刊》存续期内，"中经煤炭产业景气指数"作为 12 个产业指数指标之一，发挥了应有作用。作为"领头羊"，每次报告发布前都会召开新闻发布会，充分发挥信息导向作用，引导产业健康有序发展。记得在 2011 年三、四季度研报中我们预警指出煤炭产业将发生下跌趋势调整，据景气指数分析研判，下跌趋势会很严重，而且持续时间也会较长。而后发生的"飞流直下三千尺"的"隆冬四年"，证实了此观点。在 2015 年四季度，研报又预测指出"隆冬季"将结束，"春天"要来了，煤炭产业将在 2016 年下半年出现报复性反弹。这一研判结果在陕西榆林的一次大会上一经宣布，台下响起一阵热烈的掌声。后来的走势如中经煤炭产业景气指数研判，出现了"煤超疯"现象。

2016 年一季度《中经产业景气指数专刊》的停办，并没有影响我们开展的煤炭产业景气指数研究。我们利用参办《中经产业景气指数专刊》积累的数据、资料、经验、资源，继续开展公益性研究，并更名为"中矿（北京）煤炭产业景气指数"。在广泛、系统、深入收集宏观、微观领域多维度数据的基础上，经过进一步研究、探讨、开拓、完善、发展，创造性提出煤炭产业供给、需求、效益、发展四个维度的十大指标（煤炭产量、进口量、库存、主营业务收入、出口量、价格、利润、回款、投资和用工数）新体系，运用现代计量方法，通过先行、一致、滞后三条曲线，客观反映煤炭产业经济景气度。每年一、二、三季度做季度景气度研究；四季度采用年度总结研究并对下一年度做理性预期研究。为了对外发布研究成果，季度报告通过内部创办的《信息要报》披露；年度研报则利用《中国煤炭报》《煤炭经济研究》《中国煤炭》等报纸杂志公开发表，其中在《中国煤炭》杂志作为卷首文章发表。

中国煤炭产业景气指数研究仍在不断深入。2016 年 11 月在陕西西安陕煤集团召开的形势分析报告会上，强调了煤炭价格报复性反弹后，煤炭产业形势将会强势稳固，之后顺应经济形势，寻求发展趋势。2016 年"筑底"，经两年高位盘整后，2019 年明确，若不发生意外，中国煤炭产业会顺应国际国内形势重拾升势。新冠肺炎疫情暴发前的多因素分析，结论皆如此。但意想不到的疫情冲击扭转了这一趋势。

新冠肺炎疫情在全球蔓延的情况下，同样受到冲击的中国煤炭产业景气度会怎样？中国煤炭产业景气度能否重回正常发展轨道，通过中国煤炭产业景气指数研究，我们也都及时做出理性研究和预期判断。

中国煤炭产业景气指数作为中国煤炭产业发展态势监测、预警的数据产品品牌，问世以来持续受到全产业的关注。每期研究报告还未发布，便有询问相关数据和观点的；年度研究报告也都会被作为研讨会或报告会的主旨发言；该指数已经成为能源，特别是煤炭产业主管部门、煤炭企业管理、经营、决策的参考。

2021 年是中国历史上不寻常的一年。我们刚刚庆祝完中国共产党百年华诞，又开启了第二个百年新征程。中国煤炭产业也开始了新时代，踏上新征程。我们也承担了新使命、新任务。砥砺前行十年的中矿（北京）煤炭产业景气指数研究团队，不忘初心，继往开来，忠诚奉献。希冀《中国煤炭产业景气指数研究 10 年纪实》能成为新时代中国煤炭产业新征程路上的一块铺路石。

2010年

煤炭产业景气度全年将持续上扬[*]

（三季度）

2010 年三季度，我国煤炭产业景气度依然保持平稳上升势头，各主要指标大多呈现不同幅度增长，但走势趋缓。其中，煤炭产业从业人员数同比增速继续加快，煤炭产业利润合成指数、产品销售收入、税金总额和固定资产投资总额同比增速有所回落。下季度，煤炭产业景气度将继续上升。煤炭产业应认清形势，抓住机遇，科学发展。

一、四大因素支撑景气度持续攀升

（一）报告要点

经初步季节调整，2010 年三季度，我国原煤产量为 80665.7 万吨，比上一季度约下降 3.5%；煤炭产业产品销售收入为 5915.8 亿元，比上一季度增长 5.1%。煤炭产业利润总额为 820.9 亿元，同比增长 49.2%。

（二）专家解读

2002 年以来，我国煤炭产业的景气值已走过一个完整的"马鞍形"。2008 年国际金融危机发生以后，景气度出现陡峻下滑，并从 2009 年三季度开始探底回升，呈现"V"形走势。2010 年三季度，煤炭产业的景气度继续延续了向上攀升的发展势头，但升幅有所收窄。从整体而言，目前整个产业的发展比较稳

---

[*] 《经济日报》，2010 年 10 月 21 日，第 06 版。

健，兼并重组等因素正为产业发展质量的进一步提升积蓄动力。

2010 年三季度我国煤炭产业景气度的稳步提升，主要有以下四个方面原因：

一是经济周期因素。在国家扩大内需和 4 万亿元投资的拉动下，我国国民经济向好回升的势头十分明显。煤炭是我国重要的基础能源和重要原料。随着宏观经济的企稳回升，对煤炭的需求量肯定会更大。因此，煤炭产业景气度提升有其客观必然性。

二是产业政策因素。近年来，特别是国家能源局成立以来，我国对煤炭市场调控的成果明显。在已出台的促进煤炭工业健康发展的相关政策中，特别强调抓好大型煤炭生产基地和大型煤炭企业及企业集团建设，努力提升煤炭产业集中度，使煤炭产业无序发展的局面得到了有效控制，支持了煤炭产业景气度的提升。

与此同时，国家在产业层面积极强调推动煤炭科技进步，并着力平衡市场供需关系，确保煤炭价格稳定，为煤炭产业的发展创造了有利的市场环境。

三是能源结构的特殊性。我国是一个"缺气、少油、多煤"的国家，这一国情决定了我国以煤为主的能源结构在可替代能源没有形成规模之前不可能发生改变，在相当长一段时间内必须坚持以煤为主、多元发展的能源产业格局。在这样的产业格局下，煤炭产业在经济形势好转的背景下，呈现一个相对平稳健康的发展势头是必然的。

四是 2010 年以来，我国极端天气的频现，导致部分地区对能源的需求量快速增加，这在一定程度上支撑了煤炭产业景气度的持续攀升。

二、产销向好形势不会发生逆转

（一）报告要点

2010 年三季度，中经煤炭产业景气指数为 101.8 点，比上季度上升 0.4 点。在进一步剔除随机因素后，中经煤炭产业景气指数为 102.3 点，继续保持上季度以来的平稳运行态势。

（二）专家解读

三季度是传统的煤炭需求旺季，但煤炭产量却出现小幅下滑，这在一定程度上受国家加快推进煤炭企业兼并重组等政策因素的影响，中小煤矿的"关、停、并、转"势必减少一部分产量。而从销售环节看，三季度煤炭销售收入有所上升，主要原因包括：一是三季度正处于夏季用煤高峰，市场对煤炭的需求量大；二是在政策调控下，煤炭市场价格相对平稳，未出现大起大落的局面，而且稳中微增；三是煤炭企业降低了库存，保证了煤炭市场供给，保证了煤炭市场需求；四是进口煤炭不统计到国内原煤产量中，但计入销售收入。

从目前的产销形势看，2010 年全年我国煤炭市场形势将继续向好的方向发展，这一趋势已经不可逆转。前三个季度产销形势良好，四季度将继续延续这一发展态势，实现"惯性向好"；2011 年的煤炭供需衔接合同将在四季度陆续签订；部分行业企业可能提前启动"十二五"期间的工程项目，这将给煤炭企业带来更多的市场机会。

因此，在宏观经济形势继续稳步发展的背景下，四季度的煤炭产销形势仍将继续稳健发展。煤炭产业景气指数也会延续上升势头。

中经煤炭产业景气指数报告显示，煤炭产业盈利能力有所提升，盈利正在持续增加。这获益于三个方面：一是我国宏观经济稳健发展，增加了煤炭需求；二是从 2001 年以来，煤炭市场相对比较稳定，煤炭市场价格相对有利；三是不少煤炭企业加快产业整合，不断延伸产业链条，从而有效提升了企业的盈利能力。

专家建议，煤炭企业应该注重提高积累力度，加快设备更新和技术改造速度，改善井下作业环境；提高煤矿工人收入，加强矿区环境治理；加快管理模式和发展模式创新，实现煤炭产业的健康、稳定和可持续发展。

三、兼并重组拉动投资继续增长

（一）报告要点

中经煤炭产业景气指数报告显示，2010 年三季度以来，煤炭产业固定资产投资总额为 1156.5 亿元，同比增长 16.8%，环比增长 41.5%。

（二）专家解读

"从二季度以来，新增的固定资产投资资金主要用于煤炭企业兼并重组。这些投资在短期内很难形成新的生产能力。

2010 年四季度至 2011 年，我国煤炭产业的固定资产投资将继续保持一定比例的增长势头。一方面煤炭企业兼并重组仍在加快推进；另一方面在完成并购重组以后，作为兼并重组主体的煤炭企业仍然需要投入资金，对并购来的中小煤矿进行技术改造和装备升级，促进先进的煤炭生产手段代替落后手段，先进现代化矿井代替落后矿井，促进煤炭产业的结构优化和合理布局，努力形成新的煤炭产能，以满足有效的市场需求。

在后国际金融危机时期，煤炭企业兼并重组将会成为未来几年内我国煤炭产业组织变革和煤炭产业结构优化调整的主旋律和趋势。2005 年颁布的《国务院关于促进煤炭工业健康发展的若干意见》已明确提出，要推进煤炭大基地、大煤炭企业和企业集团的战略，还具体提出通过兼并重组，组建若干个产能在 1 亿吨以上的大的煤炭企业或企业集团。2007 年出台的《煤炭产业政策》则进一步明确了煤炭产业发展的组织结构制度安排和产业科学发展的政策措施。2010 年 8 月召开的国务院常务会议指出，必须按照安全、节约、清洁和可持续发展的原则，坚持政府引导与市场机制相结合，充分调动各方面积极性，推进煤矿企业兼并重组，淘汰落后产能，优化产业结构，提高煤炭生产集约化程度、安全生产和科技水平，有序开发利用煤炭资源，推动现代煤炭产业发展。

目前，我国煤炭产业生产力总体上看水平不断提高，法律法规体系日益完善，产业政策方向明确，具体措施得当，煤炭产业已经具备加快推进企业兼并重组的条件。

为进一步加快推进煤炭企业的兼并重组，专家建议，一是在兼并重组主体的选择上，应当把好关。坚持打破所有制、区域和行业界线，"谁代表先进生产力就支持谁"；努力形成煤炭资源向优势企业流转机制；完善兼并重组客体甄别标准体系建设，严格实行淘汰制。二是加强对煤炭产业兼并重组整合的协调和指导。建立健全给予性政策体系，从多方面出台优惠政策，加大支持力度；完善中介服务机构体系，进一步完善资本市场；深化社会保障制度改革，确保被兼并企业职工合法权益。三是要引导优势企业抓住后国际金融危机时期发展的机遇，抢占煤炭经济发展的制高点，沿着新型工业化方向发展，着力建设高新技术型煤炭企业。

附件：

中经煤炭产业景气指数报告[*]

经济日报社中经产业景气指数研究中心　国家统计局中国经济景气监测中心

一、延续平稳上升态势，发展质量持续改善

2010 年三季度，中经煤炭产业景气指数为 101.8 点（2003 年增长水平 = 100），较上季度上升 0.4 点；中经煤炭产业预警指数为 96.7 点，较上季度下降 6.6 点，仍处于"绿灯区"内运行。中经煤炭产业景气指数的变动表明煤炭产业延续了上季度平稳上升的态势，产业发展质量仍然处于持续改善之中。

三季度，煤炭产业的各主要指标大多呈现不同幅度增长。其中，煤炭产业从业人员数同比增速继续加快；煤炭产业利润合成指数、产品销售收入、税金总额和固定资产投资总额同比增速有所回落；煤炭出口额同比降幅大幅收窄。

从中经煤炭产业景气指数走势图看，在进一步剔除随机因素后，中经煤炭产业景气指数的上升趋势较未剔除随机因素的景气指数上升趋势更加明显一些（图 1）。这表明，三季度以来，相关调控政策对煤炭产业的景气度产生了一定的影响。

目前，国家对经济结构和能源结构调整力度的加大，以及节能减排等相关政策在一定程度上影响了煤炭需求，加之煤炭进口的不稳定因素，都从不同侧面影响到煤炭产业的发展。

不过，受国内经济平稳较快增长的带动，煤炭总体需求将进一步扩大；迎峰度夏的后期效应和冬用煤电高峰的前奏，对煤炭消费需求形成了多重支撑，煤炭供需形势将继续趋于稳定。

总体看来，预计四季度，我国煤炭产业景气度总体将继续保持增长态势，但增速会有所放缓。

---

[*] 《经济日报》，2010 年 10 月 21 日，第 05 版。

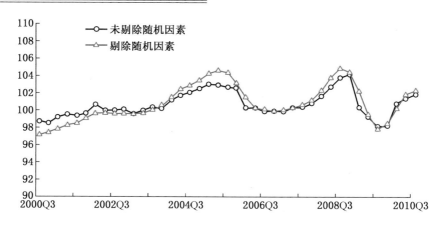

图 1 中经煤炭产业景气指数（2010Q3）

二、总体景气状况继续攀升

（一）景气

2010 年三季度，中经煤炭产业①景气指数为 101.8 点（2003 年增长水平＝100②），比上季度上升 0.4 点。

在构成中经煤炭产业景气指数的 6 个指标（仅剔除季节因素③，保留随机因素④）中，从业人员数同比增速有所上升；煤炭出口额同比降幅收窄；而利润合成指数、产品销售收入、税金总额和固定资产投资总额同比增速有所回落。

在进一步剔除随机因素后，中经煤炭产业景气指数（图 1）为 102.3 点，高于未剔除随机因素的景气指数 0.5 个点，继续保持平稳上升的运行态势。这说明相关调控政策对产业景气度产生了影响。

（二）预警

2010 年三季度，中经煤炭产业预警指数为 96.7 点，较上季度下降了 6.6

---

① 煤炭产业包括煤炭开采和洗选业；统计范围是规模以上工业企业 9200 家。

② 2003 年煤炭产业的预警灯号基本上在绿灯区，相对平稳，因此定为中经煤炭产业景气指数的基年。

③ 季节因素是指四季更迭对数据的影响，如冷饮的市场销量随四季气温年复一年发生周期变动。

④ 随机因素亦称不规则性，如新政策实施、宏观调控、自然灾害等因素对数据的影响。

点，回落至"绿灯区"中心线以下（图2）。中经煤炭产业预警指数连续两个季度出现回落，说明相关调控政策的效果正在逐步显现。

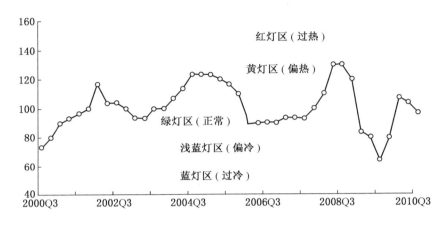

图 2　中经煤炭产业预警指数（2010Q3）

（三）灯号

在构成中经煤炭产业预警指数的 10 个指标（仅剔除季节因素，保留随机因素）中（图3），位于"绿灯区"的有 6 个指标——原煤产量、产品销售收入、税金总额、从业人员数、生产者出厂价格指数和产成品资金占用（逆转①）；位于"红灯区"的有 1 个指标——利润合成指数；位于"浅蓝灯区"的有 3 个指标——固定资产投资总额、出口额和应收账款（逆转）。其中，原煤产量由上季度的"红灯"变为"绿灯"，固定资产投资总额由"绿灯"变为"浅蓝灯"；出口额则由"蓝灯"变为"浅蓝灯"；其他指标灯号保持不变。

从整体上看，目前煤炭产业仍处于较理想的景气区间，产业结构亦趋于优化。预计四季度，煤炭产业利润合成指数可能从"红灯"变为"黄灯"，煤炭产业生产者出厂价格指数可能从"绿灯"变为"黄灯"，而煤炭产业应收账款可能

---

①　逆转指标也称反向指标，对行业运行状况呈反向作用。其指标量值越低，行业状况越好，反之亦然。

指标名称	2007年	2008年				2009年				2010年		
	Q4	Q1	Q2	Q3	Q4	Q1	Q2	Q3	Q4	Q1	Q2	Q3
1. 原煤产量	○	○	○	○	○	◎	◎	◎	○	◉	◉	◉
2. 煤炭产业利润合成指数	●	○	◉	◉	◉	◎	◎	◍	◎	●	●	●
3. 煤炭产业产品销售收入	○	○	◉	◉	◉	○	○	◎	◎	●	◎	◎
4. 煤炭产业税金总额	○	○	●	●	○	○	○	○	◎	●	◎	◎
5. 煤炭产业从业人员数	○	●	○	○	○	●	○	●	○	○	○	◎
6. 煤炭产业固定资产投资总额	○	●	○	○	○	●	○	○	○	○	○	◎
7. 煤炭产业出口额	○	●	●	●	◍	◍	◍	◍	◍	◍	◍	◎
8. 煤炭产业生产者出厂价格指数	○	●	●	●	●	○	○	○	○	○	○	○
9. 煤炭产业产成品资金占用(逆转)	○	○	○	○	◎	◎	○	◎	○	○	○	○
10. 煤炭产业应收账款(逆转)	◎	○	○	◎	◍	◍	◍	○	○	◎	◎	◎
预警指数	○	○	●	●	●	◎	◎	◎	◎	○	○	○
	100	110	130	130	120	83	80	63	80	107	103	97

注：红灯（◉）表示过快（过热），黄灯（●）表示偏快（偏热），绿灯（○）表示正常稳定，浅蓝灯（◎）表示偏慢（偏冷），蓝灯（◍）表示过慢（过冷）；并对单个指标灯号赋予不同的分值，将其汇总而成的综合预警指数也同样由 5 个灯区显示，意义同上。

图 3　中经煤炭产业预警灯号图（2010Q3）

从"浅蓝灯"变为"蓝灯"，其他指标灯号将保持不变，中经煤炭产业预警指数仍将在正常的"绿灯区"内运行。

三、调控政策作用逐步显现

（一）产量

经初步季节调整，2010 年三季度，我国原煤产量为 80665.7 万吨，同比（与上年同期比，下同）增长 1.0%，同比增速较上季度回落 17.1 个百分点；环比（与上季度比，下同）下降 3.5%，降幅较上季度扩大 2.5 个百分点。经分析，受政策因素影响，原煤产量约减少 1214.0 万吨（图 4）。

原煤产量同比增长率连续两个季度出现回落，且呈逐季加速回落趋势，并创出国际金融危机发生以来的新低，这表明在一系列调控政策的影响下，煤炭产能的扩张得到有效抑制。

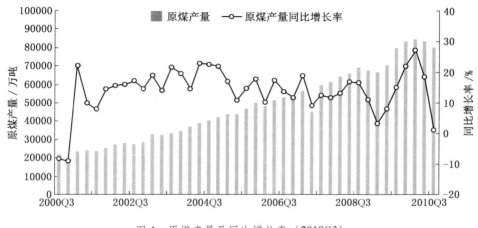

图 4　原煤产量及同比增长率（2010Q3）

随着年末临近，一方面，完成节能减排目标任务进入攻坚阶段，对原煤生产可能会产生一定影响；另一方面，冬季供暖的刚性需求将会释放，会对煤炭产生增长需求。综合来看，预计四季度，煤炭生产增长有望趋于平稳。

（二）销售

经初步季节调整，2010 年三季度，煤炭产业产品销售收入为 5915.8 亿元，同比增长 29.5%，但同比增速较上季度下降 15.6 个百分点；环比增长 5.1%，环比增速较上季度回落 2.1 个百分点。经测算，受政策因素影响，煤炭产业产品销售收入减少约 25.5 亿元（图 5）。

煤炭产业产品销售收入同比增速连续两个季度出现回落，其中三季度同比增速已略低于历史平均增长水平。从中长期来看，我国能源消费结构要发生根本性变化仍然有待时日，因此，煤炭产业产品销售收入有望保持稳定增长。而从短期看，四季度该指标同比增速仍有继续回落的可能，但回落的空间有限。

（三）出口

经初步季节调整，2010 年三季度，我国煤炭产业出口额为 6.1 亿美元，同比增长 40.3%，同比增速自 2009 年以来首次实现由负转正；环比增长 7.2%，环比增速较上季度回落 1.5 个百分点。煤炭产业出口交货值占煤炭产业产品销售收入的 0.3%，与上季度相比基本保持平稳（图 6）。

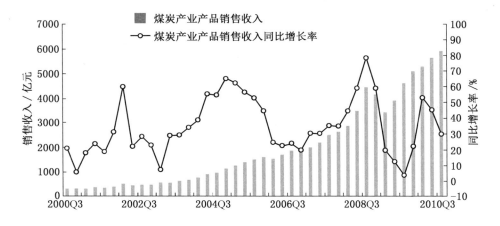

图 5　煤炭产业产品销售收入及同比增长率（2010Q3）

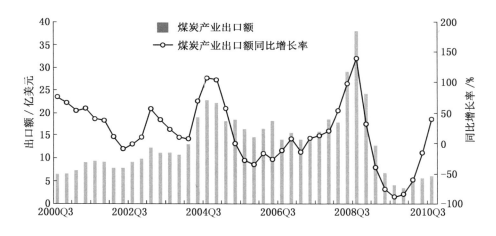

图 6　煤炭产业出口额及同比增长率（2010Q3）

　　预计四季度，煤炭产业出口额仍会保持较高的增长速度，但考虑到近期国际煤炭价格上涨幅度较小等因素，煤炭出口的增幅也会受到一定影响。

（四）利润

　　经初步季节调整，2010 年三季度，煤炭产业利润总额为 820.9 亿元，同比增长 49.2%，同比增速较上季度回落 26.8 个百分点；环比下降 1.3%。三季度煤炭产业的销售利润率为 14.2%，较上季度基本持平，高于同期全部工业 6.0% 的平均水平（图 7）。

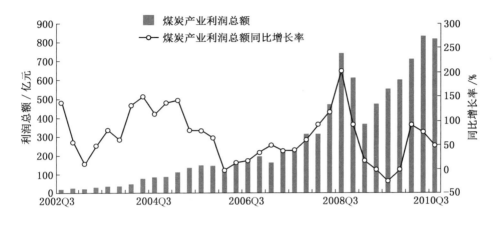

图 7　煤炭产业利润总额及同比增长率（2010Q3）

数据显示，虽然煤炭产业的产品销售收入和利润总额同比增速均有所回落，但其盈利水平仍然比较高。预计四季度，煤炭产业利润总额同比增速仍会继续回落。

（五）税金

经初步季节调整，2010 年三季度，煤炭产业上缴税金总额为 564.3 亿元，同比增长 32.2%，同比增速较上季度回落 2.7 个百分点；环比增长 5.4%。预计四季度，税金总额同比增速与本季度相比有望保持稳定。

（六）投资

经初步季节调整，2010 年三季度，煤炭产业固定资产投资总额为 1156.5 亿元，同比增长 16.8%，同比增速较上季度回落 10.0 个百分点；环比增长 41.5%（图 8）。

受调整经济结构、节能减排、淘汰落后产能和推进兼并重组等多项调控政策影响，煤炭产业固定资产投资总额同比增速三季度回落较快，这说明调控政策效果进一步显现，煤炭产业的产能扩张得到有效控制，煤炭产业由传统粗放的增长

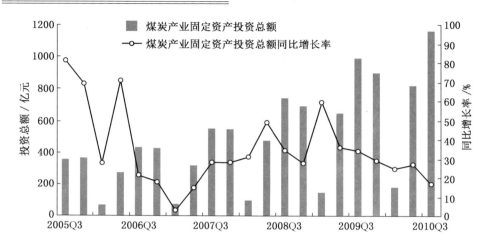

图 8　煤炭产业固定资产投资总额及同比增长率（2010Q3）

模式向结构优化、成熟高效的发展模式转变，而投资结构也将从原有的产能建设为主逐步转变为技术创新、更新改造投资等。预计四季度，固定资产投资总额同比增速有望企稳。

（七）价格

2010 年三季度，煤炭产业生产者出厂价格同比上升 11.2%，同比升幅较上季度上升 2.5 个百分点，连续四个季度保持上升趋势。三季度煤炭产业生产者出厂价格上涨主要是由于去年同期基数较低。预计四季度，煤炭产业生产者出厂价格同比增速有望出现小幅回落。

（八）产成品资金占用

截至 2010 年三季度末，煤炭产业产成品资金占用额为 541.1 亿元，比上季度末增加 47.2 亿元，同比增长 15.3%，同比增速较上季度小幅回落 1.1 个百分点（图 9）。在政策等因素的影响下，煤炭产量的下降以及产成品增速的放缓，煤炭产业的库存有所调整；而四季度即将到来的供暖保障任务，亦有库存调整的需要。因此，预计四季度煤炭产业产成品资金占用同比增速仍有可能微降，煤炭资源区域禀赋差异是重要诱因之一。

（九）应收账款

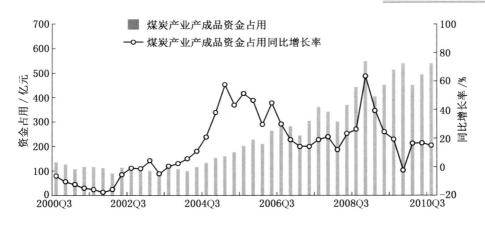

图 9　煤炭产业产成品资金占用及同比增长率（2010Q3）

2010 年三季度末，煤炭产业的应收账款为 1812.9 亿元，比上季度末增长 238.3 亿元，同比增长 38.9%，同比增速较上季度微涨 0.4 个百分点（图 10）。经测算，本季度煤炭产业应收账款平均周转天数为 25.8 天，高于上季度的 22.9 天，这说明煤炭产业资金利用效率较上季度有所降低。

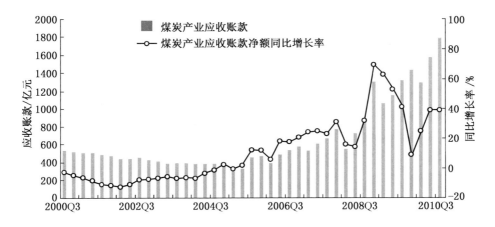

图 10　煤炭产业应收账款及同比增长率（2010Q3）

（十）就业

2010 年三季度末，煤炭产业从业人员数为 503.8 万人，比上季度末增加 9.4

万人，同比增长 5.1%，同比增速较上季度提高 0.7 个百分点，这表明煤炭产业从业人员数保持相对稳定。

（十一）企业景气指数

三季度煤炭产业企业景气指数为 155.3 点，较上季度回落 1.5 点。这是近七个季度以来首次出现回落，这表明宏观调控作用显现，企业在固定资产投资等方面更理性。

四、行业发展预期与建议

总体看来，我国煤炭产业下一步发展将面临外需和内需变化的双重压力。从外需方面看，国际经济仍有许多不确定因素，出口需求难有大的起色。国际市场煤炭价格保持上涨态势，将会影响我国煤炭进口量。从国内市场看，由于水力发电量的加大，在一定程度减少了对电煤的需求量。此外，国家将加大对经济结构、能源结构的调整力度，实施节能减排等相关政策，煤炭消费的增长可能有所趋缓，煤炭市场供大于求的压力有可能加大。因此，预计煤炭产业景气度总体上将继续保持增长态势，但增速会放缓。为此，我们建议：

一是要加速煤炭企业兼并重组，探索煤炭企业兼并重组的有效方式。在财税、金融等多方面支持与引导煤炭企业兼并重组的政策前提下，要注意市场在煤炭企业兼并重组过程中的作用，以期整合后的煤炭企业效率的大幅提升，有效地做大做强煤炭企业。

二是要发展循环经济和促进节能减排，提高煤炭企业资源开发利用效率。要充分发挥科技创新在节能减排中的支撑和引领作用，规范和引导新型煤化工行业，发挥煤炭资源优势，有效利用煤炭产能，提升煤炭产业的进出口竞争力。

三是要加强煤炭法规政策体系建设，形成长效机制。有关部门出台了一系列方针政策，这对于煤炭产业的调整和发展具有较大的引导和推动作用。从煤炭产业的总体发展规划与目标、煤炭企业的生产与增效、矿工合法权益的维护与保障等来看，应加强煤炭法规政策方面的体系建设。

2011 年

煤炭产业景气度有望稳步上升[*]

（二季度）

2011 年二季度，中经煤炭产业景气指数比上季度上升 0.6 点；中经煤炭产业预警指数继续稳定在表示运行正常的"绿灯区"。我国煤炭产业运行呈现淡季不淡、局部地区稍显供给偏紧的态势。从目前情况看，预计今年全年煤炭产业的景气度有望实现稳步上升。

一、不会出现偏冷局面

从中经煤炭产业景气指数的监测结果看，2011 年上半年，我国煤炭的供给和需求基本处于偏紧持平的市场格局中，产业的整体运行态势良好。在世界经济形势不景气的背景下，我国煤炭产业能够保持如此的运行态势，实属不易。

在市场需求有所增加、煤炭产量却连续两个季度同比增速放缓的情况下，煤炭价格稳中有升，但升幅不大。目前，水电、火电和其他新能源的发展正在加快，但从技术储备、基础设施建设等角度看，新能源还无法取代传统能源；考虑水电季差过大等自然因素的制约，当家的电力供给还是火电。在这样的能源结构下，必然会增加煤炭的市场需求。

煤炭需求的增加，加之国际能源形势紧张的影响，实际上新一轮煤炭市场价格上涨的客观条件是具备的，但在防通胀的政策背景下，我国政府加大了限价力

---

*　《经济日报》，2011 年 7 月 27 日，第 06 版。

度，抑制了煤价的大幅上涨。目前煤炭企业的库存和现金流情况都相对较好，表明煤炭产业的宏观调控能力逐步增强，市场供求关系较为健康。

从整体上分析，2011 年一季度，受价格和成交量因素的影响，煤炭产业景气值比 2010 年四季度有所回落；二季度，煤炭产业的景气值重新开始回升；三季度恰逢"迎峰度夏"的时段，正常情况下，煤炭的市场形势将继续向好，景气值有望继续攀升。2011 年是"十二五"规划的开局之年，到 2011 年年底之前，将会有一批"十二五"规划的重大工程项目获批并开工，这些项目将会对水泥、钢铁等行业产生巨大的市场需求，也会带动煤炭的消费需求，从而使四季度煤炭产业的景气值继续呈现好的态势。因此，2011 年全年煤炭产业的发展形势应该是不错的，有些人担心出现偏冷的情况不会发生。

二、客观看待煤炭企业盈利能力

从中经煤炭产业景气指数报告看，2011 年二季度，煤炭产业的利润总额达到 1116.5 亿元，同比增长 34.3%，创历史新高。再从 2011 年证交所已经公布的上市公司一季度季报和半年报看，煤炭企业的确都比较"赚钱"。这主要得益于煤炭市场的坚挺，在市场需求相对旺盛、价格稳步攀升的情况下，利润增长是必然的。

同时，我们还应注意到，在煤炭企业的盈利中，有部分利润是"虚利"。换言之，有些"利润"并非完全是企业真正的利润。由于历史和现实的某些原因，煤炭企业普遍存在内部成本外部化问题，没有把应列入成本的要素列入成本之中，而是体现到利润中。如煤炭的资源成本、煤炭开采过程中伴生资源价款等，都没有如实记入成本；矿区环境治理以及生态恢复的费用，没有明确的支付范围和标准；目前政策规定提取的安全生产费远远满足不了实际安全投入需要；维简费也低于实际补偿需要等。因此，尽管从财务报表上看，煤炭企业的盈利能力很强，但考虑到历史欠账、成本外化等因素，实际盈利水平是要打折扣的。

现阶段，煤炭企业的发展形势虽然不错，但可持续发展后劲仍不容乐观，必须采取有效措施。要尽快转变发展方式，实现集约化发展；要加快本质安全型煤矿建设，使煤炭生产从高危产业变为安全产业；要推动煤炭生产从黑色向绿色转型，尽可能减少对环境的污染和破坏；要努力实现高效开采，节约利用煤炭资源；要尽早地规划未来，制定好煤炭工业可持续发展中长期战略。

具体而言，企业应千方百计地做好后续工作。首先是资源保障，要进一步提高资源采出率，增加探矿投入，贯彻实施"走出去"战略，加强资源储备；其次是资金保障，要努力增加积累，设立专项基金，如可持续发展基金等为产业的后续发展提供必要的资金保障；最后是技术保障，要加强技术研发和人才培养。

三、投资增长动因依然强劲

中经煤炭产业景气指数报告显示，2011 年二季度，煤炭产业的固定资产投资总额为 986.1 亿元，同比增长 20.6%，增速较上季度回落 9.4 个百分点。从多年的统计情况看，一季度往往是煤炭投资的低点，二、三季度均会出现回升，这很正常。增速回落说明调控煤炭产业无序扩张的政策效果开始显现，但不能证明固定资产投资势头趋缓。现阶段，推动我国煤炭产业投资持续增长的动因依然很强。

2005 年，《国务院关于促进煤炭工业健康发展的若干意见》出台以后，我国煤炭企业的并购重组进一步加速。最近一两年，煤炭企业的并购重组在山西等地开展试点，并取得了重大突破。在煤矿企业加快兼并重组的过程中，固定资产投资肯定会增加。一方面，要投入资金用于小煤矿并购；另一方面，完成并购重组需要进一步加大投资，用于生产设备更新、改善安全生产条件、加强员工培训等。

从目前的发展形势来看，在未来比较长的一段时间内，煤炭产业的固定资产投资额将会保持持续增长的状态。理由是"十二五"规划的一批新项目将启动，依靠科技进步转变发展方式将提速，全面推进煤矿企业的兼并重组还将继续加快，而且涉及面和力度会更大。

四、加快推进兼并重组

加快推进煤炭企业兼并重组，是我国煤炭工业健康、稳定和可持续发展的必然选择。经过反复论证，在总结经验的基础上，国务院办公厅于 2010 年 10 月 16 日转发了国家发展改革委《关于加快推进煤矿企业兼并重组若干意见的通知》。这是党中央、国务院在深刻分析国内外形势和煤炭工业发展现状、准确判断煤炭工业发展方向、汇集各方实践创新的基础上做出的重大决策。

党中央、国务院的这一重大决策，事关煤炭产业能否落实党的十七届五中全会精神，加快转变发展方式和调整结构，提高行业发展质量和效益的大局，事关煤炭生产关系能否适应煤炭工业生产力发展水平要求的大局，我们必须正确理解和坚决贯彻。

在加快煤矿企业兼并重组过程中，要客观实际地总结山西等地的试点经验，要始终坚持政府引导、企业自主、以市场为基础的推进手段；要提高开办煤矿和获取矿业权准入门槛，禁止不符合准入规定的个人和企业进入煤炭行业；要建立煤炭资源向优势企业流转机制，按照一个矿区原则上由一个主体开发的原则，优先向矿区优势煤炭企业配置资源；要加快培育市场主体，进一步完善资源价款、资金融入等政策；要本着公开、公平、公正的原则，修订资产评估办法和评价标准等行为准则；要加强制度建设，切实维护职工合法权益，做好下岗失业人员的社会保障工作。

附件：

中经煤炭产业景气指数报告[*]

经济日报社中经产业景气指数研究中心　国家统计局中国经济景气监测中心

一、淡季不淡，需求旺盛行业发展动力较足

中经煤炭产业景气指数报告显示，2011 年二季度，中经煤炭产业景气指数为 101.5 点（2003 年增长水平 = 100），比上季度上升 0.6 点；中经煤炭产业预警指数为 106.7 点，比上季度下降 3.3 点，继续稳定在表示运行正常的"绿灯区"。

---

[*] 《经济日报》，2011 年 7 月 27 日，第 05 版。

2011 年二季度，我国煤炭产业运行呈现淡季不淡、部分地区稍显偏紧的态势。具体来看，煤炭产业产品销售收入稳步增长，出口不断减少，进口稳步回升，利润、税金、用工等指标同比增速均有所加快，煤炭产业销售利润率攀至历史次高水平，产品价格先涨后稳，后期煤炭库存迅速回升。

从中经煤炭产业景气指数走势图看，在进一步别除随机因素后，中经煤炭产业景气指数出现小幅下行，且与未别除随机因素的景气指数曲线之间的差距有所缩小（图 1），这表明二季度煤炭产业的自身发展动力依然比较充足。

从目前看，供需环节仍然是影响三季度煤炭产业走势的主要因素。从需求侧来看，随着夏季用电高峰的到来，火电需求将持续增长，对煤炭需求将继续增加。从煤炭供应和外部环境看，煤炭进口增值税或将下调，煤炭进口有望进一步增加；国家煤炭应急储备方案获批，确定 10 家大型煤炭和电力企业及 8 个港口企业作为应急煤炭储备点，有望在一定程度上缓解国内煤炭市场供应偏紧局面。此外，在南方雨量增多，水电出力将提升，也有望缓解对火电的需求。

从总体上看，三季度，我国煤炭产业总体供需有望基本平衡，但部分地区供应偏紧的局面依然存在。

二、景气变动表明产业动能强劲

（一）景气：小幅上升

2011 年二季度，中经煤炭产业景气指数为 101.5 点（2003 年增长水平＝100），比上季度上升 0.6 点。

在构成中经煤炭产业景气指数的 6 个指标（仅别除季节因素，保留随机因素）中，有 4 个指标的同比增速出现不同程度上升，即煤炭产业利润合成指数、税金总额、从业人员数和煤炭产业生产者出厂价格指数。煤炭产业产品销售收入和固定资产投资总额 2 个指标同比增速有所回落。

在进一步别除随机因素后，中经煤炭产业景气指数为 101.6 点（图 1），比未别除随机因素的景气指数略高 0.1 点。别除随机因素以后，中经煤炭产业景气指数的曲线出现小幅下行，且与未别除随机因素的景气指数曲线之间的差距有所缩小。这表明目前整个产业的发展动能比较充足，产业对国家扶持政策的依赖性有所减弱。

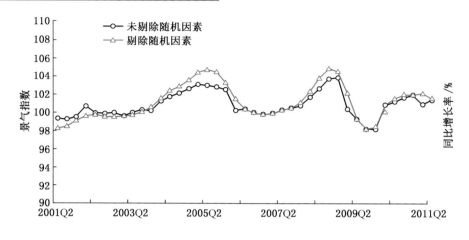

图 1　中经煤炭产业景气指数（2011Q2）

（二）预警：较上季度有所回落

2011 年二季度，中经煤炭产业预警指数为 106.7 点，比上季度下降 3.3 点，继续稳定在表示经济运行正常的"绿灯区"（图 2）。预警指数回落主要受煤炭产业出口额、固定资产投资总额同比增速的快速回落以及煤炭库存的回升影响，这说明煤炭企业兼并重组、国家建立煤炭应急储备点等措施的效果正在逐步显现。

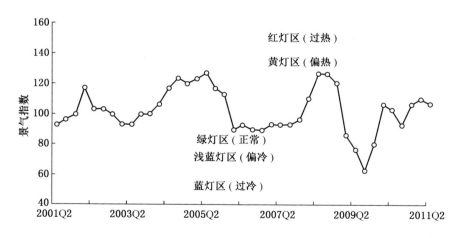

图 2　中经煤炭产业预警指数（2011Q2）

（三）灯号：连续六个季度维持"绿灯"

2011 年二季度，中经煤炭产业预警灯号延续了前五个季度的走势，继续维持在"绿灯区"运行（图 3）。在构成中经煤炭产业预警指数的 10 个指标（仅剔除季节因素，保留随机因素）中，位于"红灯区"的有 2 个，即原煤产量和煤炭产业利润合成指数；位于"黄灯区"的有 1 个，即煤炭产业出口额；位于"绿灯区"的有 4 个，即煤炭产业产品销售收入、税金总额、从业人员数和煤炭产业生产者出厂价格指数；位于"浅蓝灯区"的有 3 个，即煤炭产业固定资产投资总额、应收账款（逆转）和产成品资金占用（逆转）。

指标名称	2008年		2009年				2010年				2011年	
	Q3	Q4	Q1	Q2	Q3	Q4	Q1	Q2	Q3	Q4	Q1	Q2
1. 原煤产量	○	○	◎	◎	◎	◎	●	●	○	●	●	●
2. 煤炭产业利润合成指数	●	●	○	◎	◌	◌	●	●	●	●	●	●
3. 煤炭产业产品销售收入	●	●	◎	◎	◎	◎	●	○	○	○	○	○
4. 煤炭产业税金总额	●	●	◎	◎	◎	●	○	○	○	○	○	○
5. 煤炭产业从业人员数	○	○	○	●	○	●	○	○	○	○	○	○
6. 煤炭产业固定资产投资总额	○	○	●	●	○	●	○	○	○	○	○	◎
7. 煤炭产业出口额	●	●	○	○	○	○	○	○	○	○	●	●
8. 煤炭产业生产者出厂价格指数	●	●	●	○	◌	◎	○	○	○	○	○	○
9. 煤炭产业产成品资金占用(逆转)	◎	○	◎	○	○	○	○	○	○	○	◎	◎
10. 煤炭产业应收账款(逆转)	◎	○	○	◌	◌	◌	○	○	○	○	◎	○
预警指数	●	●	○	◎	◎	◎	○	○	○	○	○	○
	127	120	87	77	63	80	107	103	93	107	110	107

图 3　中经煤炭产业预警灯号图（2011Q2）

预计三季度，在夏季用电高峰、国家调控等多重因素影响下，煤炭产业利润合成指数有望继续维持"红灯"，煤炭产业产成品资金占用（逆转）可能由"浅蓝灯"变为"绿灯"，而煤炭产业出口额可能继续维持"黄灯"不变，中经煤炭产业预警指数仍将在正常的"绿灯区"内运行。

三、行业整体效益进一步提升

（一）销售：同比增速渐趋稳定

经初步季节调整，2011 年二季度，煤炭产业产品销售收入为 7639 亿元，同比增长 35.7%，同比增速比上季度放缓 0.7 个百分点；环比增长 6.6%，环比增速比上季度放缓 0.4 个百分点（图 4）。

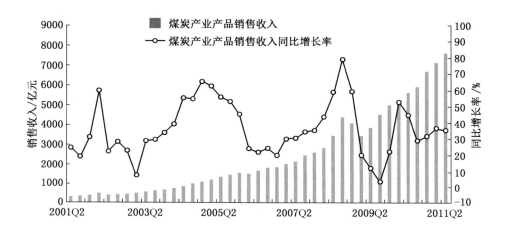

图 4　煤炭产业产品销售收入及同比增长率（2011Q2）

2011 年二季度，影响我国煤炭产业产品销售收入变动的主要因素是在电力供应紧张的情况下，煤炭需求提前进入旺季状态。一方面，受二季度开工率回升等因素的影响，煤炭市场需求持续升温；另一方面，今年 4 月以来，湖南、江西等地发生春旱，西南地区的汛期比往年推迟，区域内水电生产下降，火电负担加大，促使煤炭需求增长。

从中长期来看，我国能源消费结构发生根本性变化仍有待时日，因此，煤炭产业产品销售收入仍有望保持稳定增长。从短期来看，三季度进入夏季用电高峰，煤炭需求仍然旺盛，但受煤炭进口持续回升等影响，煤炭产业产品销售收入同比增速仍有继续回落的可能，但回落的空间有限。

（二）出口：同比增速高位回落

经初步季节调整，2011 年二季度，我国煤炭产业出口额为 9.3 亿美元，同比增长 62.6%，同比增速比上季度快速回落 15.2 个百分点；环比下降 0.6%（图 5）。

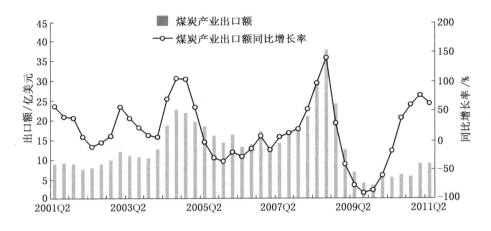

图 5　煤炭产业出口额及同比增长率（2011Q2）

自 2009 年二季度以来，煤炭出口额一直保持在低位。2011 年二季度，煤炭出口额比上季度小幅下滑，主要是因为一方面经济增长较快，而多地区由于降水较少引发对火电供给依赖性增强，国内煤炭需求更趋旺盛；另一方面，受国际油价在震荡中维持高位的影响，国际市场动力煤价格持续走高，国内煤价止跌回升，步入上行通道，从而影响了我国煤炭的出口，反而为煤炭进口重启创造了条件。

三季度，由于国际煤炭价格上涨仍存不稳定因素，预计煤炭产业出口额同比仍然保持增长，但增速有望继续回落。

（三）利润：总额创历史新高

经初步季节调整，2011 年二季度，煤炭产业实现利润总额 1116.5 亿元，同比增长 34.3%，同比增速比上季度加快 2.9 个百分点；环比增长 19.8%，环比增速比上季度加快 14.4 个百分点（图 6）。

从销售利润率水平来看，经计算，煤炭产业销售利润率为 14.6%，比上季度上升 1.6 个百分点。预计三季度，煤炭产业销售利润率水平仍会保持较高水平，但同比增速则有回落的可能。

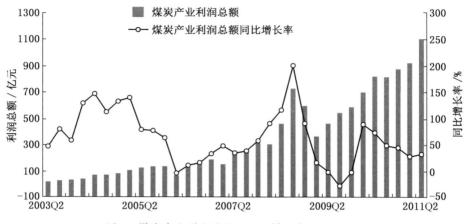

图 6　煤炭产业利润总额及同比增长率（2011Q2）

（四）税金：持续增长

经初步季节调整，2011 年二季度，煤炭产业上缴税金总额为 716.6 亿元，同比增长 33.8%，同比增速比上季度加快 16 个百分点；环比增长 12.7%，环比增速比上季度加快 5.9 个百分点。预计三季度，税金总额同比增速与本季度相比有望保持稳定。

（五）产品价格：涨幅继续回落

2011 年二季度，煤炭产业生产者出厂价格同比增长 10.2%，涨幅比上季度回落 1.1 个百分点，延续了上季度同比涨幅回落的趋势（图 7）。煤炭产业生产者出厂价格变动明显受到国际国内两个市场的影响。一是国际市场上国际市场动力煤价格持续走高，国内煤价受其关联进入上行通道。二是国内方面，煤炭需求持续旺盛，支撑煤价上涨。

二季度后期，国内外煤炭价差缩小，煤炭进口不断回升；大秦线路检修完成运力恢复；国家采取建立煤炭应急储备点等措施，多种渠道增加煤炭供应，导致下游企业采购热情下降，价格上行趋势被抑制，煤炭产业生产者出厂价格开始有所回落。

（六）产成品资金占用：煤炭库存回升加快

截至 2011 年二季度末，煤炭产业产成品资金占用为 631.4 亿元，同比增长 31.3%，同比增速比上季度加快 10.9 个百分点；环比增长 22.4%（图 8）。

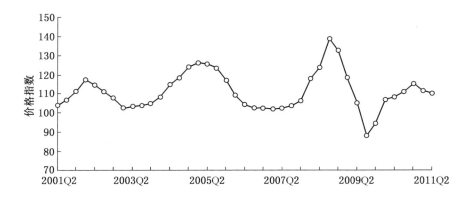

图 7 煤炭产业生产者出厂价格指数（2011Q2）

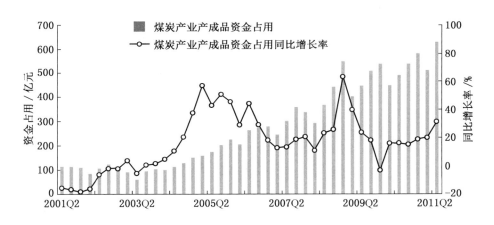

图 8 煤炭产业产成品资金占用及同比增长率（2011Q2）

二季度煤炭产业库存回升较快主要因为：一是煤炭产量在二季度后期持续较快增长但销售增速放缓；二是煤炭进口量不断回升，下游企业夏季储煤完成，采购热情下降；三是 5 月下旬以来，秦皇岛港、重点电厂等煤炭库存基本回升至合理水平，恐慌性购煤情绪缓解；四是国家煤炭应急储备点方案获批，增强下游企业信心。

（七）应收账款：回款速度加快

2011 年二季度末，煤炭产业应收账款为 2099.8 亿元，同比增长 31.8%，同比增速比上季度回落 5.2 个百分点（图 9）。经计算，二季度煤炭产业应收账款周转天数由上季度的 24.1 天减少至本季度的 22.8 天，这表明煤炭企业的现金回流速度有所加快，资金流动性有所改善。

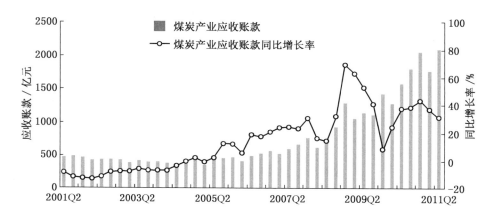

图 9　煤炭产业应收账款及同比增长率（2011Q2）

（八）固定资产投资：同比大幅增长

经初步季节调整，2011 年二季度，煤炭产业固定资产投资总额为 986.1 亿元，同比增长 20.6%，同比增速比上季度回落 9.4 个百分点（图 10）。

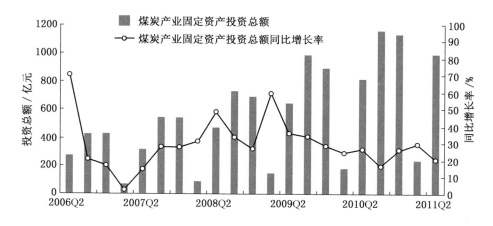

图 10　煤炭产业固定资产投资总额及同比增长率（2011Q2）

（九）从业人员：用工持续攀升

2011 年二季度，煤炭产业从业人员数为 509.5 万人，同比增长 8.3%，同比增速比上季度加快 1.7 个百分点，已连续两个季度保持较快增长。

（十）企业景气指数：小幅回落

2011 年二季度，煤炭产业企业景气指数为 165.3 点，比上季度小幅回落 3.2 点。这表明企业在投资等方面更加审慎。

四、行业发展预期与建议

2011 年三季度，我国煤炭产业的景气度有望继续呈现上行趋势。不过，目前影响煤炭产业经济运行的因素仍然不少。从需求来看，7 月、8 月，迎峰度夏的压力将进一步扩大全社会对煤炭的消费需求，局部地区供应偏紧的局面可能加剧。同时，自二季度末以来，南方夏季雨量增多，水电出力明显提升，在一定程度上缓解了火电发电压力，削减了对煤炭的需求。从煤炭供应的角度来看，一是继山西、河南之后，煤炭主产省份相继拉开煤炭企业兼并重组、资源整合的序幕，煤炭产量将受到一定影响。二是煤炭进口增值税或将下调，这有助于煤炭贸易商加大煤炭进口力度，缓解国内煤炭供应偏紧局面，但国际市场煤炭价格趋势难判，可能影响煤炭进出口格局。三是国家设立了 10 家大型煤炭、电力企业和 8 个港口企业为应急煤炭储备点，将能缓解煤炭市场季节性波动产生的不利影响。

从长期来看，煤炭铁路运输比重持续上升、运输瓶颈制约短期内难以解决等问题，将成为制约煤炭产业健康持续发展的瓶颈。我们建议：

一是要尽快转变经济发展方式，加快经济结构调整，控制高耗能产业过快发展。通过提升煤炭产业技术水平、提高全社会能源利用效率、控制高耗能产业过快发展，减缓经济发展所带来的能源资源供应压力，妥善解决煤炭消费过快增长所带来的各种矛盾。

二是建立健全煤炭产业综合监管体系和安全生产长效机制。建立明确的目标责任体系、动态的监控体系和安全的保障体系，充分保证煤炭生产的安全性，以确保煤炭的稳定供应。

三是推进煤炭流通领域改革，加快现代煤炭物流产业发展。鼓励煤炭与电厂等用煤企业直接签订战略联盟或长期协议，减少中间环节，取消不合理收费，降低煤炭流通成本。

四是做好煤炭应急储备工作，提高煤炭供应保障水平，维护煤炭市场平稳运行。

煤炭产业总体向好　潜在风险不可忽视[*]

（三季度）

　　2011 年三季度，中经煤炭产业景气指数比上季度微升 0.4 点；预警指数为 106.7 点，与上季度持平，继续稳定在表示运行正常的"绿灯区"。从总体上看，全国煤炭经济运行态势保持良好，产业景气度仍在缓慢上行。煤炭产业应该注意防范潜在风险，防止出现"马鞍形"产业发展曲线，力争在平稳发展中上新台阶。

一、发展态势总体良好

　　中经煤炭产业景气指数报告显示，2011 年三季度，中经煤炭产业景气指数为 101.9 点，比上季度微升 0.4 点。从中经煤炭产业景气指数报告的监测结果看，生产者出厂价格同比上涨 10.8%，涨幅比上季度温和扩大 0.6 个百分点；煤炭产业产品销售收入同比、环比均呈现较快增长；实现利润 1080 余亿元，同比增长 32%，销售利润率为 12.4%，远高于全部工业平均销售利润率 5.9% 的水平。

　　煤炭产业景气度的小幅上扬、稳中微升在预料之中。支撑煤炭产业景气度稳中微升的关键因素仍然是旺盛的市场需求。2011 年以来，我国部分地区气候变化较大，南方地区出现比较长时间的旱情，导致对火力发电需求量增加，带动了对煤炭的需求。同时，煤炭价格也稳中略升，对景气度的上升也形成了支撑。此

---

　　[*]　《经济日报》，2011 年 10 月 26 日，第 10 版。

外，还有几个因素影响了煤炭产业景气度的提升：一是在煤炭需求旺盛，价格稳中有升的情况下，煤炭销售收入也较快增长；二是煤炭企业管理水平不断提升，市场反应能力增强；三是资金流比较健康，应收账款较少，财务成本不断下降。

从总体上看，我国煤炭产业发展呈现比较好的态势，全年无恙。由于四季度是传统的用煤旺季，煤炭需求会比三季度加大；随着大秦线检修的完成，一些依靠大秦线供煤的用户，也会进一步补充库存。

因此，在需求量看涨的情况下，煤炭价格下行的可能性几乎没有，但也不会出现暴涨。这主要是因为煤炭进口量增长较快，这部分煤炭将会影响国内煤炭价格；国内耗煤产业在节能减排和发展困难的情况下，产量增加有限，对煤炭的需求量不会大量增加；考虑到四季度用煤高峰，煤炭企业为保障供应，将加大煤炭供给，也将在一定程度上平抑煤炭价格。

二、电煤供给有保障

我国煤炭市场均态供给的格局一直没有改变，相对稳定的煤炭市场价格是最有力的证明。从目前看，在现代化的机采条件下，我国煤炭的供给能力完全能够满足实际需求。"电荒"是存在的，但不存在"煤荒"问题。

众所周知，近几年电力企业经济效益不佳，电煤购买能力在下降，没有做好煤炭充足储备，再加上运力因素影响，一旦电力企业需要煤的时候，未必能及时供应，因此表现为"电煤荒"。所谓"电煤荒"是煤炭行业和电力行业之间博弈的表现形式，实际电煤"不荒"。

虽然不存在"电煤荒"，但也不能掉以轻心。四季度是传统的煤炭需求旺季，随着取暖期和枯水期的到来，煤炭的需求量将增加。从总体上判断，四季度煤炭市场仍将维持供需基本平衡，但不排除出现区域性、阶段性偏紧的态势，有关方面应提前做好相应的准备。

根据中经煤炭产业景气指数报告的监测，2011 年三季度，我国煤炭产业出口额同比下降 4.5%；而 1—8 月，煤炭进口累计金额达 116.4 亿美元，同比增长10.3%，远高于煤炭 20.25 亿美元的出口额。目前，一些发达国家受国际金融危机冲击，国内的经济还没有恢复，对煤炭需求减少，我们应该抓住这一时机，充分利用好国外煤炭资源，加大煤炭的进口力度。

近年来，神华、中煤、兖矿等煤炭企业加快实施"走出去"战略，加快产业输出，积极到海外进行煤炭开采。当前，我国已经成为煤炭净进口国，在未来相当长的一段时期内，这种格局不会变化，净进口的幅度也会越来越大。我们相信，随着更多的煤炭企业"走出去"，中国在国际煤炭市场的话语权也会越来越强。

三、警惕潜在风险

从产业横向比较来看，煤炭产业的盈利能力好于其他工业企业。但是，在销售收入大幅增加，价格有所上升、从业人员比上季度有所增加的情况下，利润环比却下降 3.0%。这应引起我们的警觉。

煤炭产业属于高投入行业，资产负债率比较高；煤炭产业又是工业品的大用户，工业品的价格上涨也导致煤炭产品综合业务成本的上升；此外，企业用工工资的提高和兼并重组也带来了成本增加。这些因素在一定程度上影响了煤炭产业的利润。有关数据显示，2011 年 1—8 月，90 家大型煤炭企业的主营业务成本达到 11237 亿元，同比增长 39.5%。煤炭产业利润相对滑坡的事实再次向人们证明，煤炭产业不是"暴利"行业，同时也说明，煤炭产业靠资源获利、靠廉价劳动力赚钱的粗放发展路子已经行不通了，必须要转变发展方式，走集约化发展道路，否则产业的健康发展将无从谈起。

从中经煤炭产业景气指数报告的监测结果看，三季度，煤炭产业固定资产投资总额同比增长 36.2%，同比增速比上季度上升 15.6 个百分点。这一结果有其客观原因，我们也曾预料到 2011 年二、三季度煤炭产业固定资产投资会增长。目前的投资增速反映出煤炭产业景气度较高，投资人对产业发展信心较强；也符合产业发展背景，即国家加快推进煤矿企业兼并重组以及"十二五"相关项目启动所带来的投资增长。但这与当前国内外经济形势并不十分吻合。有关方面应理性看待投资集中高速增长问题，做好科学规划和引导，既要引导企业加大在现代工艺和技术设备领域的投入，又要充分考虑投资在时间和空间上的比例，防止企业"一窝蜂"地上项目。产业经济学的基本原理告诉我们，过于集中的投资将会形成集中的需求和供给，集中的固定资产更新，极易导致产业的大起大落，形成"马鞍形"的产业发展曲线。这对产业健康、稳定、可持续发展十分不利。

四、推动行业健康发展

2011 年以来，世界经济处于既困难又复杂的困境之中。在这一形势下，我国煤炭产业严格按《国务院关于促进煤炭工业健康发展的若干意见》发展，依然保持着良好的运行态势，实属不易。

实践证明，《若干意见》所倡导的发展思路是正确的。这个文件所产生的正态效应，一直推动着煤炭产业的持续健康发展。

我们要继续坚持以科学发展观为指导，继续贯彻落实《若干意见》精神，按照"十二五"规划纲要要求，以加快转变发展方式为主线，以调整产业结构为主要策略手段，加快推动煤炭产业实现科学和可持续发展；要加快推进煤矿企业兼并重组，走大基地、大集团、大煤矿集约化发展道路；要全面加强行业管理，按照高效协调、权责一致的原则，健全行业管理体制，理顺部门关系，提高行政效率，为煤炭经济发展做好服务；要坚持科技创新和管理创新，走依靠科技进步和精细化管理双轮驱动的企业发展道路，实现煤炭企业的集约化发展；要千方百计提升企业、继而提升煤炭产业综合竞争力，以确保国家能源安全和国民经济的健康、稳定、可持续发展。

附件：

中经煤炭产业景气指数报告*

经济日报社中经产业景气指数研究中心　　国家统计局中国经济景气监测中心

一、景气指数平稳上升，盈利能力依然较强

中经煤炭产业景气指数报告显示，2011 年三季度，中经煤炭产业景气指数

---

* 《经济日报》，2011 年 10 月 26 日，第 09 版。

为 101.9 点（2003 年增长水平=100），比上季度上升 0.4 点；预警指数为 106.7 点，与上季度持平，继续稳定在表示运行正常的"绿灯区"。

从具体指标来看，三季度，煤炭产业生产者出厂价格指数继续稳定上涨、销售收入同比增速持续加快、应收账款同比增速继续回落、固定资产投资总额较快增长，这些指标的变动支撑了煤炭产业景气度的上升。

另外，从煤炭进出口形势看，三季度煤炭出口减少、进口增加，这有利于充分利用国外能源资源，也有利于缓解我国煤炭供应紧张的局面。在盈利方面，三季度煤炭产业产品销售收入保持较快增长，利润总额增速小幅波动，但对比全部工业以及煤炭产业历史水平，三季度煤炭产业销售利润率仍处于较高水平，盈利能力依然较强。

展望四季度，煤炭行业在供给和需求两方面仍然面临着诸多不确定因素。高耗能行业对煤炭的需求、冬季用煤储备将提前启动、水电出力下降等因素，或将使煤炭需求维持高位。而产业兼并重组、国际煤市行情波动等因素将影响国内煤炭供应。不过，从总体上判断，四季度，我国煤炭产业景气度有望继续保持缓慢上行。

二、景气指数持续小幅上升

（一）景气：继续小幅上升

2011 年三季度，中经煤炭产业景气指数为 101.9 点（2003 年增长水平=100)，比上季度上升 0.4 点。

在构成中经煤炭产业景气指数的 6 个指标（仅剔除季节因素，保留随机因素）中，煤炭产业产品销售收入、利润合成指数和固定资产投资总额 3 个指标同比增速有所上升，煤炭产业出口额、从业人员数和税金总额同比增速出现不同程度回落。

在进一步剔除随机因素后，中经煤炭产业景气指数为 101.6 点（图 1），比上季度下降 0.5 点，比未剔除随机因素的景气指数略低 0.3 点。剔除随机因素的景气指数呈现弱势下行走势，而未剔除随机因素的景气指数曲线继续保持回升态势，这表明三季度煤炭产业景气指数受随机因素中起主要作用的政策因素积极影响较为明显，如建立煤炭应急储备点、保障房建设加速，以及研究下调煤炭进口增值税和港口相关费用等。

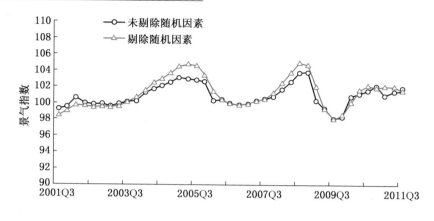

图 1　中经煤炭产业景气指数（2011Q3）

（二）预警：保持平稳

2011 年三季度，中经煤炭产业预警指数为 106.7 点（图 2），连续三个季度与上季持平，继续稳定在表示经济运行正常的"绿灯区"。

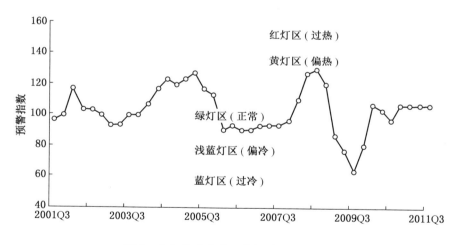

图 2　中经煤炭产业预警指数（2011Q3）

（三）灯号：持续"绿灯"

2011 年三季度，中经煤炭产业预警灯号继续保持"绿灯"（图 3）。在构成中经煤炭产业预警指数的 10 个指标中（仅剔除季节因素，保留随机因素），位于"红灯区"的有 2 个指标，即煤炭产量合成指数和煤炭产业利润合成指数；位于"绿灯区"的有 6 个指标，即煤炭产业产品销售收入、税金总额、从业人员数、固定资产投资总额、出口额和煤炭产业生产者出厂价格指数；位于"浅蓝灯区"的有 2 个指标，即煤炭产业应收账款(逆转)和产成品资金占用(逆转)。

指标名称	2008年 Q4	2009年 Q1	Q2	Q3	Q4	2010年 Q1	Q2	Q3	Q4	2011年 Q1	Q2	Q3
1. 煤炭产量合成指数	○	◎	◎	◎	○	●	●	○	●	●	●	●
2. 煤炭产业利润合成指数	●	○	◎	◎	◍	●	●	●	●	○	●	●
3. 煤炭产业产品销售收入	●	○	○	◎	◎	●	○	○	○	○	○	○
4. 乳制器行业税金总额	●	○	○	◎	◎	●	○	○	○	○	○	○
5. 煤炭产业从业人员数	○	○	○	●	●	○	○	○	○	○	○	○
6. 煤炭产业固定资产投资总额	○	●	○	○	○	○	○	○	○	○	◎	○
7. 煤炭产业出口额	●	◍	◍	◍	○	○	○	◎	○	●	●	○
8. 煤炭产业生产者出厂价格指数	●	●	○	○	○	○	○	○	○	○	○	○
9. 煤炭产业产成品资金占用(逆转)	◍	◎	◎	○	○	○	○	○	◎	○	○	◎
10. 煤炭产业应收账款(逆转)	◍	◍	◍	○	○	○	◎	○	◎	○	○	◎
预警指数	●	○	○	○	○	○	○	○	○	○	○	○
	120	67	77	63	60	107	103	97	107	107	107	107

图 3 中经煤炭产业预警灯号图（2011Q3）

从灯号变动情况来看，本季度 10 个指标中有 1 个指标灯号上升，即煤炭产业固定资产投资总额由"浅蓝灯"上升为"绿灯"；1 个指标灯号下降，即煤炭产业出口额由上季度的"黄灯"降为"绿灯"；其余 8 个指标的灯号维持不变。

三、盈利能力仍处较高水平

（一）销售：增速持续加快

三季度，在煤炭销量增加和销售价格上涨的影响下，我国煤炭产业产品销售收入同比、环比均呈现较快增长。经初步季节调整①，2011 年三季度，煤炭产业

---

① 初步季节调整指仅剔除春节等节假日因素的影响，未剔除不规则因素的影响。

产品销售收入为 8747 亿元, 同比增长 47.9%, 同比增速比上季度加快 12.2 个百分点; 环比增长 14.5%, 环比增速较上季度加快 7.9 个百分点 (图 4)。

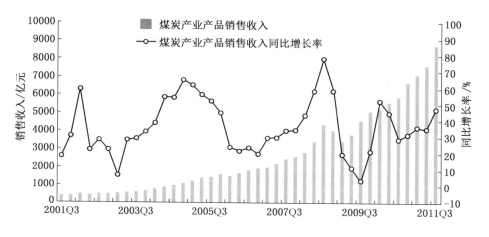

图 4　煤炭产业产品销售收入及同比增长率 (2011Q3)

(二) 出口: 大幅下降

经初步季节调整, 2011 年三季度, 我国煤炭产业出口额为 5.8 亿美元, 同比下降 4.5%, 与上季度同比增长 62.6% 形成明显反差; 环比下降 37.0%, 降幅明显扩大。

我国煤炭进口量自 2011 年 3 月以来, 连续 5 个月逐月递增, 至 8 月出现环比下降。在进口方面, 2011 年 1—8 月, 我国累计进口煤炭 1.04 亿吨, 同比下降 1.4%, 而同期煤炭出口累计仅为 1091 万吨, 同比下降 17.5%, 我国煤炭已累计实现净进口 9347 万吨。从进口金额来看, 1—8 月, 我国进口煤炭累计金额达 116.4 亿美元, 同比增长 10.3%, 远高于煤炭 20.25 亿美元的出口额。煤炭进口增、出口减, 进口居于主要地位, 这有利于充分利用国外煤炭资源, 缓解国内煤炭供应紧张的局面, 符合国家关于"限制煤炭出口, 鼓励煤炭进口"的可持续发展政策。随着四季度迎峰度冬来临, 预计我国煤炭进口量仍将保持相对高位。

(三) 利润: 同比增速保持平稳

经初步季节调整, 2011 年三季度, 煤炭产业实现利润总额 1083.4 亿元, 同比增长 32%，同比增速比上季度略低 2.3 个百分点；环比下降 3.0%，而上季度环比增长 19.8%。受成本上升等因素的影响，我国煤炭产业利润总额增速有所放缓。从历史水平来看，三季度同比增长率低于历史平均水平（图5）。

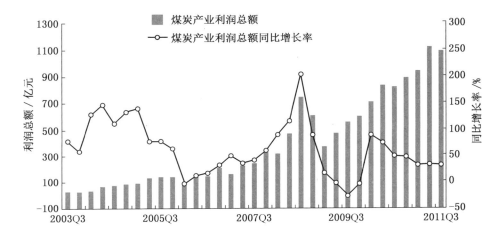

图 5　煤炭产业利润总额及同比增长率（2011Q3）

经计算，煤炭产业销售利润率（利润总额/产品销售收入）为 12.4%，比上季度下降 2.2 个百分点，但仍远高于全部工业平均销售利润率 5.9% 的水平。煤炭产业销售利润率水平高位回调，其盈利能力仍然属于较高水平（图6）。

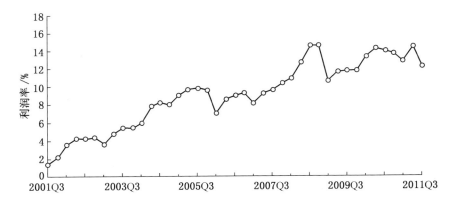

图 6　煤炭产业销售利润率（2011Q3）

（四）税金：增势趋缓

经初步季节调整，2011 年三季度，煤炭产业上缴税金总额为 718.0 亿元，同比增长 27.2%，同比增速比上季度回落 6.6 个百分点；环比增长 0.2%，环比增速比上季度快速回落 12.5 个百分点。煤炭产业上缴的税金总额同比、环比增速均呈现不同程度放缓态势。

（五）产品价格：同比涨幅略有扩大

2011 年三季度，煤炭产业生产者出厂价格同比上涨 10.8%，涨幅比上季度温和扩大 0.6 个百分点（图 7）。

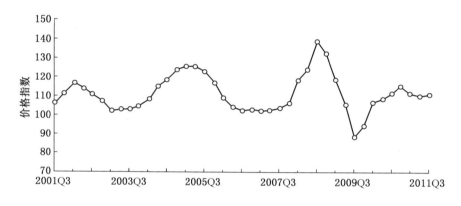

图 7　煤炭产业生产者出厂价格指数（2011Q3）

三季度，我国煤炭出厂价格涨势稳中上行主要受两方面因素影响：一方面，煤炭需求继续走强。电力需求高速增长，水电乏力，火力发电负荷加重。2011 年 6—8 月，全社会用电量增长 11.2%，建材、化工、钢铁、有色、石油石化和电力六大高耗能行业合计用电同比增长 11.5%，比全部工业用电增速高 0.3 个百分点，拉动全社会用电增长 5.4 个百分点。而同期由于来水偏枯致使水电出力大幅下降。除 6 月外，夏季全国主要流域来水较常年平均明显减少，7 月、8 月，全国平均降水量较往年同期分别减少 8.7% 和 16.5%。受此影响，7 月、8 月全国水电发电量同比分别下降 11.2% 和 14.9%，致使部分水电比重较高的地区电力供应缺口较大，南方电网区域尤为明显。在此影响下，火力发电负荷继续加重，煤炭需求居高不下。另一方面，煤炭业务成本明显上升。2011 年上半年，国内 90 家大型煤企主营业务成本达 8030 亿元，同比增长 39.8%，主要是受工业品价格上涨、煤矿安全标准提高、职工收入增加、存贷款利率调整、环境治理投入加大等多种因素叠加的刚性推动。在上市煤企发布的中报数据中，成本走高成为企业面临的共同压力。阳泉煤业、西山煤电和煤气化等公司上半年煤炭业务板块的营业成本同比分别上升 30.4%、37.6% 和 23.3%，山煤国际更是高达 140%。

这都得益于煤炭供给相对稳定，煤炭供求整体上在高位保持基本平衡，煤炭出厂价格涨势仅小幅上行。

（六）应收账款：同比增速持续回落

2011 年三季度末，煤炭产业应收账款为 2289.5 亿元，同比增长 26%，同比增速比上季度回落 5.8 个百分点。煤炭产业应收账款同比增速已连续三个季度回落，趋势向好。从历史水平来看，三季度煤炭产业应收账款同比增长率仍然高于历史平均水平（图 8）。

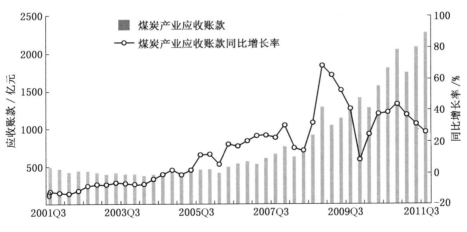

图 8　煤炭产业应收账款及同比增长率（2011Q3）

从回款速度来看，经计算，三季度煤炭产业应收账款周转天数（90×平均应收账款/季度销售收入）由上季度的 22.8 天减少至本季度的 22.6 天，回款速度略有加快。

（七）产成品资金占用：库存增势趋缓

截至 2011 年三季度末，煤炭产业产成品资金占用额为 669 亿元，同比增长 26.9%，增速比上季度回落 4.4 个百分点；环比增长 6.0%，环比增速比上季度快速回落 16.4 个百分点（图 9）。

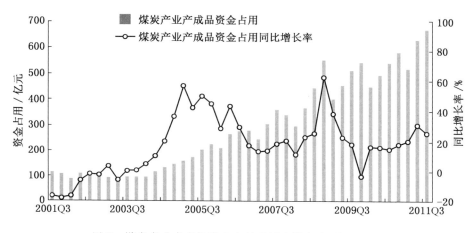

图 9　煤炭产业产成品资金占用及同比增长率（2011Q3）

三季度，受煤炭生产增长较快等因素影响，煤炭企业库存仍然保持了较大增长；南方大部分地区夏季持续高温，电厂加快生产，动力煤市场保持低位，9 月大秦线检修影响煤运和供货，诸多因素使得一些煤炭消费企业再次积极采购煤炭补充库存量，因此三季度煤炭企业库存保持稳定增长。

四季度，由于煤炭价格整体看涨，下游电厂及煤炭消费企业因担心入冬用煤高峰期的煤价上涨更快，将会提前储煤，其煤炭库存有望进一步增加，但产成品资金占用额的增长势头或将继续趋缓。

（八）固定资产投资：保持较快增长

经初步季节调整，2011 年三季度，煤炭产业固定资产投资总额为 1575.2 亿元，同比增长 36.2%，同比增速比上季度上升 15.6 个百分点（图 10）。在煤炭储备基地建设、安全生产、煤炭资源整合及转型升级等方面的推动下，煤炭产业固定资产投资总额同比继续保持较快增长。

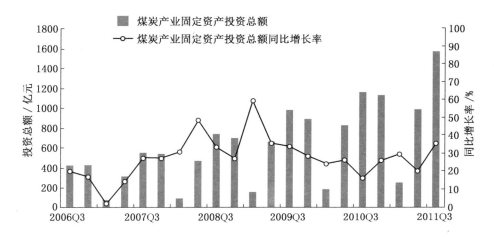

图 10　煤炭产业固定资产投资总额及同比增长率（2011Q3）

（九）从业人员：用工平稳增长

2011 年三季度，煤炭产业从业人员数为 518.1 万人，同比增长 7.8%，同比增速比上季度小幅放缓 0.5 个百分点。煤炭产业用工较快增长趋势本季度有所放缓，但从历史来看，煤炭产业从业人员数同比增长率仍然处于高位。

四、行业发展预期与建议

展望四季度，我国煤炭产业运行仍面临较大的不确定性。在需求方面，一是高耗能行业需求依然旺盛，钢材、水泥、氧化铝等产品产量保持较快增长；前三季度各地保障性安居工程建设开工率已达 98%，四季度将按计划要求加快进度，明显拉动对钢材、水泥等耗能产品需求。二是各大电厂和供热企业提早开启冬季备煤，南方局部性出现电煤紧张，推动电厂补库存需求。三是为增加电力供应能力，有关部门集中核准了一批符合产业政策的火电项目，增加煤炭需求显而易见。此外，水电出力将进一步下降，火力发电压力加大，电煤需求居高不下。上述诸多因素支撑煤炭需求进一步走强。

而与此同时，在节能减排和淘汰落后产能的背景下，突出差别电价、改革煤炭资源税征收办法并适当提高税负水平、实施能源消耗总量限制、严格执行问责制等一系列涉及淘汰落后产能和节能减排的重大政策有望陆续出台，这将给煤炭需求增加不确定性。

在供给方面，产煤大省煤炭企业重组缓慢，部分煤矿被关闭或者迟迟不能复产，主要煤企中煤集团因事故停产整顿或对山西整合矿复产进度造成影响，煤炭供给将进一步受到制约。煤炭进口方面，全球经济衰退风险加大，国际油价频繁变脸，澳大利亚计划实施的煤炭资源租赁税将推高煤炭出口价格，这些都将影响国际市场煤炭供给和煤炭价格。而我国有关部门正抓紧研究并拟将推出的"下调煤炭进口增值税税率及港口费用"政策，将有利于加大煤炭进口力度，缓解国内煤炭供应紧张的局面。

综合来看，四季度我国煤炭资源供需将保持基本平衡，但可能出现区域性、阶段性偏紧并存的态势；煤价将继续保持基本稳定，大幅上涨的可能性不大。为此建议：

一是继续加大结构调整力度，控制高耗能产业过快发展。推进节能减排和淘汰落后产能，通过差别电价、能源消耗总量控制、抑制"两高"和产能过剩行业盲目扩张等措施，缓解煤炭需求过快增长局面。

二是做好煤炭安全生产工作。以人为本，把安全生产放在首位。通过加大投入、加强监管、深化教育等做好煤炭安全生产事前工作，严格控制作业环境的不安全因素，杜绝人的不安全行为和加强管理层人员责任心以及监管力度，切实夯实煤矿安全生产基础，减少以致避免安全事故发生，保证煤炭生产健康稳定增长。

三是推进煤炭流通领域改革。通过调整煤炭进口增值税和港口有关费用、减少中间环节、取消不合理收费等措施，降低煤炭流通成本。

四是优化完善煤炭运输系统。要进一步加强铁路运输通道建设，提高能源就地转化水平，加快现代电网体系建设，建设大型煤炭储运中心，优化完善煤炭运输系统，缓解运输瓶颈难题。

景气度上升趋缓　应警惕背后信号[*]

（四季度暨年度）

2011 年四季度，中经煤炭产业景气指数为 102.3 点，比上季度微升 0.4 点，延续了自二季度以来的缓慢上升走势。从总体上看，煤炭产业的发展态势比较平稳，没有出现大起大落，这为行业下一步的发展打下了良好基础。

同时，我们也必须清醒地看到，四季度作为煤炭市场需求的旺季，煤炭产业产品销售收入的绝对值虽然环比有所增加，但同比增速较上个季度却回落了 11.7 个百分点。煤炭产业的景气度表现得如此一般，这说明煤炭产业发展的阻力正在增大，需要引起警觉。

造成产品销售收入增速放缓的原因是多方面的。具体而言，主要有：主要耗煤产业不景气；煤炭价格自 2011 年 11 月中旬起出现下滑；煤炭库存增加。这种状况，在 2012 年一季度还将进一步延续，进而会影响到产业的景气度，甚至不排除出现停滞或负增长。

在外部不利因素不断增强，景气度上行动力减弱的背景下，煤炭产业的潜在风险也不可忽视。关于这一点，在解读 2011 年三季度煤炭产业景气指数时已经特别强调，煤炭产业投资不能过于集中。目前这种现象不仅没有被遏制，反而愈演愈烈。2011 年四季度，煤炭产业的固定资产投资总额已大大超过盈利总额。一般来说，只有在大规模的产业结构调整或战争、灾害等特殊情况之后才会出现这种情况。在目前情况下出现，这很不正常。

从中经煤炭产业预警灯号图中也可以看到，煤炭产业产成品资金占用和应收

---

* 《经济日报》，2012 年 1 月 18 日，第 10 版。

账款两个指标已经连续三个季度处于浅蓝灯区。由此可以判断，目前煤炭产业存在着企业挖出来的煤有一些卖不出去，卖出去的煤有些货款不能及时收回的问题。看来煤炭产业的产销衔接还需进一步优化，煤炭生产与消费之间的关系尚需进一步调整。

从总体上判断，2012年上半年，煤炭产业景气度上行进一步趋缓已成定式。一方面，全球经济增长乏力所产生的更深层次的负面影响正进一步加大；另一方面，国内经济增长放缓与通货膨胀尚存的双重压力在加大。在这样的背景下，煤炭产业如何实现中央经济工作会议提出的"稳中求进"也不是一个易解之题。需要指出的是，在国内外经济增速下行压力增大的情况下，煤炭产业一味追求景气度的持续上行并不客观。"有张有弛乃兵家大道"，产业发展也是如此。当前重要的是要学会在"危"中求"机"。要按照党中央、国务院的战略布局，加快转变行业生产和消费方式，努力实现集约化发展；全面推进精细化管理，向管理要效益；时刻关注煤炭经济运行中的新情况、新问题，采取积极的应对措施。

有关产业部门应做好调查研究，抓紧制定出新环境、新条件下，符合煤炭产业发展实际，有利于产业健康、稳定和可持续发展需要的产业政策，并要把政策重心放在"如何防止产业景气下行速度过快"上。

附件：

中经煤炭产业景气指数报告

经济日报社中经产业景气指数研究中心　国家统计局中国经济景气监测中心

中经煤炭产业景气指数报告显示，2011年四季度中经煤炭产业景气指数为102.3点，比上季度上升0.4点；中经煤炭产业预警指数为106.7点，连续五个季度保持不变，继续稳定在"绿灯区"偏上区域运行。

2011年四季度中经煤炭产业景气指数继续缓慢上行，产业运行依然保持景气度稳中趋好的态势。从具体指标来看，与上季度相比，煤炭产业利润、税金、固定资产投资等保持平稳较快增长，销售利润率仍有小幅提高，表明煤炭产业的整体盈利能力依然较强。受下游需求相对疲软等多种因素共同影响，煤炭产业产品销售收入同比增速明显放缓，库存继续上升，产品价格涨势有所放缓。在宏观经济增速放缓迹象显现以及国家电煤价格调控政策等背景下，预计煤炭产业运行的上行趋势将有所减弱。

从中经煤炭产业景气指数看，在进一步剔除随机因素后，中经煤炭产业景气指数高于未剔除随机因素的景气指数 0.6 点，这表明煤炭产业自身的增长动力比较充足。

煤炭是我国重要的基础性能源。下一季度，我国煤炭供需基本平衡的总体格局将继续保持，产业平稳运行的总体趋势不会发生改变。但是，国内外经济形势的发展变化，将给煤炭产业带来诸多不确定性。

需求增速放缓　景气缓慢上升

（一）景气：上升 0.4 点

2011 年四季度中经煤炭产业景气指数为 102.3 点（2003 年增长水平＝100），比上季度上升 0.4 点，延续了自 2011 年二季度以来的缓慢上升走势。

在构成景气指数的 6 个指标（仅剔除季节因素，保留随机因素）中，与上季度相比，利润合成指数、税金总额、固定资产投资总额和从业人员数 4 个指标增速加快，出口额和产品销售收入 2 个指标增幅略有回落。

在进一步剔除随机因素后，中经煤炭产业景气指数为 102.9 点（图 1），比上季度上升 0.3 点，高于未剔除随机因素的景气指数 0.6 点，且两条曲线均呈上行走势，表明煤炭产业自身增长动力比较充足，行业调控措施正在显现。

（二）预警：继续保持平稳

2011 年四季度，中经煤炭产业预警指数为 106.7 点（图 2），连续五个季度保持平稳，煤炭产业继续在"绿灯区"偏上区域运行。中经煤炭产业预警灯号维持"绿灯"，10 个指标均维持原灯号不变（图 3），表明监测指标运行状态正常稳定。

（三）进出口：出口继续下降，进口持续上升

经初步季节调整，2011 年四季度我国煤炭产业出口额为 5.3 亿美元，同比下

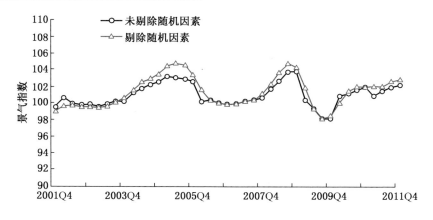

图 1 中经煤炭产业景气指数（2011Q4）

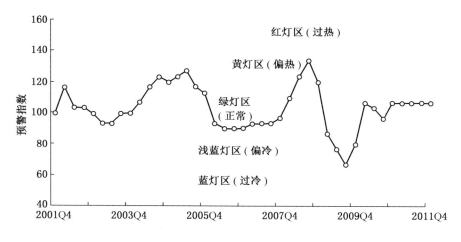

图 2 中经煤炭产业预警指数（2011Q4）

降 8.4%，降幅比上季度扩大 3.9 个百分点；环比下降 8.2%，降幅比上季度收窄 28.8 个百分点。

进口方面，2011 年 7—11 月，我国月煤炭进口量始终位于 1500 万吨以上，11 月再创出单月新高，达到 2214 万吨，同比增长 60.3%。1—11 月，我国累计进口煤炭 1.6 亿吨，同比增长 9.4%；进口金额同比增长 22.4%。

2011 年以来，我国煤炭进出口形势表现为煤炭出口规模持续下降，煤炭进口

指标名称	2009年				2010年				2011年			
	Q1	Q2	Q3	Q4	Q1	Q2	Q3	Q4	Q1	Q2	Q3	Q4
1. 煤炭产量合成指数	◎	◎	○	○	●	●	○	●	●	●	●	●
2. 煤炭产业利润合成指数	○	◎	▨	▨	●	●	●	●	○	●	●	●
3. 煤炭产业产品销售收入	○	◎	○	○	●	○	○	○	○	○	○	○
4. 煤炭产业税金总额	○	◎	◎	◎	●	○	○	○	○	○	○	○
5. 煤炭产业从业人员数	○	●	○	●	○	○	○	○	○	○	○	○
6. 煤炭产业固定资产投资总额	●	○	○	○	○	○	◎	○	○	◎	○	○
7. 煤炭产业生产者出厂价格指数	▨	○	○	○	○	○	◎	○	●	●	○	○
8. 煤炭产业出口额	●	○	◍	◍	○	○	○	○	○	○	○	○
9. 煤炭产业产成品资金占用(逆转)	◎	◎	○	○	○	○	○	○	○	◎	○	◎
10. 煤炭产业应收账款(逆转)	◍	◍	◍	◍	◎	◎	◎	▨	○	◎	○	◎
预警指数	○	◎	◎	○	○	○	○	○	○	○	○	○
	87	77	67	80	107	103	97	107	107	107	107	107

图 3　中经煤炭产业预警灯号图（2011Q4）

前低后高。煤炭进口量的变化主要受国内外市场煤价价差影响。2011 年，我国煤炭进口规模明显加大，但在国内市场煤炭交易总量的份额并不高。

（四）销售：增速明显放缓

经初步季节调整，2011 年四季度煤炭产业产品销售收入为 9113.8 亿元（图 4），同比增长 36.2%，同比增速比上季度回落 11.7 个百分点；环比增长 4.2%，环比增速比上季度回落 10.3 个百分点。考虑到宏观经济走势及节日因素，预计 2012 年一季度煤炭产业产品销售收入增速将进一步趋缓。

（五）利润：销售利润率有所反弹

经初步季节调整，2011 年四季度煤炭产业实现利润总额 1170.8 亿元，同比增长 32.4%，同比增速比上季度加快 0.4 个百分点；环比增长 8.1%。这得益于生产增长，也得益于产品出厂价格实现近 10% 的上涨。四季度煤炭产业利润总额同比增速接近历史平均水平。在煤价涨幅受限制、成本看涨等因素的影响下，预计 2012 年一季度煤炭产业盈利水平难以明显提升，有可能小幅下滑。

51

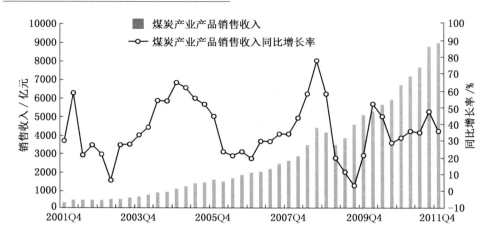

图4 煤炭产业产品销售收入及同比增长率（2011Q4）

经计算，煤炭产业销售利润率（利润总额/产品销售收入）为 12.8%（图5），在上个季度下滑的基础上出现反弹，比上季度提高 0.4 个百分点，高于全部工业销售利润率（6.3%）的水平。

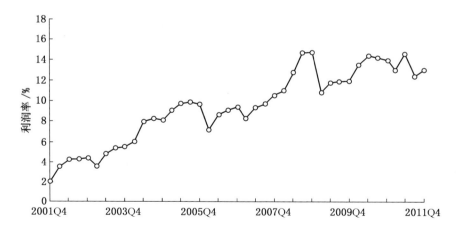

图5 煤炭产业销售利润率（2011Q4）

（六）产品价格：涨幅趋缓

2011 年四季度，煤炭产业生产者出厂价格水平比上年同期上涨 9.0%，涨幅比上季度回落 1.8 个百分点。2012 年，需求减缓制约煤价上涨的格局将延续。加之电煤价格调控政策的实施，煤价恐难以在 2011 年基础上较快上涨。

（七）税金：稳步增长

经初步季节调整，2011 年四季度煤炭产业上缴税金总额为 768.8 亿元，同比增长 29.1%，同比增速比上季度加快 1.9 个百分点；环比增长 7.1%，环比增速比上季度加快 6.9 个百分点。

（八）产成品资金占用：需求放缓推动库存增加

截至 2011 年四季度末，经初步季节调整，煤炭产业产成品资金占用额为 730.9 亿元，同比增长 26.8%，同比增速比上季度上升 0.9 个百分点；环比增长 9.2%，环比增速比上季度加快 3.2 个百分点。

四季度煤炭库存的回升主要与煤炭需求放缓有关。受欧美国家经济低迷和我国宏观经济增速放缓等因素影响，加上国内钢铁、水泥等耗煤大户进入传统消费淡季，下游产业对煤炭的需求有所降温。此外，不少下游电厂提前备储，煤炭库存已在高位，煤炭采购意愿不强，也在一定程度上加剧了煤炭企业库存回升。

（九）应收账款：资金运营基本正常

2011 年四季度末，煤炭产业应收账款为 2523.8 亿元，同比增长 23.7%，同比增速比上季度放缓 2.3 个百分点。从回款速度来看，四季度煤炭产业应收账款周转天数（90×平均应收账款/季度销售收入）为 23.8 天，比上季度增加 1.2 天，比上年同期减少 0.3 天。这表明不少企业尤其是中小微企业存在资金紧张状况。

（十）从业人员：高位回稳

2011 年四季度，煤炭产业从业人员数为 526.4 万人，同比增长 7.4%，同比增速比上季度小幅放缓 0.4 个百分点。

（十一）企业景气：继续回落

2011 年四季度，煤炭产业企业景气指数为 151.6 点，比上季度回落 5.6 点，延续了二季度以来的下行趋势，这与我国宏观经济增长势头趋缓相吻合。

（十二）固定资产投资：继续保持较快增长

经初步季节调整，2011 年四季度煤炭产业固定资产投资总额为 1584.1 亿元

（图6），同比增长40.3%，同比增速比上季度提高4.1个百分点，仍保持较快增长势头。

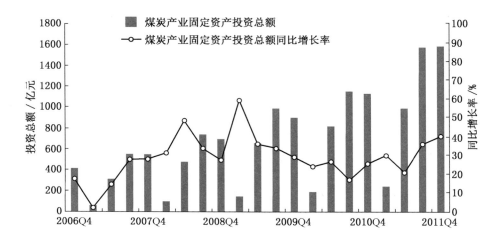

图6　煤炭产业固定资产投资总额及同比增长率（2011Q4）

客观看待煤炭产业景气下行*

（一季度）

2011 年四季度中经煤炭产业景气指数报告发布时，在解读中指出，由于国际金融危机没有根本缓解，欧债危机继续蔓延，世界经济形势未发生根本性改变，必然会在一定程度上影响我国宏观经济的发展。加之受国家主动调控政策产生影响，煤炭下游不少产业景气度可能出现不同程度下滑，煤炭产业不可能一枝独秀，甚至可能出现景气指数掉头向下加速下滑的状况。当时就建议要把重心放在"如何防止产业景气下行速度过快"上。

2012 年一季度的监测结果显示，煤炭产业景气度出现相对较快下滑势头。一季度，中经煤炭产业景气指数为 100.4 点，比上个季度下滑 2.7 点；构成中经煤炭产业景气指数的 6 个指标与上季度相比均呈回落态势；煤炭产业产品销售收入同比增速较上季度回落 15.7 个百分点，产成品资金占用同比攀升 35%，各环节煤炭库存持续高位，应收账款同比增加 29%，盈利、税金、投资、用工、出口等指标同比增速均有不同程度回落。各种数据表明：煤炭产业上升受阻。有观点认为，由于环渤海 5500 大卡动力煤综合平均价格出现的小幅上扬现象，伴随二季度煤炭市场需求的回升，煤炭产业景气走势可能很快会发生逆转，开始上扬。

对于这点，不太认同。尽管部分指标在 3 月底已经出现跌幅趋缓甚至止跌回升的势头，但影响 2012 年一季度煤炭产业景气度的诸多因素并未发生根本性改变。首先是国际经济形势并没有根本性改观，欧洲 ARA 港、理查德港和纽卡斯

---

* 《经济日报》，2012 年 4 月 18 日，第 05 版。

尔港等国际三大港口动力煤价格仍在全面走低。其次是国内经济增速缓中趋稳，煤炭市场需求增速回落，煤炭价格回落，库存增加。再次，煤炭产业自身存在的结构不合理、布局不科学、产业集中度低等问题没有得到根本性解决，用工、环境治理压力、技术改造等成本压力不断加大，而销售利润率自去年下半年以来开始下滑，行业盈利水平有所下降。因此，个人认为，二季度煤炭产业的景气状况不容乐观。

进入下半年，随着国际、国内经济形势的好转，煤炭工业"十二五"规划贯彻落实所产生的正态效应的显现，煤炭下游产业买煤、用煤积极性的提高，以及迎峰度夏和迎峰度冬旺季的到来，煤炭产业的景气度将会迎来 2012 年的"第一缕阳光"。煤炭产业的景气发展态势有望趋稳，并可能出现复苏。如果二季度末期出现使煤炭需求量大幅增加的特殊情况，可能阻止产业景气值下行，甚至使景气度提前转暖。

总的来说，我们不必对一季度煤炭产业景气度的下滑过于悲观，毕竟目前行业预警指数仍在"绿灯区"，煤炭产业抗风险、化危机能力已大幅提升。同时，我们也不能对当前的发展态势过于乐观，要对产业发展中存在的问题和矛盾保持清醒的认识和足够的心理准备，按照"稳中求进"的总基调，加大研究力度、准确把握方向，严控煤炭产量、稳定市场价格，科学稳定产能、坚持理性投资。此外，还应及早做好应急预案，防范产业发展形势持续恶化。

附件:

中经煤炭产业景气指数报告*

经济日报社中经产业景气指数研究中心　国家统计局中国经济景气监测中心

中经煤炭产业景气指数报告显示，2012 年一季度中经煤炭产业景气指数为 100.4 点（2003 年增长水平 = 100），比上季度下降 2.7 点；景气度虽呈现明显回

---

* 《经济日报》，2012 年 4 月 18 日，第 05 版。

调，但仍处于表示行业运行正常的"绿灯区"。中经煤炭产业预警指数为 90.0 点，比上季度下降 26.7 点。

从具体指标来看，与上季度相比，煤炭产业产品销售收入、利润、税金、投资、用工等指标同比增速均出现不同程度回落，销售利润率与上季度相比亦出现小幅下降，产品价格总水平涨幅继续收窄，煤炭库存较快攀升。同时，由于国际市场煤价持续下跌，一季度煤炭进口规模继续保持较高水平，出口同比降幅继续扩大。

从中经煤炭产业景气指数看，在进一步剔除随机因素后，中经煤炭产业景气指数略高于未剔除随机因素的景气指数 1.1 点，且两条曲线双双呈下行走势，与我国宏观经济增长放缓走势基本一致，表明产业走势与宏观经济政策主动调控密切相关。

预计二季度，在国内经济保持稳中求进的背景下，各项产业"十二五"规划陆续出台以及企业逐步复工等，国内宏观经济或将转暖，煤炭市场需求也将有所回升，煤炭产业运行状况或将有所改善。

景气度连续上行后首次回落

（一）景气度比上季度下降 2.7 点

一季度，中经煤炭产业景气指数为 100.4 点（2003 年增长水平＝100），比上季度下降 2.7 点，在经历三个季度平稳上行后首次出现回落。

与上季度相比，构成中经煤炭产业景气指数的 6 个指标（仅剔除季节因素，保留随机因素）均呈回落态势，即煤炭产业利润合成指数、税金总额、固定资产投资总额、从业人员数、出口额和产品销售收入。

在进一步剔除随机因素后，中经煤炭产业景气指数为 101.5 点（图 1），比上季度下降 1.8 点，略高于未剔除随机因素的景气指数 1.1 点，且两条曲线均呈下行走势。从总体来看，一季度煤炭产业景气指数的两条曲线走势与宏观经济增长放缓走势基本一致，表明产业走势与宏观经济政策主动调控密切相关。从具体数值看，煤炭产业景气指数数值均高于 100 点，且剔除随机因素的煤炭产业景气指数略高于未剔除随机因素的景气指数，表明煤炭产业运行仍然正常。

目前，我国经济正处于增长放缓的长周期内，加上结构调整和外需萎缩等因素影响，预计今年宏观经济增速仍将回调。不过，各项产业"十二五"规划的出

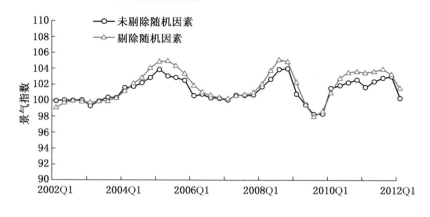

图 1　中经煤炭产业景气指数（2012Q1）

台以及国家对战略性新兴产业、保障房建设等投资保障等利好因素对经济将起促进作用。因此，预计二季度煤炭市场需求将有所回升，煤炭产业景气指数将小幅回升至 101 点。

（二）预警指数回调较大，仍处"绿灯区"

一季度，中经煤炭产业预警指数为 90.0 点（图 2），比上季度大幅下降 26.7 点；预警灯号维持"绿灯"（图 3）。

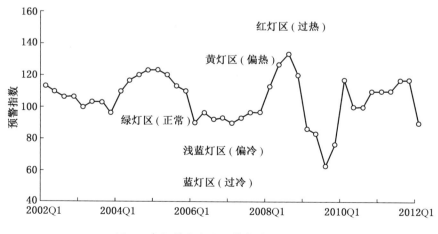

图 2　中经煤炭产业预警指数（2012Q1）

指标名称	2009年			2010年				2011年				2012年
	Q2	Q3	Q4	Q1	Q2	Q3	Q4	Q1	Q2	Q3	Q4	Q1
1. 煤炭产量合成指数	◎	◎	○	●	●	●	◐	◐	◐	◐	◐	◐
2. 煤炭产业利润合成指数	○	◍	◍	●	●	◐	●	●	●	●	◐	◐
3. 煤炭产业产品销售收入	◎	○	○	◍	●	●	●	●	●	●	●	◐
4. 煤炭产业税金总额	○	◎	○	●	●	●	○	○	○	○	○	○
5. 煤炭产业从业人员数	○	○	○	○	○	●	●	●	◐	●	○	●
6. 煤炭产业固定资产投资总额	●	○	○	○	○	◎	◍	◎	○	○	○	○
7. 煤炭产业生产者出厂价格指数	○	○	○	○	○	○	○	○	○	○	○	○
8. 煤炭产业出口额	◍	○	○	○	◍	○	◍	◐	●	○	○	◎
9. 煤炭产业产成品资金占用(逆转)	◎	◎	●	○	○	○	○	○	○	◎	○	◎
10. 煤炭产业应收账款(逆转)	◎	◍	◍	○	○	◍	○	◍	◍	○	○	◎
预警指数	○	◎	◎	○	○	○	○	○	○	○	○	○
	83	63	77	117	100	100	110	110	110	117	117	90

图 3　中经煤炭产业预警灯号图（2012Q1）

（三）销售收入同比增速继续回落

经初步季节调整，一季度煤炭产业产品销售收入为 8811.0 亿元，同比增长 23%，增速比上季度大幅回落 15.7 个百分点；环比下降 3.3%，而上季度为环比增长 4.2%（图 4）。

一季度煤炭产业产品销售收入同比增速大幅回落，主要受需求减弱和煤价下降影响。一季度，全国规模以上工业增加值（特别是重工业增加值）同比增速明显放缓，主要耗煤行业产品产量增速显著回落。

从价格因素看，一季度，煤炭市场价格处于下行通道，价格出现显著回落。加之国际煤价处于较低水平，各环节库存持续高位，促进煤炭价格水平下探。

（四）产成品资金占用同比增长 35%

截至一季度末，经初步季节调整，煤炭产业产成品资金占用额为 696.5 亿元，同比增长 35%，同比增速比上季度上升 8.2 个百分点；环比下降 4.7%。

受国内经济特别是工业经济增速放缓影响，电力需求持续萎缩，钢铁、水泥等耗煤大户需求不足，煤炭市场需求明显减弱，加之电厂煤炭库存维持高位以及

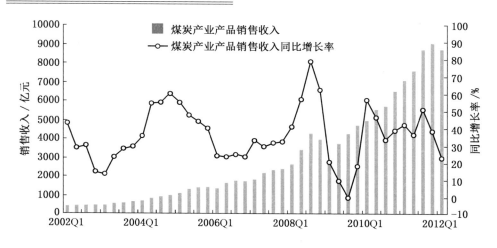

图 4 煤炭产业产品销售收入及同比增长率（2012Q1）

国内主要接卸港口的煤炭库存量均创历史新高，下游需求拉动乏力，致使煤炭企业库存继续攀升。

（五）净进口规模不断扩大

经初步季节调整，一季度我国煤炭产业出口额为 7.0 亿美元，同比下降 24.9%，降幅比上季度扩大 16.5 个百分点。

煤炭进口继续维持较高水平。海关总署数据显示，2012 年 1—2 月，我国煤炭（海关口径含煤及褐煤）进口量为 4020 万吨，同比增长 51%；进口额为 46.2 亿美元，同比增长 56.1%。同期，我国煤炭出口量为 222 万吨，同比减少 30.2%。"一增一减"有效地补充了国内的煤炭供应。

（六）产品价格涨幅稳步回落

在国内经济增长稳步回调、下游需求明显放缓、各环节煤炭库存保持高位以及国际市场煤价持续下行等多重因素影响下，一季度，煤炭产业生产者出厂价格比去年同期上涨 5.0%，但涨幅比上季度回落 4 个百分点，呈现稳步回调的格局（图 5）。

煤炭价格水平自 2011 年 11 月以后呈回落状态，秦皇岛 5500 大卡市场动力煤价格从 2011 年 860 元/吨的高位下降到 2012 年 3 月中旬的 760 元/吨左右。尽

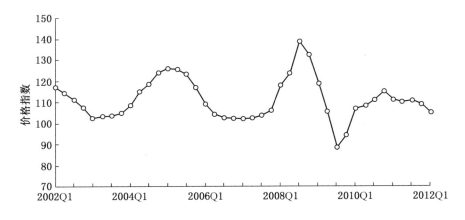

图 5 煤炭产业生产者出厂价格指数 (2012Q1)

管 3 月下旬煤炭价格出现止跌回升，但煤炭价格下行动力仍然较强。

（七）盈利能力有所下滑

经初步季节调整，一季度煤炭产业实现利润总额 1033.4 亿元，同比增长 10.9%，同比增速较上季度回落 21.5 个百分点；环比下降 11.7%，上季度则环比增长 8.1%。

从销售利润率水平来看，一季度煤炭产业销售利润率（利润总额/产品销售收入）为 11.7%（图 6），比上季度降低 1.1 个百分点，盈利水平呈波动下降趋势，但与全部工业销售利润率（5%）相比仍处较高水平。

（八）税收同比增速持续回落

经初步季节调整，一季度煤炭产业上缴税金总额为 751.3 亿元，同比增长 18.1%，同比增速比上季度回落 11.7 个百分点，延续了 2011 年三季度以来同比增速回落的趋势。环比下降 2.3%，而上季度为环比增长 7.1%。

经测算，一季度我国煤炭产业税金总额占销售收入比重为 8.5%，比上季度上升 0.1 个百分点，比全部工业税金总额占销售收入比重（5.1%）高 3.4 个百分点。

（九）应收账款周转天数略有延长

一季度末，煤炭产业应收账款为 2278.5 亿元，同比增长 29%，同比增速比

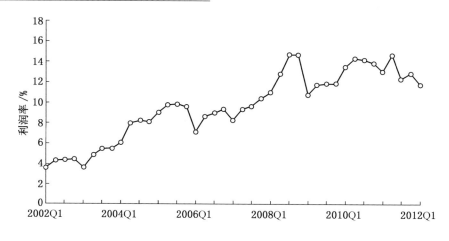

图 6　煤炭产业销售利润率（2012Q1）

上季度加快 5.3 个百分点。

从回款速度来看，一季度煤炭产业应收账款周转天数（90×平均应收账款/季度销售收入）为 24.5 天，比 2011 年四季度增加 0.7 天，比 2011 年一季度增加 0.6 天。煤炭产业应收账款周转天数略有增加，但与全部工业应收账款周转天数 33.9 天相比，煤炭产业应收账款周转天数仍属较好水平，资金运行状况仍属正常。

（十）用工高位回调

一季度，煤炭产业从业人员数为 514.7 万人，同比增长 6.0%，同比增速比上季度放缓 1.4 个百分点。煤炭产业用工同比增速已连续三个季度高位放缓。

（十一）投资增速放缓

经初步季节调整，一季度煤炭产业固定资产投资总额为 300 亿元，同比增长 23.0%，同比增速比上季度放缓 8.1 个百分点。

理性看待产业周期性调整*

（二季度）

自 2010 年四季度以来，中经煤炭产业景气指数一改连续上行的态势，出现了连续三个季度的下行走势。2012 年二季度，中经煤炭产业景气指数为 99.5 点，较上季度下行 1.3 个百分点。综合考虑当前经济形势，结合煤炭产业客观实际，我国煤炭经济形势不容乐观，且短期内难以重现上升态势。

当然，我们也不要过于悲观。经过 30 多年的改革开放，我们已初步建成了市场经济体制，已基本把握了市场经济的运行机制和规律，经济调控能力不断加强，积累了比较丰富的在市场失灵状态下政府宏观调控的经验。

从煤炭产业经济形势演变过程看，这次景气指数下行来势凶猛，表面上让人措手不及，事实上早已在我们的意料之中。早在两年前，政府有关部门在编制煤炭工业"十二五"规划时，已对此做了相应安排。在点评 2011 年四季度煤炭产业景气报告时曾指出，不可忽视煤炭产业经济发展中潜在的风险；在 2012 年一季度的点评报告中，又特别强调把煤炭产业工作重心放在"防止产业景气下行速度过快"上。目前，一些煤炭企业已经采取了一系列防御性措施。

自 2001 年始，我国煤炭产业结束长达 6 年的下行，步入而后 10 年的稳定发展期，特别是 2005 年以来呈现出前所未有的发展态势，甚至在国内外经济不景气的情况下，仍然"一枝独秀"。这证明，我国煤炭产业政策总体上是正确的，产业主管部门管理水平在不断提升，煤炭企业综合竞争能力特别是抵御市场风险的能力不断增强，整个煤炭产业已今非昔比。

---

* 《经济日报》，2012 年 7 月 30 日，第 21 版。

这次煤炭产业景气指数继续下行，主要是在国际经济危机背景下，国内经济增速放缓，下游产业逆向拉动而形成的产业周期性调整。尽管目前我国煤炭产业的状态并非是经济危机，但短期内走出困境也不那么容易。预测三季度末、四季度初，可能会有一波超跌反弹，但不是拐点的出现。这次煤炭产业周期调整，需要有一个反复筑底的过程。若无其他突发因素的影响，可能需要 2~3 年。而后，伴随世界经济的复苏，国内经济的稳定走强，以及下游产业对煤炭需求的增加，煤炭产业有望迎来新的繁荣。

在严峻的形势面前，坚定信心十分重要，而比信心更重要的是行动。在目前，首要的是加强调查研究，以确保对形势有正确的认识和准确的判断。要严防被所谓"煤炭黄金十年终结"之类的谬论所误导，动摇排除困难、走出困难的信心。整个产业要联起手来，共同化解煤炭市场供给相对过剩问题，其中，最重要的是抑制煤炭产能向产量过快和过于集中的转化。要利用这次煤炭产业周期性调整的机遇，解决近 10 年来一直未解决好的问题，如煤炭资源优化配置问题、产业集中度问题、价格双轨制问题，以及清费立税的问题等，让这些产业政策得以生根、开花、结果。

附件：

中经煤炭产业景气指数报告[*]

经济日报社中经产业景气指数研究中心　国家统计局中国经济景气监测中心

景气指数继续下滑

2012 年二季度，中经煤炭产业景气指数为 99.5 点（2003 年增长水平＝100），比上季度下降 1.3 点。

在构成煤炭产业景气指数的 6 个指标（仅剔除季节因素，保留随机因素）中，仅煤炭产业固定资产投资总额同比增速呈回升态势，煤炭产业利润合成指

---

[*]　《经济日报》，2012 年 7 月 30 日，第 21 版。

数、税金总额、从业人员数、出口额和产品销售收入指标同比增速出现回落态势。

在进一步别除随机因素后，煤炭产业景气指数为 99.2 点（图 1），比上季度回落 2.3 点，略低于未剔除随机因素的景气指数 0.3 点，且两条曲线双双呈下行走势。

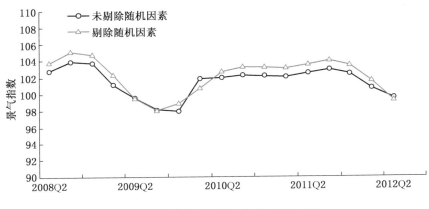

图 1　中经煤炭产业景气指数（2012Q2）

（一）预警指数回落 6.6 点

二季度，中经煤炭产业预警指数为 86.7 点（图 2），比上季度下降 6.6 点，回落到"绿灯区"的下线区域。从灯号变动情况来看，有 5 个指标灯号维持不变，2 个指标灯号上行，3 个指标灯号下行（图 3）。

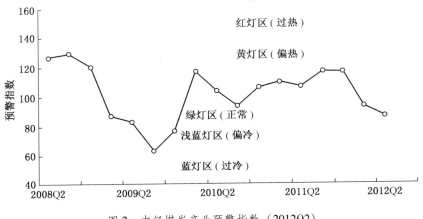

图 2　中经煤炭产业预警指数（2012Q2）

指标名称	2009年		2010年				2011年				2012年	
	Q3	Q4	Q1	Q2	Q3	Q4	Q1	Q2	Q3	Q4	Q1	Q2
1.煤炭产量合成指数	◎	◎	◑	●	○	●	◑	●	●	◑	○	●
2.煤炭产业利润合成指数	▨	▨	●	●	●	●	●	●	●	●	○	◎
3.煤炭产业产品销售收入	◎	◎	◑	●	●	●	○	○	○	○	○	○
4.煤炭产业税金总额	◎	◎	●	●	○	○	○	○	○	○	○	◎
5.煤炭产业从业人员数	○	○	○	○	○	●	●	◑	◑	●	●	○
6.煤炭产业固定资产投资总额	○	○	○	○	◎	○	◎	○	◎	○	○	○
7.煤炭产业生产者出厂价格指数	▨	▨	○	○	○	○	●	○	○	○	○	○
8.煤炭产业出口额	◑	▨	▨	▨	▨	○	●	●	○	○	○	○
9.煤炭产业产成品资金占用(逆转)	◎	●	○	○	○	○	○	◎	◎	◎	◎	◎
10.煤炭产业应收账款(逆转)	▨	▨	◎	◎	▨	◎	◎	○	○	◎	◎	◎
预警指数	◎	◎	○	○	○	○	○	○	○	○	○	○
	63	77	117	103	93	107	110	107	117	117	93	87

图3　中经煤炭产业预警灯号图（2012Q2）

（二）销售收入同比增速放缓

经初步季节调整，二季度煤炭产业产品销售收入为9035.8亿元（图4），同比增长18.3%，同比增速较上季度回落4.7个百分点，环比上升2.6%。二季度煤炭产业产品销售收入同比增速继续回落，主要受需求持续减弱和价格下滑的影响。

（三）产成品资金占用处于高点

截至二季度末，经初步季节调整，煤炭产业产成品资金占用额为785.4亿元，处于近年来的高点，同比增长24.4%，同比增速虽比上季度有所减弱，但环比上升12.8%，而上季度环比为下降4.7%。综合来看，库存增加主要由于国内经济运行放缓，电力需求疲软，重点行业耗煤量明显减少，加之煤炭产量仍有所增长，进口煤炭继续增加。

（四）净进口规模继续扩大

经初步季节调整，二季度煤炭产业出口额为5.4亿美元，同比下降41.3%，降幅比上季度扩大16.4个百分点；环比下降22.3%，而上季度环比上升30.7%。2012年以来，煤炭净进口量大幅增加，成为国内煤炭销售困难和价格下跌的原因之一。

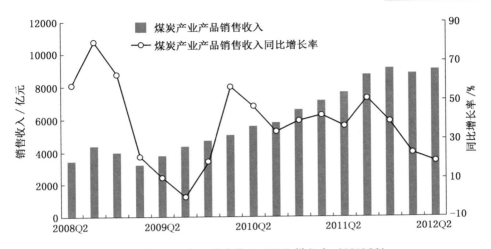

图 4　煤炭产业产品销售收入及同比增长率（2012Q2）

（五）价格涨幅继续回落

二季度，煤炭产业生产者出厂价格比 2011 年同期上涨 1.4%，涨幅比上季度回落 3.7 个百分点，呈现稳步回调态势（图 5）。国内煤炭价格持续震荡下行，主要受国内经济增速放缓、下游需求减弱、各环节煤炭库存保持高位以及国际煤价持续下行等多重因素影响。在供求关系失衡情况下，短期内煤炭价格难以走出阴跌。随着煤炭企业兼并重组不断推进，企业对市场控制力增强，可能会通过限产等手段来抑制煤价下跌。

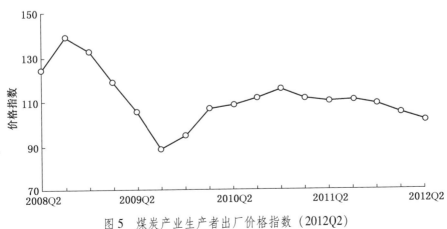

图 5　煤炭产业生产者出厂价格指数（2012Q2）

（六）盈利水平持续下滑

经初步季节调整，二季度煤炭产业实现利润总额1039.5亿元，同比下降6.9%，降幅比上季度扩大17.8个百分点；环比上涨0.6%，而上季度为环比下降11.7%。二季度，煤炭产业销售利润率为11.5%（图6），比上季度降低0.22个百分点，但与全部工业销售利润率（5.5%）相比，仍处于较高水平。

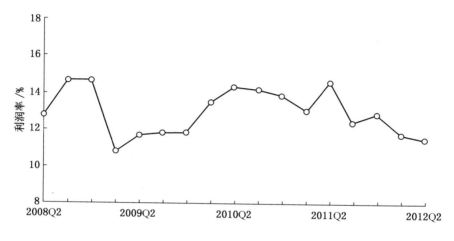

图6 煤炭产业销售利润率（2012Q2）

（七）税收同比增速持续回落

经初步季节调整，二季度煤炭产业上缴税金总额为733.9亿元，同比增长2.4%，同比增速较上季度回落15.7个百分点，延续了2012年一季度以来同比增速回落的趋势；环比下降2.3%，而上季度为环比基本持平。

（八）应收账款周转基本正常

二季度末，煤炭产业应收账款为2668.9亿元，同比增长27.1%，增速比上季度回落1.9个百分点。应收账款周转天数为24.6天，比一季度增加0.1天。但与全部工业应收账款周转天数30.2天相比，煤炭产业应收账款周转天数仍属较好水平。

（九）用工增速持续放缓

二季度，煤炭产业从业人员数为526.3万人，同比增长3.3%，增速比上季度放缓 2.7 个百分点。煤炭产业用工同比增速自 2011 年二季度以来一直处于持续放缓的态势，表明煤炭行业过热的势头已得到抑制。

（十）投资同比增速回升

经初步季节调整，二季度煤炭产业固定资产投资总额为 1237.9 亿元，同比增长 25.5%，同比增速较上季度提高 2.5 个百分点。

抑制供给过快增长[*]

（三季度）

2012 年三季度，中经煤炭产业景气指数延续了上季度的跌势。剔除随机因素后，景气指数创下了国际金融危机发生以来的新低。综合分析国内外形势和煤炭产业经济运行的客观实际，目前我国煤炭产业的发展形势依然不容乐观。

始于 2011 年 11 月的煤炭产业经济形势骤变，至今已延续三个季度之多。其主要原因是次贷危机使世界经济进入下行区间，欧债危机愈演愈烈，世界经济复苏持续乏力。严峻的世界经济形势，对我国经济造成巨大冲击，增速减缓，压力加大。在这一宏观经济背景下，煤炭下游产业普遍不景气，对煤炭需求不旺，导致煤炭供给相对过剩，加之"十一五"期间投资形成的产能集中释放，更加剧了这一矛盾。

为解决煤炭供给相对过剩引发的市场交易清淡、价格疲软、库存增大等问题，国家有关部门提出应急性的限产政策，并且已经要求神华集团、中煤能源集团等 14 家大型煤炭企业要"加强自律，不违规建设、不违法生产、不超能力生产；坚持按市场需求科学组织生产，合理控制煤炭生产总量，努力维护煤炭市场稳定；严格履行合同，不争抢市场、不搞恶性竞争"。然而，在此情况下，三季度原煤产量不仅没减，反而同比增长 20.3%，增速较上季度加快 1.3 个百分点。而原煤产量的增加并没有带来销售收入的增加，销售利润率反而降低了 4 个百分点。

这表明，煤炭限产政策并未达到预期目标，一些地方政府和煤矿企业未能就控制产能集中释放和产量过快增长达成共识，主动限产，反而在暗中增加产量，大搞薄利多销。这应引起管理层重视。

---

* 《经济日报》，2012 年 10 月 30 日，第 21 版。

另外，煤炭市场在 10 月中旬前后出现企稳迹象，煤炭价格在 615 元/吨左右徘徊，连续几日出现小幅上涨。有人据此认为煤炭经济正在企稳，市场底部也已形成。这种判断为时过早。之所以煤炭价格在此点位企稳主要是因为市场煤价已跌至重点合同煤价位。目前我国煤炭市场依然实行重点合同煤与一般市场煤的价格双轨制，其中，重点合同煤价是政府政策价，也是市场需求主体的心理支撑价位，同时也接近当前煤炭生产企业的盈亏临界点。

煤炭产业景气下滑的底部究竟在哪？这还有待观察，只要导致这次煤炭产业经济形势骤变的主要因素没有发生好转之前，都不能轻易地言底。随着四季度冬储煤和冬季用煤高峰的到来，煤炭市场短期内会有所回暖，价格也会出现小幅上涨。但由于导致这次煤炭产业经济形势骤变的主要原因没有实质性的改变，煤炭产业景气度仍存在继续下行的可能。

阻止煤炭产业经济继续下行，仍为煤炭经济工作的重中之重；实现煤炭产业稳中求进仍是煤炭经济工作的根本要求。综合分析国内外形势，结合煤炭产业经济客观实际，当务之急是要严控产能集中过快释放，调节市场供需相对过剩的矛盾。有关部门应加快推进清费立税工作，为煤炭产业出台一些支持性、给予性的政策；在市场失灵迹象逐渐明显的背景下，加大干预力度和政府规制力度。煤炭企业要形成合力，抱团取暖；要树立过紧日子的思想，要进一步强化精细化管理，向管理要效益，向技术创新要效益，搞好人才培训和队伍建设，为未来的发展积蓄动力。

附件：

中经煤炭产业景气指数报告[*]

经济日报社中经产业景气指数研究中心　国家统计局中国经济景气监测中心

煤炭景气降至十年来新低

三季度，中经煤炭产业景气指数为 98.0 点，比上季度下降 1.4 点；中经煤

---

[*] 《经济日报》，2012 年 10 月 30 日，第 21 版。

炭产业预警指数为 66.7 点，比上季度下降 16.6 点，处于偏冷的"浅蓝灯区"。

从行业运行情况看，利润合成指数、税金总额、从业人员数、产品销售收入和固定资产投资总额同比增速均呈现不同幅度的回落。尽管近期煤炭市场出现一些企稳迹象，但回升的基础尚不牢固，产业仍面临下行压力。

（一）景气指数下滑 1.4 点

2012 年三季度，中经煤炭产业景气指数为 98.0 点（2003 年增长水平 = 100），比上季度下降 1.4 点，为 2000 年三季度以来新低。

在构成中经煤炭产业景气指数的 6 个指标（仅剔除季节因素，保留随机因素）中，利润合成指数、税金总额、从业人员数、产品销售收入和固定资产投资总额同比增速均呈现不同幅度的回落。在进一步剔除随机因素后，中经煤炭产业景气指数为 97.3 点（图 1），比上季度回落 1.8 点，比未剔除随机因素的景气指数略低 0.7 点，且两条曲线均延续上季度走势，双双下行。

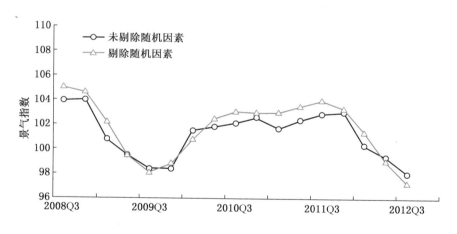

图 1　中经煤炭产业景气指数（2012Q3）

（二）预警指数回落 16.6 点

三季度，中经煤炭产业预警指数为 66.7 点，比上季度下降 16.6 点。从运行状态来看，三季度煤炭产业下滑到了偏冷的"浅蓝灯区"（图 2、图 3）。

（三）原煤产量同比增速加快

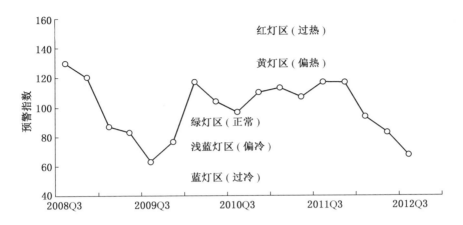

图 2　中经煤炭产业预警指数（2012Q3）

指标名称	2009年	2010年				2011年				2012年		
	Q4	Q1	Q2	Q3	Q4	Q1	Q2	Q3	Q4	Q1	Q2	Q3
1. 煤炭产量合成指数	○	◉	●	○	●	◉	●	◉	◉	○	○	○
2. 煤炭产业利润合成指数	◌	●	●	●	◉	●	●	●	○	◌	◌	○
3. 煤炭产业产品销售收入	◎	◉	●	○	○	○	○	○	○	○	○	◎
4. 煤炭产业税金总额	◎	◉	●	○	○	○	○	○	○	◎	○	◎
5. 煤炭产业从业人员数	○	○	○	●	●	◉	◉	◉	◉	●	○	○
6. 煤炭产业固定资产投资总额	○	○	○	○	○	◎	◎	◎	○	○	○	◎
7. 煤炭产业生产者出厂价格指数	◌	○	○	○	●	○	○	○	○	○	○	○
8. 煤炭产业出口额	◌	◌	◌	○	○	●	●	○	○	◎	○	◌
9. 煤炭产业产成品资金占用(逆转)	●	○	○	○	○	◎	◎	◎	◎	○	◎	○
10. 煤炭产业应收账款(逆转)	○	○	◎	○	◌	◎	◎	○	○	○	◎	○
预警指数	◎	○	○	○	○	○	○	○	○	○	○	◎
	77	117	103	97	110	113	107	117	117	93	83	67

图 3　中经煤炭产业预警灯号图（2012Q3）

经初步季节调整，三季度煤炭产业原煤产量同比增长 20.3%，同比增速比上季度加快 1.3 个百分点。

（四）销售收入同比负增长

经初步季节调整，三季度煤炭产业产品销售收入为 8695.3 亿元（图 4），同比下降 0.6%，由上季度的同比上升转为同比下降，上季度为同比上升 18.3%。

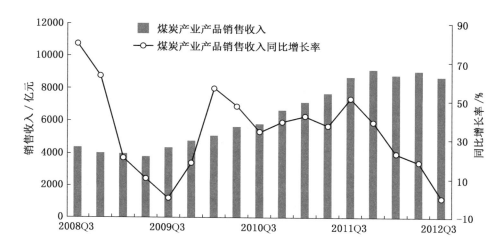

图 4　煤炭产业产品销售收入及同比增长率（2012Q3）

销售收入主要取决于需求量和价格两大因素，而需求量和价格又互为影响，共同作用。销售收入加速下滑主要因为下游电力、钢铁、水泥等行业煤炭需求疲软；进口煤炭价格倒挂，冲击国内市场。

（五）净进口规模有所下降

经初步季节调整，三季度煤炭产业出口额为 2.8 亿美元，同比下降 16.4%，降幅比上季度收窄 25 个百分点；环比下降 49.2%，上季度为环比下降 22.3%。虽然煤炭产业出口额降幅较大，但我国煤炭出口量极少，出口变化对国内煤炭的生产经营影响不大。

自 7 月以来，随着国内煤大幅降价，北方港口下水煤再受用户青睐，煤炭进口出现了连续两个月的环比下降。8 月，当月进口煤炭 2044 万吨，环比下降 15.8%。不过，前八个月累计进口煤炭 1.85 亿吨，同比增长 46.3%。煤炭进口大增主要是受国际煤炭价格持续低位徘徊、供给增加以及我国鼓励煤炭进口政策等因素的共同影响。

（六）价格同比继续下跌

三季度煤炭产业生产者出厂价格总水平同比下跌 6.7%，由上季度的同比上涨转为同比下跌（图 5）。煤炭价格下跌，一是国际煤炭市场需求低迷，煤炭价格低位徘徊，促使国内煤炭价格水平持续下跌；二是受宏观经济持续放缓、需求乏力等影响，国内煤价持续下滑。

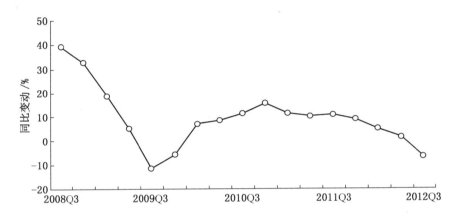

图 5　煤炭产业生产者出厂价格同比变动（2012Q3）

（七）库存居高不下

经初步季节调整，三季度末煤炭产业产成品资金占用额为 894.5 亿元，从绝对量上达到历史最高点，且同比增长 33.7%，增速较上季度加快 9.3 个百分点，环比上升 13.9%。2012 年以来，受原煤主产区原煤产量稳步增长、下游煤炭需求持续低迷的双重影响，煤炭市场出现供大于求的现象，主要表现为煤炭企业库存加大，港口存煤增加，电厂存煤量加大。

需要指出的是，随着一些在建的大型矿井、特大型矿井产能的形成和释放，我国煤炭产能过剩问题将更加明显，煤炭产业去库存与去产能的压力将更大。

（八）盈利水平大幅下滑

经初步季节调整，三季度煤炭产业实现利润总额 650.5 亿元，同比下降

40%，降幅较上季度扩大 33.1 个百分点；环比下降 37.4%，而上季度为环比上升 0.6%。

三季度，煤炭产业销售利润率为 7.5%，比上季度降低 4 个百分点，但仍然高于全部工业销售利润率 5.3% 的平均水平（图6）。

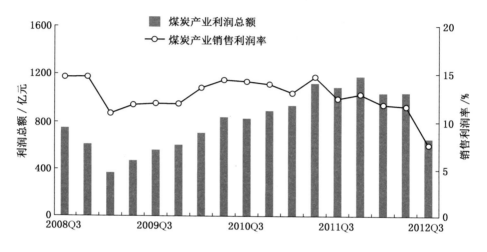

图6　煤炭产业利润总额及销售利润率（2012Q3）

（九）税收同比增速持续回落

经初步季节调整，三季度煤炭产业上缴税金总额为 609.9 亿元，同比下降 15.1%，同比增速比上季度回落 17.5 个百分点，由上季度的同比上升转为同比下降；环比下降 16.9%。

（十）应收账款周转天数有所增加

三季度末，煤炭产业应收账款为 2958 亿元，同比增长 29.2%，增速比上季度加快 2.1 个百分点。

从回款速度来看，三季度煤炭产业应收账款周转天数为 29.1 天，比上季度增加 4.5 天，但与全部工业应收账款周转天数 31 天相比，仍属较好水平。

（十一）投资同比增速回落

经初步季节调整，三季度煤炭产业固定资产投资总额为 1790.8 亿元，同比增长 13.7%，同比增速较上季度回落 11.9 个百分点。投资者的投资热情不高，主要是受到煤炭内外需求走弱，价格持续下跌，行业发展预期不强等因素影响。

（十二）用工继续回调

三季度煤炭产业从业人员数为 528.4 万人，同比增长 2%，增速比上季度放缓 1.3 个百分点。用工同比增速放缓，表明企业对发展前景不太乐观，用工趋于谨慎。

行业调整最痛苦阶段将过去[*]

（四季度暨年度）

2012 年四季度，中经煤炭产业景气指数并未出现"小幅微升"，而是延续跌势，并创下新低。这表明煤炭产业景气度仍在筑底调整。

煤炭产业景气度的持续下滑，是国内外经济形势不景气的必然反映。由美国次贷危机引发和欧债危机使之进一步恶化的全球性经济危机仍在持续，世界经济复苏乏力。国内经济形势虽开始企稳但仍存在一些不平衡、不持续、不协调的矛盾；煤炭下游的钢铁、水泥、建材、煤化工等行业景气度未出现明显回升。煤炭产业此轮调整的最痛苦阶段已经过去，并出现好转迹象。煤炭产量同比增加但库存增速放缓、压港现象并不突出，产品销售收入、利润合成指数和税收等指标也有所回升。

不过，煤炭市场也出现了新的问题。首先是产业投资增速较快下滑。这虽然与限产有关，但也说明投资者信心不足。投资是产业发展的重要推动力，投资不足将影响产业发展后劲和可持续性。因此，应从战略高度给予重视。

另外，在"限产令"尚未解除的情况下，煤炭产量依然过快增加，说明仍有部分产能在释放。一些地方煤炭企业在"顶烟上"，在产业不景气的情况下坚持"薄利多销"。应进一步强化限产政策的执行力度，有效限制产量过快增长。煤炭产业经济将以低姿态迎来 2013 年。如不出意外，2013 年一季度，中经煤炭产业景气指数将继续在低位徘徊，不会出现"骤升"或"骤降"的走势。

目前，国际经济形势尚不明朗。不过，随着宏观经济的企稳回升，以及城镇

---

[*] 《经济日报》，2013 年 1 月 29 日，第 21 版。

化建设的战略布局，将会刺激煤炭下游产业提前复苏并由此导致煤炭市场需求增加。煤炭市场供给也会延续 2012 年四季度的增长惯性继续增加。因此，煤炭市场在产业筑底调整过程中形成均态格局的可能性大。

煤炭价格是煤炭产业经济运行的晴雨表，在均态市场格局下，一般不会发生价格暴涨和暴跌。不过，电煤价格双轨制的取消，将影响煤炭价格形成。电力用煤是煤炭消费的大头，电煤价格双轨制取消后，电煤价格走势将主导市场煤价。由于电煤价格长期低于市场煤价，并轨后的电煤价格会对市场煤价产生下吸效应；但由于目前煤炭市场价格已经下滑至盈亏临界点附近，煤炭市场将会形成内在的价格下跌抵抗力。随着宏观经济和下游产业景气度的回升，煤炭价格于 2013 年一季度将会企稳。

目前，我们应变被动为主动积极对产业结构进行调整，努力转变发展方式，坚持稳中求进。要依据市场需求组织煤炭生产，严控产能集中过快释放，稳定供给；要加强煤炭市场监测，调整市场供需矛盾，维护均态市场格局，稳定价格；要坚定煤炭产业的发展信心，按可持续发展要求，科学合理规划稳定投资；不轻易采取减员增效降酬增益的措施，致力于培养和留住人才，稳定产业队伍。"稳"是为了更好的"进"。在稳定的基础上，要加大资源向优势企业倾斜，努力实现资源优化配置；要加快科技进步的步伐，充分利用、有效节约煤炭资源，保护生态环境；要推广充填开采、洁净煤等技术，促进产业优化升级；要大力发展循环经济，加快煤层气产业化发展，推进煤矿瓦斯、煤矸石等综合利用；要转变管理方式，全面推行精细化管理，向管理要效益。

附件：

中经煤炭产业景气指数报告[*]

经济日报社中经产业景气指数研究中心　国家统计局中国经济景气监测中心

煤炭景气指数再创新低

2012 年四季度，中经煤炭产业景气指数为 97.0 点，比上季度下降 1.0 点；中经煤炭产业预警指数为 66.7 点，比上季度上升 3.4 点，预警灯号仍处"浅蓝灯区"。

在宏观经济企稳回升的背景下，煤炭产业主营业务收入、利润总额、税金总额同比增速在连续下滑后有所回升，但受固定资产投资总额、从业人员数同比增速放缓影响，煤炭产业景气指数再创新低。2013 年，产能过剩可能成为常态，行业仍处深度调整期。

（一）景气指数下滑 1.0 点

2012 年四季度，中经煤炭产业景气指数为 97.0 点（2003 年增长水平 = 100），比上季度下降 1.0 点，再创新低。

在构成中经煤炭产业景气指数的 6 个指标（仅剔除季节因素，保留随机因素）中，主营业务收入、利润和税金总额 3 个指标同比增速均由上季度的降势转为本季度的升势；而固定资产投资总额和从业人员数等指标同比增速均呈现下滑态势。

在进一步剔除随机因素后，中经煤炭产业景气指数为 96.6 点（图 1），比上季度回落 0.7 点，略低于未剔除随机因素的景气指数 0.4 点。两条曲线均延续上季度走势，双双下行。

（二）预警指数仍处浅蓝灯区

四季度，中经煤炭产业预警指数为 66.7 点，比上季度上升 3.4 点，仍处于

---

[*]　《经济日报》，2013 年 1 月 29 日，第 21 版。

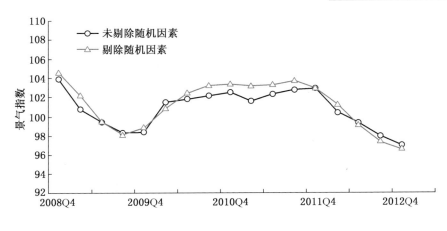

图 1　中经煤炭产业景气指数（2012Q4）

表示运行偏冷的"浅蓝灯"区域（图 2）。预警回暖主要受产成品资金和应收账款下降影响，一定程度上体现了去库存化的作用。四季度，多数指标灯号没有发生明显变化，但产成品资金（逆转）和应收账款（逆转）的灯号出现转好迹象（图 3）。

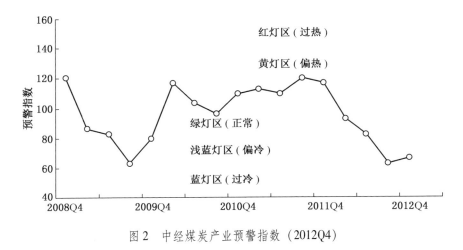

图 2　中经煤炭产业预警指数（2012Q4）

（三）销售回暖

经初步季节调整，四季度煤炭产业主营业务收入为 9919.1 亿元，同比增长

指标名称	2010年				2011年				2012年			
	Q1	Q2	Q3	Q4	Q1	Q2	Q3	Q4	Q1	Q2	Q3	Q4
1. 煤炭产量合成指数	◐	●	○	●	◐	◐	◐	○	○	●	●	●
2. 煤炭产业利润合成指数	●	●	●	◐	●	●	●	◐	○	◎	▨	◎
3. 煤炭产业主营业务	◐	●	○	●	●	●	●	●	○	◎	◉	◉
4. 煤炭产业税金总额	◐	●	○	○	○	○	○	○	○	◎	▨	◎
5. 煤炭产业从业人员数	○	○	●	●	◐	◐	◐	◐	●	○	○	○
6. 煤炭产业固定资产投资总额	○	○	◎	○	◎	○	○	○	○	○	○	◎
7. 煤炭产业生产者出厂价格指数	○	○	○	●	○	○	○	○	○	◎	◎	▨
8. 煤炭产业出口额	▨	▨	◎	○	●	●	○	○	◎	○	○	▨
9. 煤炭产业产成品资金占用(逆转)	○	○	○	○	○	○	○	◎	◎	◎	◎	◎
10. 煤炭产业应收账款(逆转)	○	◎	◎	▨	○	○	○	○	◎	◎	◎	◎
预警指数	○	○	○	○	○	○	●	○	○	○	◎	◎
	117	103	97	110	113	110	120	117	93	83	63	67

图 3　中经煤炭产业预警灯号图（2012Q4）

8.8%，上季度为同比下降 0.6%（图 4）。

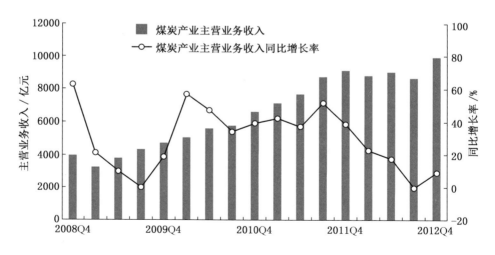

图 4　煤炭产业主营业务收入及同比增长率（2012Q4）

四季度，宏观经济开始企稳，下游电力、钢铁、水泥等行业的煤炭需求有所增加，加之冬季用煤高峰的到来，主营业务收入同比增速有所加快。不过，由于产能未能得到有效控制，企业减产意愿不强，加上国际煤炭市场冲击，煤炭供需失衡问题未能有效缓解，导致全行业去库存压力较大，削弱了需求增加对价格的提升作用，影响到主营业务收入的增长。

（四）出口基本持平

经初步季节调整，四季度煤炭产业出口额为 2.4 亿美元，同比下降 54.6%，降幅较上季度扩大 1.9 个百分点；环比下降 11.9%，上季度为环比下降 49.2%。

（五）价格持续下跌

四季度，煤炭产业生产者出厂价格总水平同比下跌 12.0%，跌幅比上季度扩大 5.3 个百分点（图 5）。煤炭产能进一步释放，原煤产量同比增速继续加快，煤炭产业去产能、去库存压力加大；国际煤炭进口量持续增加，导致煤价持续下跌。煤炭价格的持续下滑，不利于资源充分利用和节能减排的推进。

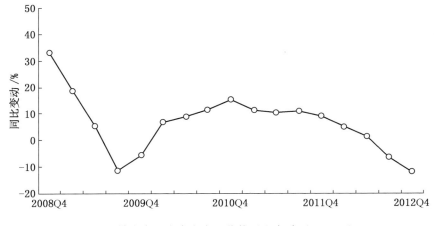

图 5　煤炭产业生产者出厂价格同比变动（2012Q4）

（六）库存增速放缓

经初步季节调整，四季度末，煤炭产业产成品资金为 870.5 亿元，同比增长 19.1%，增速较上季度放缓 14.6 个百分点，环比下降 2.7%。表明煤炭行业仍处于去库存阶段。

（七）盈利下滑态势趋缓

经初步季节调整，四季度煤炭产业实现利润总额 823.8 亿元，同比下降 29.6%，降幅较上季度收窄 10.3 个百分点；环比上升 26.6%，而上季度为环比下降 37.4%。2012 年前三季度，煤炭产业利润总额同比增速和销售利润率一直呈下降趋势，其中利润总额同比增速自二季度以来一直处于负增长状态。四季度，煤炭产业销售利润率为 8.3%，比上季度提高 0.8 个百分点，高于本季度全部工业销售利润率 6.5% 的平均水平（图 6）。

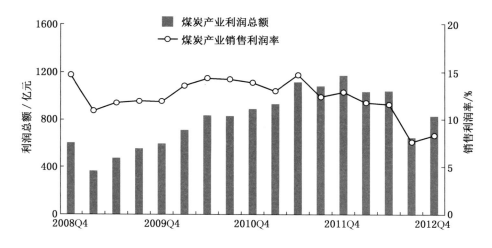

图 6　煤炭产业利润总额及销售利润率（2012Q4）

（八）税收降幅收窄

经初步季节调整，四季度煤炭产业上缴税金总额为 688.2 亿元，同比下降 10.5%，与上季度相比降幅收窄 4.6 个百分点。经测算，四季度煤炭产业税金总额占主营业务收入比重为 7%，与上季度基本持平，但仍高于全部工业 4.5% 的平均水平。

（九）回款压力趋于缓和

四季度末，煤炭产业应收账款为 3079 亿元，同比增长 22%，增速比上季度回落 7.2 个百分点。四季度煤炭产业应收账款周转天数为 27.4 天，比上季度减少 1.7 天，与全部工业应收账款平均周转天数 31.1 天的水平相比，仍属较好水平。

（十）投资由升转降

经初步季节调整，四季度煤炭产业固定资产投资总额为 1459.5 亿元，同比下降 7.9%，由上季度的同比上升转为下降，且回落速度有所加快。这表明价格下滑、销售受阻、煤炭积压、煤企降薪等因素对投资者的投资热情产生了负面影响。

（十一）用工持续减少

四季度煤炭产业从业人员数为 531.2 万人，同比增长 0.9%，增速比上季度放慢 1.1 个百分点。煤炭产业从业人员数同比增速在本季度创下新低，有利于缓解行业过快扩张状态。

2013 年

煤炭企业要学会"冬泳"*

（一季度）

2013 年一季度，中经煤炭产业景气指数降幅明显趋缓，表明行业调整最痛苦阶段已经过去。但预警指数在"蓝灯区"中缓缓下行，煤炭产业仍处寒冬期。

2013 年一季度，中经煤炭产业景气指数虽继续下滑，但与过去四个季度大幅下滑态势不同，降幅明显趋缓，表明行业调整最痛苦阶段已过去。鉴于预警指数在"蓝灯区"中缓缓下行，产业仍处寒冬期。

目前，煤炭产业的最大暖意在于市场回暖。一季度，生产者出厂价格总水平同比下跌 10.9%，但销售收入同比微增 0.2%，表明煤炭消费量有较大幅度增加。根据中国煤炭经济研究院测算，一季度煤炭消费量超过 10 亿吨，其中包括 8000 万吨进口煤。另外，全社会库存已连续两个季度快速回落。种种迹象表明，煤炭市场确实在回暖。

值得注意的是，在市场回暖的同时，煤炭产业的主要矛盾也发生了变化。2012 年，在国内外经济增速放缓，煤炭市场需求萎缩的情况下，煤炭产能集中过快释放，导致价格暴跌。管理部门曾提出"限产保价"，但"限产令"没有让煤炭价格稳住，反而给进口煤大量涌入创造了有利条件。由于国内外价格倒挂，进口煤价对国内煤炭价格造成了抑制。一季度末，秦皇岛 5500 大卡动力煤价格

---

* 《经济日报》，2013 年 4 月 26 日，第 24 版。

从上季度末的 633 元/吨下跌至 618 元/吨。煤炭价格持续疲软已成为煤炭产业发展过程中的主要矛盾。

一季度，煤炭产业利润同比下降 34.1%，但税收收入同比下降 10.6%，说明煤炭产业税负相对较重，也使推进清费正税的呼声更有意义；应收账款同比增长 18.4%，总体规模偏大，回款周期延长，表明企业现金流并不乐观；固定资产投资总额同比下降 4.7%，增速低于劳动力增速，可能出现潜在劳动生产率下降的问题。

总的来看，煤炭产业深度调整已基本到位，煤炭价格继续大幅下跌的空间不大，行业景气度也不太可能出现骤降。但是，企业不能盲目乐观或麻痹大意，而要千方百计求生存、谋发展，靠发展化解逆境中的问题。山东能源集团董事长卜昌森提出"冬泳论"，专家认为，学会"冬泳"对整个煤炭产业具有普遍意义。煤炭企业应该在寒冬环境中通过冬泳苦练内功、抓好管理、控制成本、促进销售，确保企业在逆境中能生存；要调结构、抓转型、促升级，加快淘汰低效率项目和落后产能。

事关国家能源安全和国民经济安全的煤炭产业"伤不起"。煤炭产业应燃起"一把火"，使整个产业尽快走出"寒冬"。目前，煤炭产业迎来兼并重组的好时机。要加大煤炭企业兼并重组力度，大胆开展资本运作，学会吃"休克鱼"，掀起兼并重组的新高潮。

政府应适时出台给予性政策，抓紧推进清费正税，减轻企业负担；推出倾斜性融资政策，为优质企业发展输血；设立专项基金，支持优质企业开展兼并重组；在坚持利用国内外"两种资源、两个市场"政策不变、不违背 WTO 规则的前提下，建立煤炭进出口市场动态调节机制，加强进口煤管理，向劣质煤进口亮红灯。

附件:

中经煤炭产业景气指数报告 *

经济日报社中经产业景气指数研究中心　　国家统计局中国经济景气监测中心

煤炭产业初显止跌迹象

2013 年一季度,中经煤炭产业景气指数为 96.9 点,与上季度基本持平;中经煤炭产业预警指数为 55.6 点,比上季度回落 3.7 点,在过冷的"蓝灯区"进一步下行。

煤炭产业的多数指标呈下降趋势,表明行业仍处于筑底调整中。其中,煤炭产业利润总额、主营业务收入、税金总额和固定资产投资总额增速均呈现不同程度的下降,用工增长基本持平。

(一)景气指数降幅趋缓

2013 年一季度,中经煤炭产业景气指数为 96.9 点 (2003 年增长水平 = 100),与上季度基本持平 (微降 0.2 点),呈现止跌趋稳走势。

在构成中经煤炭产业景气指数的 6 个指标 (仅剔除季节因素,保留随机因素) 中,煤炭产业利润总额、主营业务收入、税金总额和固定资产投资总额同比增速均呈降势;用工增长基本持平,仅出口额增速略有上升。

在进一步剔除随机因素后,中经煤炭产业景气指数继续下滑 (图 1),比未剔除随机因素的景气指数低 1.7 点,两者差距比上季度扩大 0.6 点,表明煤炭行业内生增长动力仍相对较弱,相关稳增长政策带动电力、钢铁等行业回升,进而推动煤炭产业景气度止跌。

(二)预警指数仍处蓝灯区

一季度,中经煤炭产业预警指数为 55.6 点 (图 2),较上季度回落 3.7 点,在过冷的"蓝灯区"进一步下行,表明煤炭产业景气度仍较为低迷。

---

*　《经济日报》,2013 年 4 月 26 日,第 23 版。

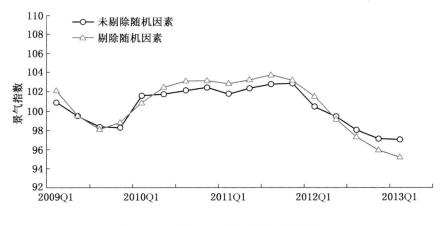

图 1 中经煤炭产业景气指数（2013Q1）

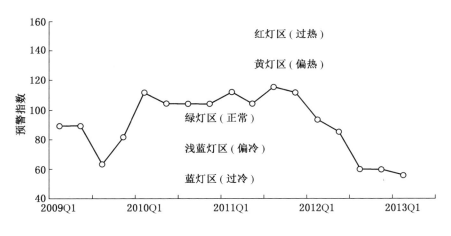

图 2 中经煤炭产业预警指数（2013Q1）

从灯号变动情况看，一季度，主营业务收入从偏冷的"浅蓝灯区"转为过冷的"蓝灯区"，其余 8 个指标的灯号未发生变化（图 3）。这表明煤炭产业的产销状况仍不理想。

（三）销售增长乏力

经初步季节调整，一季度煤炭产业主营业务收入为 8597.7 亿元，同比增长

指标名称	2010年			2011年				2012年				2013年
	Q2	Q3	Q4	Q1	Q2	Q3	Q4	Q1	Q2	Q3	Q4	Q1
1.煤炭产业利润合成指数	●	◉	◉	●	●	●	◉	○	◎	▨	▨	▨
2.煤炭产业主营业务收入	●	○	○	○	○	●	○	○	◎	◎	◎	▨
3.煤炭产业税金总额	●	○	○	○	○	○	○	○	◎	▨	▨	▨
4.煤炭产业从业人员数	○	●	○	◉	◉	◉	◉	●	○	○	○	○
5.煤炭产业固定资产投资总额	○	○	○	◎	◎	○	○	○	○	○	▨	▨
6.煤炭产业生产者出厂价格指数	○	○	●	○	○	○	○	○	○	▨	▨	▨
7.煤炭产业出口额	◎	◎	○	○	●	○	○	◎	◎	○	○	○
8.煤炭产业产成品资金(逆转)	○	○	○	○	◎	○	○	○	○	○	○	○
9.煤炭产业应收账款(逆转)	◎	○	▨	◎	○	○	○	◎	◎	○	○	○
预警指数	○	○	○	○	○	○	○	○	○	▨	▨	▨
	104	104	104	111	104	115	111	93	85	59	59	56

图 3　中经煤炭产业预警灯号图（2013Q1）

0.2%，增速较上季度回落 8.6 个百分点，环比下降 1.6%（图 4）。

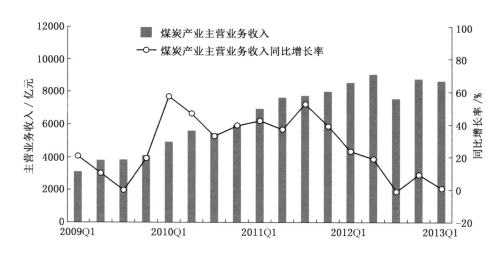

图 4　煤炭产业主营业务收入及同比增长率（2013Q1）

受春节月份错位、气温偏低、季节性变化等因素影响，1 月煤炭消费同比增幅走高。进入 2 月以后，受春节长假的因素影响，工业用电负荷减少，电煤消费增速再次回落，导致一季度煤炭产业主营业务收入总体走低。

（四）进口规模持续上升

经初步季节调整，一季度煤炭产业出口额为 3.6 亿美元，同比下降 48.8%，降幅较上季度收窄 5.8 个百分点；环比上升 47.4%，上季度为环比下降 11.9%。

受国外煤炭价格持续下滑影响，煤炭进口规模持续上升。据海关总署统计，一季度，我国进口煤 8000 万吨，同比增加 30.1%，比 2012 年全年 29.8% 的进口增速又提升了 0.3 个百分点。4 月起，国内煤炭进口企业开始执行新的外贸进口年度合同，国内外煤炭价差可能导致煤炭进口规模继续加速扩大。

（五）价格跌势趋缓

一季度，煤炭产业生产者出厂价格总水平同比下跌 10.9%，跌幅较上季度收窄 1.1 个百分点，价格水平低位略有回升（图 5）。

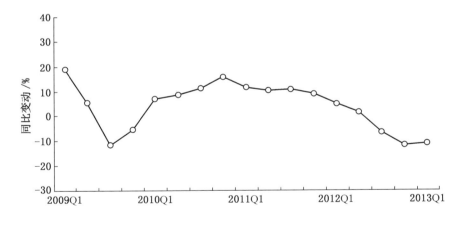

图 5　煤炭产业生产者出厂价格同比变动（2013Q1）

随着宏观经济企稳回升，煤炭需求有望回暖。但是，节能减排的压力，特别是大范围频繁出现的雾霾天气，使得城市供热锅炉燃料逐步由煤转向天然气，煤炭需求可能受到制约。从供给端看，国内煤炭产能释放较快，全社会煤炭库存仍处高位，进口煤对国内市场冲击不可小觑。因此，国内煤炭市场供大于求的状况短期内不会出现大的改变，煤炭价格出现持续回升的难度较大。

（六）去库存化加速

经初步季节调整，一季度末，煤炭产业产成品资金为 719.7 亿元，同比增长 3.1%，增速较上季度回落 16 个百分点，连续两个季度呈快速回落态势；环比下降 6.9%，降幅较上季度扩大 4.2 个百分点。

目前，煤炭行业需求不足的问题较为突出，煤炭行业加速了去库存化进程。与此同时，2013 年初山西矿难导致煤矿企业大面积停产整顿，煤炭供给相对减少，也在一定程度上加快了煤炭行业库存消化的速度。

（七）利润维持下降趋势

经初步季节调整，一季度煤炭产业实现利润总额 680.9 亿元，同比下降 34.1%，降幅较上季度扩大 4.5 个百分点；环比下降 17.3%，上季度为环比上升 26.6%。煤炭产业利润增速自 2012 年三季度大幅回落以来，同比降幅在 30% 左右波动。煤炭产业利润的低位运行一方面与市场需求疲软有关，另一方面与煤炭价格下滑有关。

一季度，煤炭产业销售利润率为 7.9%，比去年同期下降 4.1 个百分点；但仍高于本季度全部工业销售利润率 5.2% 的平均水平（图 6）。

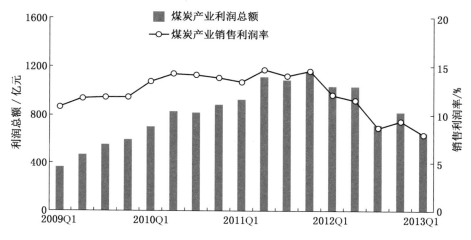

图 6　煤炭产业利润总额及销售利润率（2013Q1）

（八）税收基本平稳

经初步季节调整，一季度煤炭产业上缴税金总额为 662.2 亿元，同比下降 10.6%，与上季度降幅基本持平（略微扩大 0.2 个百分点）。经测算，一季度煤炭产业税金总额占主营业务收入比重为 7.7%，比上季度提高 0.7 个百分点。

（九）应收账款增长仍较快

一季度，煤炭产业应收账款为 2520.4 亿元，同比增长 18.4%，增速较上季度回落 3.6 个百分点。与主营业务收入 0.2% 的同比增速相比，应收账款增长速度依然较快，导致企业资金周转速度回落。一季度煤炭产业应收账款周转天数为 28.8 天，比去年同期延长 4.8 天。

（十）投资继续下降

经初步季节调整，一季度煤炭产业固定资产投资总额为 285.9 亿元，同比下降 4.7%，降幅较上季度收窄 3.2 个百分点。尽管本季度投资降幅收窄，但仍呈降势，表明投资者的投资热情不高，价格低迷、库存积压、成本提高、盈利缩减等因素继续对投资者产生消极影响，投资者趋于谨慎。

（十一）用工增速止跌趋稳

经初步季节调整，截至一季度末，煤炭产业从业人数为 516.3 万人，同比增长 0.9%，与上季度持平，结束了自 2011 年三季度开始增速持续回落的局面，稳定在长期平均增长水平附近。

煤炭业需加快苦练内功*

（二季度）

二季度，中经煤炭产业景气指数延续自 2012 年以来持续下滑的态势，煤炭产业仍处于寒冬期。煤炭企业不必过于悲观，要积极调整、御寒过冬，政府主管部门也应有所作为，用好政策工具。

二季度，中经煤炭产业景气指数延续过去五个季度以来持续下滑的态势。从具体指标看，尽管煤炭价格出现明显下滑，但煤炭主营业务收入同比降幅仅为5.1%；2013 年前六个月，煤炭进口量 1.6 亿吨，比去年同期增加约 2000 万吨。这表明煤炭市场供应量仍有较大幅度增加。而由于市场需求疲弱，导致全社会煤炭库存高企。此外，应收账款明显增加，回款周期有所延长，企业利润和销售利润率出现明显下滑。这些都表明，煤炭产业仍处寒冬期。

专家认为导致我国煤炭产业景气度持续低迷的主要原因在国内。首先，宏观经济增速放缓，下游产业普遍不景气，导致煤炭需求疲软。其次，"十一五"以来，我国煤炭产业投资规模达 2.27 万亿元，这些产能集中释放，导致煤炭产量过快增加。再次，在进口煤大量增加的同时，国内火电企业通过各种形式办煤矿形成的产能也开始释放。有的发电企业煤炭自给量将达到 1 亿吨。这两部分煤炭实实在在地对市场需求形成了挤压。此外，煤炭企业在供给紧张条件下形成了追求规模扩张，不注重转型升级的发展方式，危机应对能力不强，只能依靠薄利多销，加剧供给过剩。另一个重要因素则是煤炭税费制度的改革推进缓慢，不少地方乱

---

* 《经济日报》，2013 年 7 月 30 日，第 24 版。

收费问题屡禁不止;煤电价格联动不对称,专项基金运作不到位等问题突出存在。

三季度,尽管当前国际环境有所改善,但是制约因素错综复杂,整个世界经济短期内难以明显复苏。在不出台刺激性政策,以及坚持去杠杆化、结构性调整和稳中有为发展思路的背景下,宏观经济将总体平稳。因此,影响二季度煤炭产业走势的诸多因素短期内难以改变,三季度煤炭产业经济形势依然比较严峻。

煤炭是我国的主体能源,以煤为主的能源政策在相当长的时期内不会改变;本季度,全部工业利润率已有上升,下游产业已有转暖迹象;防治雾霾要求大力发展煤制油、气,将为产业发展拓展新的空间,等等。因此,我们坚信煤炭产业前景光明。

当然,我们不能麻痹大意,要客观认清形势的严重性;要坚持冬泳不懈怠,密切关注政策面的变化;抓住转型升级主线,提高产品质量,增加煤炭附加值;要利用治理雾霾的机遇,积极开展煤炭深加工;要加大兼并重组力度,走大集团的路子不动摇;要加快产业裂变,把一些与煤炭主业无关的业务尽快剥离出来;要协同应对困境,不能自扫各家门前雪,不管行业瓦上霜。

政府要用好政策工具,继续抑制产能的过快释放;要利用好价格调节基金,对煤炭企业实施价格补贴和限产补贴;建立煤炭进出口动态调节机制,在 WTO 机制下合理调控进出口数量;要促进煤炭产品质量提高;要抓紧清费正税,减轻企业负担;要加快推动产业转型升级,"关、停、并、转"一批生产力落后的煤矿。

附件:

中经煤炭产业景气指数报告[*]

经济日报社中经产业景气指数研究中心　国家统计局中国经济景气监测中心

煤炭产业延续低迷态势

二季度,中经煤炭产业景气指数为 97.3 点,较上季度下降 0.5 点,延续了 2012 年以来的下滑态势;中经煤炭产业预警指数为 63.0 点,与上季度持平,处

---

*　《经济日报》,2013 年 7 月 30 日,第 23 版。

于偏冷的"浅蓝灯区"。

二季度煤炭产业持续低迷,主要受国内宏观经济增速放缓导致煤炭需求减弱、进口煤持续增加、煤炭价格大幅下跌等因素影响。煤炭产业短期内仍难摆脱上述不利因素,预计三季度,煤炭产业景气指数仍将低位徘徊。

(一)景气指数持续降低

二季度,中经煤炭产业景气指数为97.3点(2003年增长水平=100),比上季度下降0.5点。

在构成中经煤炭产业景气指数的6个指标(仅剔除季节因素,保留随机因素)中,主营业务收入由同比增长转为下降,利润总额和税金总额同比降幅扩大,进口和从业人员数增速有不同程度的放缓,固定资产投资总额连续三个季度同比下降。

进一步剔除随机因素后,中经煤炭产业景气指数为95.5点(图1),比未剔除随机因素的景气指数低1.8点。总体来看,两条曲线已连续六个季度保持下滑,表明煤炭产业内生增长动力仍然疲弱。

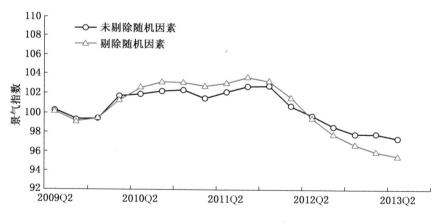

图1 中经煤炭产业景气指数(2013Q2)

(二)预警指数低位徘徊

二季度,中经煤炭产业预警指数为63.0点(图2),与上季度持平,处于偏冷的"浅蓝灯区",表明煤炭产业仍处于低迷状态。

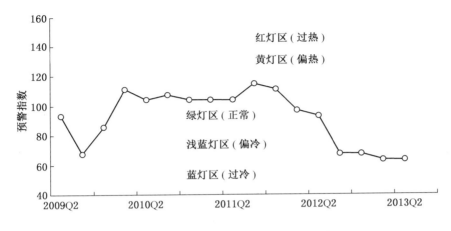

图 2　中经煤炭产业预警指数（2013Q2）

从灯号变动情况看，从业人员数、进口额（逆转）、产成品资金（逆转）和应收账款（逆转）4 个指标仍然处于正常的"绿灯区"，其余 5 个指标处于过冷的"蓝灯区"（图 3）。这表明煤炭产业的运行状况仍较疲弱。

指标名称	2010年		2011年				2012年				2013年	
	Q3	Q4	Q1	Q2	Q3	Q4	Q1	Q2	Q3	Q4	Q1	Q2
1.煤炭产业利润合成指数	◍	◍	●	●	●	◍	○	◎	◌	◌	◌	◌
2.煤炭产业主营业务收入	○	○	○	○	●	○	○	○	◎	◎	◌	◌
3.煤炭产业税金总额	○	○	○	○	○	○	○	○	○	○	○	○
4.煤炭产业从业人员数	●	○	◍	◍	◍	◍	●	○	○	○	○	○
5.煤炭产业固定资产投资总额	○	○	○	◎	○	○	○	○	○	◎	◌	◌
6.煤炭产业生产者出厂价格指数	○	●	○	○	○	○	○	○	○	◌	◌	◌
7.煤炭产业进口额(逆转)	○	○	○	●	○	○	○	○	○	○	○	○
8.煤炭产业产成品资金(逆转)	○	○	○	◎	○	◎	◎	○	◎	○	○	○
9.煤炭产业应收账款(逆转)	◎	◍	◎	○	◎	◎	◎	○	○	○	○	○
预警指数	○	○	○	○	○	○	○	○	◎	◎	◎	◎
	107	104	104	104	115	111	96	93	67	67	63	63

图 3　中经煤炭产业预警灯号图（2013Q2）

（三）价格持续下跌、销售收入转降

二季度，煤炭产业生产者出厂价格总水平同比下跌 13.4%（图4），跌幅较上季度扩大 2.5 个百分点；比同期全部工业生产者出厂价格总水平 2.9% 的同比跌幅高 10.5 个百分点。

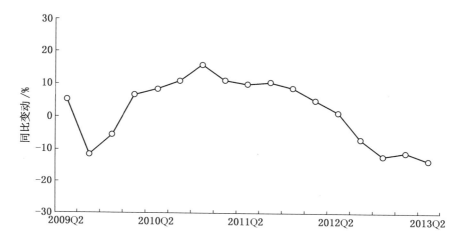

图4　煤炭产业生产者出厂价格同比变动（2013Q2）

本季度煤价继续下降的主要原因之一是煤炭需求低迷。由于宏观经济增长放缓，煤炭需求整体低迷；国家继续加大节能减排力度，加大对能源消费总量控制和能源消费结构调整力度，制约了煤炭需求；煤炭产业产能过剩问题突出，加剧供求矛盾。煤价持续下跌的另一个主要原因是进口煤的冲击。经初步季节调整，二季度煤炭产业进口量为 8232 万吨，同比增长 13.5%，比上季度放缓 20.5 个百分点。本季度煤炭进口同比增速虽然有所放缓，但规模依然较大。

煤炭价格持续下跌、市场需求低迷以及进口煤冲击严重影响了煤炭企业的销售收入。经初步季节调整，二季度煤炭产业主营业务收入为 8581 亿元，由同比增长转为下降 5.1%，为两年来最大降幅（图5）。

（四）库存压力增大

经初步季节调整，二季度末，煤炭产业产成品资金为 826 亿元，同比增长 11.1%，增速较上季度加快 8 个百分点（图6）。

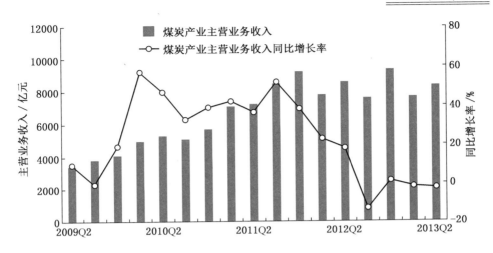

图 5 煤炭产业主营业务收入及同比增长率（2013Q2）

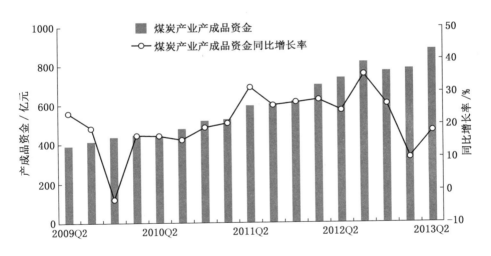

图 6 煤炭产业产成品资金及同比增长率（2013Q2）

截至 6 月底，国投曹妃甸港煤炭库存量 555 万吨、京唐港区煤炭库存量 512 万吨、天津港煤炭库存量 347 万吨。5 月末，重点电厂煤炭库存高达 7253 万吨，平均可用 22 天，属于历史同期较高水平。煤炭产业库存高企与煤炭产业销售收入由增转降形成鲜明对照。

（五）盈利水平持续降低

经初步季节调整，二季度煤炭产业实现利润总额533亿元（图7），同比下降48.7%，降幅较上季度扩大14.6个百分点，已连续五个季度同比下降。1—5月，煤炭产业企业亏损面为23.7%，较2012年同期扩大5.3个百分点。

煤炭产业销售利润率为6.2%，比上季度下降1.7个百分点，较去年同期下降5.3个百分点，但仍高于本季度全部工业5.5%的水平。煤炭产业销售利润率从2012年开始的持续下降，意味着煤炭产业向合理利润水平的回归。

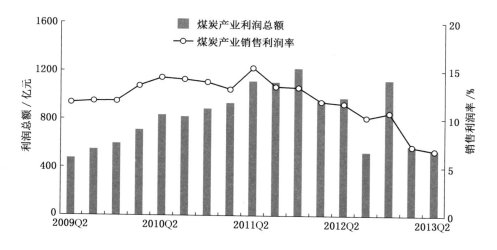

图7 煤炭产业利润总额及销售利润率（2013Q2）

（六）税收增速继续下滑

经初步季节调整，二季度煤炭产业税金总额为599亿元，同比下降17.5%，降幅较上季度扩大6.9个百分点。煤炭产业税金总额占主营业务收入比重为6.9%，较上季度降低0.8个百分点。税金总额增速的持续下降与销售收入和盈利水平的下降密切相关。

（七）回款压力持续攀升

二季度，煤炭产业应收账款为3198亿元，同比增长21.7%，增速较上季度加快3.3个百分点。从回款速度来看，二季度煤炭产业应收账款周转天数为

30.0 天，较上季度增加了 1.2 天，但比全部工业应收账款周转天数少 1 天。

（八）投资更趋谨慎

经初步季节调整，二季度煤炭产业固定资产投资总额为 1212 亿元，同比下降 2.1%，已连续三个季度下降。煤炭产业的持续低迷和产能过剩，使企业投资更趋谨慎。

（九）用工增长持续放缓

二季度煤炭产业从业人员数为 526.6 万人，同比增长 0.6%，增速较上季度回落 0.3 个百分点，用工增速连续八个季度保持放缓态势。

景气度短期内"上下两难"*

（三季度）

三季度，中经煤炭产业景气指数跌幅收窄，初显企稳迹象，但仍处寒冬期的基本面并未改变，产业景气度短期内"上下两难"。

2013年三季度，中经煤炭产业景气指数初显企稳迹象。支撑本季度煤炭产业景气度企稳的因素主要有：一是宏观经济形势稳中趋好，三季度GDP同比增长7.8%；二是政策性因素作用，例如，政府加强对商品煤质量管理，一些产煤大省出台减免涉煤收费等系列措施；三是新政之下的煤炭下游产业开始增添活力，拉动煤炭市场需求回升，价格企稳；四是受七八月持续高温天气影响，加之南方干旱，火电发力用煤回升。同时，北方地区冬储煤工作陆续启动，增加了部分需求。

总的来看，煤炭产业仍处于寒冬期的基本面并未改变。三季度煤炭市场曾出现罕见的价格"拼跌"，表明产能相对过剩的局面并未改变。在煤价大幅走低的情况下，主营业务收入并没有保持同比例减少，也说明产能仍在继续释放之中。另外，煤炭产业应收账款同比增速虽有所放缓，但绝对量仍在增加，且回款周期延长至38天，说明煤炭下游产业"缺钱"，导致煤炭产业体内"缺血"，将严重影响产业机体回暖。再从利税情况看，利税同比均继续下降，税金总额连续两个季度大于利润总额。可见，由于清费正税进程相对缓慢，煤炭产业税负仍在相对加重。

---

* 《经济日报》，2013年10月30日，第24版。

四季度，若不出意外，煤炭产业景气度持续大幅下行的可能性不大，有望在三季度景气降幅收窄的基础上出现走平或略有小幅回升走势，但处于"上下两难"的胶着状态暂不会改变。

四季度进入冬季用煤高峰，加之最近市场释放出的一些积极信号，如神华集团七个季度以来首次宣布提高煤炭销售价格、最新一期的环渤海动力煤价格指数（10 月 16 日）首次出现回升、动力煤期货价格持续攀升等，使市场回暖预期增强，不支持产业景气度继续大幅下行。经过"拼跌"后的煤炭价格使进口煤的价格优势不再明显，加上对商品煤质量管理的加强，褐煤关税恢复征收，将对煤炭进口起到抑制作用，有利于相对缓解一定供给压力。另外，从理论上讲，在平均利润规律的作用下，煤炭产业销售利润率继续大幅下滑的概率很小。

虽然形势有所好转，但煤炭产业仍面临着严峻挑战。国际大环境更加复杂，经济危机并没停息，国际政治形势复杂多变。国内经济形势面临转方式、调结构以及化解产能过剩的多重考验。煤炭产业自身的体制机制问题也未改革到位。

因此，应密切关注国际形势的新动态，坚持稳中求进的新思维，不麻痹、不悲观，坚持依靠发展化解发展中的问题。建议政府重视煤炭产业稳中有进问题，全面实施清费正税、减轻煤炭产业负担的政策；加大限制产能、加强商品煤质量管理的力度；适度加快煤炭油气化等新兴产业发展速度，扩大煤炭需求，稳定煤炭市场价格。行业主管部门要加强产业服务和规制，抓紧完善煤炭产业政策，依据变化了的形势调整产业规划，引导发展方向，推动煤炭产业转型升级。煤炭企业在"冬泳"的同时，要未雨绸缪，坚持走集约、内生、自主、稳健的发展道路，迎接为期不远的新曙光。

附件：

中经煤炭产业景气指数报告[*]

经济日报社中经产业景气指数研究中心　国家统计局中国经济景气监测中心

煤炭产业初现企稳迹象

三季度，中经煤炭产业景气指数为 96.6 点，较上季度微降 0.2 点；中经煤炭产业预警指数为 63.3 点，继续处在偏冷的"浅蓝灯区"，表明煤炭产业仍低迷。

随着宏观经济企稳向好，冬储煤拉运逐渐启动，以及动力煤期货上市等因素叠加，未来煤炭产业景气度有望缓慢回升。

（一）景气指数降幅收窄

三季度，中经煤炭产业景气指数为 96.6 点（2003 年增长水平＝100），与上季度相比微降 0.2 点。

在构成中经煤炭产业景气指数的 6 个指标（仅剔除季节因素，保留随机因素）中，与上季度相比，主营业务收入同比增速由降转增；税金和利润同比降幅有所收窄；固定资产投资总额连续三个季度同比下降；煤炭进口量和从业人员数增速有所放缓。

进一步剔除随机因素，中经煤炭产业景气指数为 94.7 点（图 1），比未剔除随机因素的景气指数低 1.9 点，两者之差与上两个季度基本持平，表明政策调控等外部因素对产业发展起到了一定的正向提升作用。而两条曲线已连续七个季度持续走低，表明煤炭产业仍处于弱势状态；本季度降幅有所收窄，或许表明景气度趋于底部。

（二）预警指数继续低位运行

三季度，中经煤炭产业预警指数为 63.3 点，与上季度持平，已经连续五个季度位于"浅蓝灯区"和"蓝灯区"的临界线徘徊（图 2）。预警灯号仍处于偏

---

[*]　《经济日报》，2013 年 10 月 30 日，第 23 版。

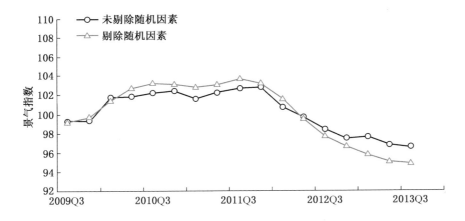

图 1　中经煤炭产业景气指数（2013Q3）

图 2　中经煤炭产业预警指数（2013Q3）

冷的"浅蓝灯区"。与上季度相比，三季度构成中经煤炭产业预警指数的 9 个指标（仅剔除季节因素，保留随机因素）灯号均没有变化（图 3）。

（三）市场需求有所回暖

经初步季节调整，三季度煤炭产业主营业务收入为 7669 亿元，同比增长 1.2%，而上季度为同比下降 5.1%（图 4）。由于夏季持续高温晴热天气和工业生产

105

指标名称	2010年 Q4	2011年 Q1	Q2	Q3	Q4	2012年 Q1	Q2	Q3	Q4	2013年 Q1	Q2	Q3
1. 煤炭产业利润合成指数	◕	●	●	●	◕	○	◎	▨	▨	▨	▨	▨
2. 煤炭产业主营业务收入	○	○	○	●	○	○	○	◎	◎	▨	▨	▨
3. 煤炭产业税金总额	○	○	○	○	○	○	◎	▨	▨	▨	▨	▨
4. 煤炭产业从业人员数	○	◕	◕	◕	◕	●	○	○	○	○	○	○
5. 煤炭产业固定资产投资总额	○	◎	◎	○	○	○	○	◎	▨	▨	▨	▨
6. 煤炭产业生产者出厂价格指数	●	○	○	○	○	○	◎	○	▨	▨	◎	◎
7. 煤炭产业进口额(逆转)	○	●	●	●	○	○	○	○	○	○	○	○
8. 煤炭产业产成品资金(逆转)	○	○	○	◎	◎	◎	○	○	○	○	○	○
9. 煤炭产业应收账款(逆转)	▨	◎	◎	○	○	◎	○	○	○	○	○	○
预警指数	○	○	○	●	○	○	○	○	◎	◎	▨	◎
	104	107	104	119	111	96	93	63	67	63	63	63

图 3 中经煤炭产业预警灯号图（2013Q3）

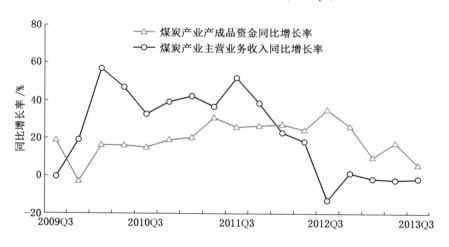

图 4 煤炭产业产成品资金及主营业务收入同比增长率（2013Q3）

的好转，三季度用电量大幅增长，尤其是火电份额的提高，致使煤炭需求量增加。

截至三季度末，煤炭产业产成品资金为 875 亿元，同比增长 10.4%，增速较上季度放缓 0.7 个百分点。

（四）进口增速有所放缓

经初步季节调整，三季度煤炭进口量为 7686 万吨，同比增长 7.1%，比上季度放缓 6.4 个百分点。三季度，由于夏季用电高峰和经济的好转，国内煤炭需求回暖，煤炭进口扭转了二季度末环比同比均下降的局面。

（五）价格跌幅收窄

三季度，煤炭产业生产者出厂价格总水平同比下跌 12.4%（图 5），比上季度收窄 1.0 个百分点。7 月、8 月，煤炭产业生产者出厂价格总水平环比下跌 2.4% 和 1.5%，环比跌幅呈现收窄态势。

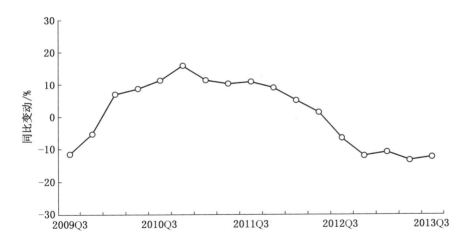

图 5　煤炭产业生产者出厂价格同比变动（2013Q3）

数据显示，8 月初，焦煤、焦炭价格就开始反弹，部分动力煤产地价格出现了小幅上涨，其中陕西榆林矿区部分稳产煤矿从 9 月 1 日起上调坑口矿价，末煤预计上涨 10~20 元，块煤上涨 20~30 元，内蒙古东胜动力煤价格小幅上涨 5~10 元/吨；9 月末，环渤海地区发热量 5500 大卡动力煤的综合平均价格报收 530 元/吨，比上周下降了 1 元/吨，降幅延续着此前四周的逐渐收窄局面，也是 2013 年 6 月以来的最小降幅。

可见，煤炭价格在经过一年多的持续下跌后，基本接近谷底。随着宏观经济的进一步好转，再加上冬储煤拉运逐渐启动，中煤、神华等大企业已经停止降价并上调部分煤种价格和需求增加等利好因素叠加，煤炭价格有望止跌企稳。

（六）库存压力有所减轻

煤炭产业库存水平下降的主要原因是夏季用电高峰和工业转好使得煤炭需求回暖。截至10月2日，秦皇岛港煤炭库存量432.7万吨、国投曹妃甸港煤炭库存量142万吨、京唐港区煤炭库存量220万吨、天津港煤炭库存量220万吨，较上周库存量数据相比，上述四港煤炭库存量减少216.2万吨。

（七）利润率与全部工业平均水平基本持平

经初步季节调整，三季度煤炭产业实现利润总额413亿元（图6），同比下降36.5%，降幅较上季度收窄12.2个百分点，已连续六个季度同比下降。销售利润率为5.4%，与全部工业5.5%的销售利润率基本持平。煤炭价格持续下行，进口规模不断扩大，致使国内煤炭生产企业的盈利空间受到了挤压。

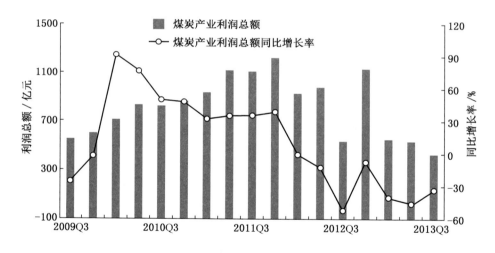

图6　煤炭产业利润总额及同比增长率（2013Q3）

在行业整体盈利水平下滑的影响下，三季度煤炭产业亏损面为25.3%，较2012年同期扩大5.4个百分点。

（八）税金降幅收窄

经初步季节调整，三季度煤炭产业税金总额为512亿元，同比下降12.0%，降幅比上季度收窄 5.5 个百分点。经测算，煤炭产业税金总额占主营业务收入比重为 6.7%，比上季度降低 0.2 个百分点，比全部工业税金总额占销售收入比重（4.1%）高 2.6 个百分点。

（九）回款压力加大

经初步季节调整，三季度煤炭产业应收账款为 3336 亿元，同比增长 15.9%，增速比上季度放缓 5.8 个百分点。与主营业务收入的同比增速（1.2%）相比，应收账款增速依然较快，导致煤炭企业回款压力加大。三季度煤炭产业应收账款周转天数为 38.3 天，比上季度增加 8.3 天，与 2012 年同期相比增加 5.6 天。

（十）投资增速继续下降

经初步季节调整，三季度煤炭产业固定资产投资总额为 1725 亿元，同比下降 3.6%，降幅比上季度扩大 1.5 个百分点，且已连续四个季度下降。煤炭行业下游需求低迷，产能过剩犹存，进口高位冲击，价格持续下滑，企业效益下降，市场景气持续偏冷，这些均影响到企业投资的积极性。

（十一）用工基本稳定

三季度煤炭产业从业人员数为 520 万人，同比增长 0.4%，增速比上季度降低 0.2 个百分点，连续四个季度保持平稳增长态势。

坚持稳中求进与优化产能并举[*]

（四季度暨年度）

2013 年四季度，中经煤炭产业景气指数连续三个季度走平，这一发展态势印证了我们在上个季度末做出的"煤炭产业初现企稳迹象，景气度短期内'上下两难'"的判断。

2013 年四季度，中经煤炭产业景气指数为 96.6 点，连续三个季度走平；中经煤炭产业预警指数为 63.3 点，连续四个季度走平。

在构成中经煤炭产业景气指数的指标中，最具戏剧性的是煤炭价格。四季度，煤炭价格出现反弹，10 月、11 月，生产者出厂价格总水平环比分别上涨 0.41% 和 0.37%，改变了自 2013 年 3 月以来价格环比下跌的态势。

一般而言，作为市场"晴雨表"的价格上涨是供求关系发生变化，供给小于需求的结果。但四季度煤炭价格上涨的原因却很复杂。其中，有客观的市场因素，例如，始于 2011 年 11 月的"飞流直下三千尺"式的瀑布式价格下跌，一直没有出现过真正意义上的反弹，特别是进入 2013 年 6 月以来的煤价"拼跌"，累积了价格出现报复性反弹的能量；再如，国内煤炭市场价格的大幅持续下跌，进口煤价格优势减弱；以及进入冬季取暖用煤需求增加等。同时，不排除有主观因素在其中，如为了来年煤炭订货合同价格提高，以及粉饰年底报表人为抬高煤价，而动力煤期货市场又为这种可能提供了可操作的工具。

我们之所以有此疑问，主要依据一是在煤炭价格大幅上涨的情况下，煤炭产

---

* 《经济日报》，2014 年 1 月 28 日，第 24 版。

业主营业务收入并没有随价格上涨而增加，反而同比下降 1.7%。这种量价背离，说明市场需求没有增加。二是库存增加，四季度，煤炭产成品资金占用同比增速比上季度加快 1.4 个百分点。煤炭价格上涨向煤炭经销商和电厂等煤炭用户释放了买入信号，他们争相采购存煤。三是进入 2014 年 1 月，随着煤炭订货会的结束，年度报告截止日的过去，煤炭价格应声大跌。

目前，始于 2011 年 11 月的煤炭产业经济周期性调整有望软着陆，煤炭经济运行的各项指标或将得到修复。考虑同比基期数据因素，不排除 2014 年一季度出现小幅回调，但不影响基本企稳的大趋势。具体理由是，世界经济已经企稳并出现复苏迹象，国民经济稳中有进，产业转型升级步伐加快，煤制油等新型煤化工产业发展开始提速，资本市场恢复 IOP 重新开始给力，支持煤炭产业健康发展的产业政策陆续出台。

但同时，导致我国煤炭产业陷入困境的不利因素并没有从根本上消除。国际形势复杂多变，国内经济增长放缓影响煤炭消费需求，煤炭产业转型升级滞后、特别是产能结构非优化问题没有解决。落后产能淘汰力度弱，过剩产能集中释放，煤制油等新兴产能规模形成慢；进口煤冲击有扬头之势，生态环境的压力依然较大，清费正税工作仍然雷声大、雨点小。

对此，我们必须有清醒的认识，必须坚持稳中求进不动摇，靠改革与发展化解产业运行中的不利因素。要更加彻底地推进煤炭产业市场化改革，尽快实现市场在资源配置中起决定性的作用。要全面贯彻党中央、国务院制定的基本方针和产业政策，落到实处不走样。目前的关键是优化产能结构。一方面，要加大淘汰落后产能的力度；另一方面，要千方百计化解已经形成的相对过剩产能。经过多年的研究、探索和示范，我国的煤制油工艺技术已取得重大突破。加快煤制油产业发展，不失为化解煤炭产能过剩问题的有效途径。

附件：

中经煤炭产业景气指数报告*

经济日报社中经产业景气指数研究中心　国家统计局中国经济景气监测中心

煤炭市场呈现"无量空涨"

2013 年四季度，中经煤炭产业景气指数为 96.6 点，与上季度持平，连续三个季度低位走平；中经煤炭产业预警指数为 63.3 点，连续四个季度持平，继续在偏冷的"浅蓝灯区"运行。

预计 2014 年，受煤炭原有产能释放，新增产能增加，以及进口煤冲击等因素影响，煤炭企业仍将面临较大困难，产业景气度难有大幅提升。

（一）景气指数持续低位走平

2013 年四季度，中经煤炭产业景气指数为 96.6 点（2003 年增长水平＝100），与上季度持平。

在构成中经煤炭产业景气指数的指标（仅剔除季节因素，保留随机因素）中，与上季度相比，利润总额和税金总额降幅继续收窄；固定资产投资总额连续四个季度同比下降后首现增长；主营业务收入由增转降；煤炭进口量增速有所加快。

进一步剔除随机因素，中经煤炭产业景气指数为 94.9 点（图1），比未剔除随机因素的景气指数低 1.7 点，两者之差连续四个季度基本持平，表明煤炭产业内生增长动力依然较弱，政策调控等外部因素对产业发展发挥了一定的提升作用。

值得注意的是，两条曲线在持续下行至低位后，连续三个季度基本趋于平稳。目前，影响煤炭产业景气变化的基本面没有改变，景气大幅下行的可能性不大，产业景气度有望继续处于企稳态势。

＊　《经济日报》，2014 年 1 月 28 日，第 23 版。

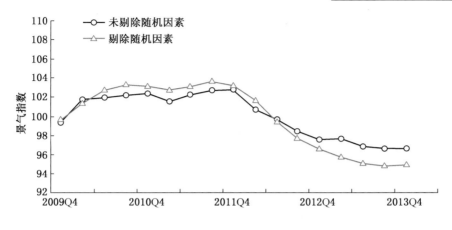

图 1　中经煤炭产业景气指数（2013Q4）

（二）预警指数继续低位运行

四季度，中经煤炭产业预警指数为 63.3 点（图 2），连续四个季度位于偏冷的"浅蓝灯区"和过冷的"蓝灯区"的临界线处。构成中经煤炭产业预警指数的 9 个指标灯号已连续四个季度都没有变化（图 3）。综合来看，煤炭产业仍将延续弱势运行。

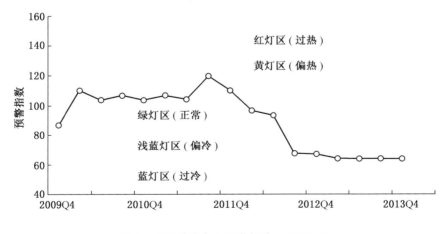

图 2　中经煤炭产业预警指数（2013Q4）

指标名称	2011年				2012年				2013年			
	Q1	Q2	Q3	Q4	Q1	Q2	Q3	Q4	Q1	Q2	Q3	Q4
1.煤炭产业利润合成指数	●	●	●	◕	○	◉	▨	▨	▨	▨	▨	▨
2.煤炭产业主营业务收入	○	○	●	○	○	○	◉	◉	▨	▨	○	▨
3.煤炭产业税金总额	○	○	○	○	○	◉	▨	▨	▨	▨	○	○
4.煤炭产业从业人员数	●	◕	◕	◕	●	○	○	○	○	○	○	○
5.煤炭产业固定资产投资总额	◉	◉	○	○	○	○	◉	▨	▨	▨	▨	○
6.煤炭产业生产者出厂价格指数	○	○	○	○	○	○	○	○	▨	▨	▨	○
7.煤炭产业进口额(逆转)	●	●	●	○	○	○	○	○	○	○	○	○
8.煤炭产业产成品资金(逆转)	○	○	○	○	○	○	○	○	○	○	○	○
9.煤炭产业应收账款(逆转)	◉	○	○	○	○	○	◉	○	○	○	○	○
预警指数	○	○	●	○	◉	◉	◉	◉	◉	◉	◉	◉
	107	104	119	111	96	93	67	67	63	63	63	63

图 3　中经煤炭产业预警灯号图（2013Q4）

（三）价格环比上涨、库存压力加大、销售收入由增转降

四季度，煤炭产业生产者出厂价格总水平同比下跌 8.7%（图 4），比上季度收窄 3.7 个百分点。10 月、11 月，煤炭产业生产者出厂价格总水平分别环比上涨 0.41% 和 0.37%，环比价格上涨与 2013 年 3 月以来的环比下跌态势形成鲜明对比。

从 2013 年 10 月开始，受宏观经济企稳向好、冬季取暖用煤增加以及火力发电耗煤增加等因素影响，煤炭市场需求回暖，从而带动了煤炭价格的上涨。作为中国煤炭价格风向标的秦皇岛港发热量 5500 大卡动力煤价格从 10 月初的 530 元/吨上涨至 12 月 25 日的 631 元/吨。这一波煤价反弹也与大型煤企故意抬价有关。

在煤价上涨预期下，下游耗煤企业提前补库存，致使社会流通环节的煤炭库存增加。截至 12 月 22 日，环渤海四港煤炭库存量分别为：秦皇岛港煤炭库存量 473.5 万吨、国投曹妃甸港煤炭库存量 307 万吨、京唐港区煤炭库存量 305 万吨、天津港煤炭库存量 286 万吨，相比于 10 月初各个港口库存量都大幅增加。

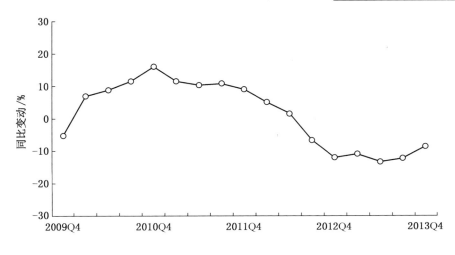

图 4　煤炭产业生产者出厂价格同比变动（2013Q4）

　　受煤价相对较高影响，耗煤企业采购煤炭积极性下降，而之前停产、减产的煤企却在逐步恢复生产，这些因素让生产环节的煤炭库存也有所增加。截至四季度末，煤炭产业产成品资金为 864 亿元，同比增长 11.8%（图 5），比上季度加快 1.4 个百分点。

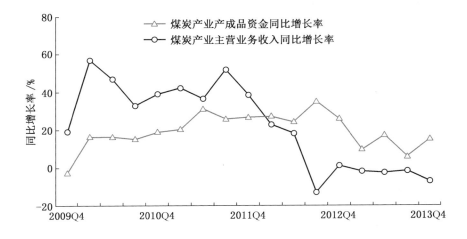

图 5　煤炭产业产成品资金及主营业务收入同比增长率（2013Q4）

在煤炭价格攀升的背景下，煤炭成交量并未相应增加。经初步季节调整，四季度煤炭产业主营业务收入为 8586 亿元，同比下降 1.7%，而上季度为同比增长 1.2%。从全年来看，主营业务收入与上年基本持平。

（四）进口维持高位

四季度，煤炭进口量为 9117 万吨，同比增长 13.8%，比上季度加快 6.7 个百分点。煤炭进口量增长的加快一定程度上受到了国内煤炭价格上涨的推动。海关总署数据显示，2013 年全年煤炭进口共 3.3 亿吨，同比上涨 13.4%。在国内煤炭需求持续低迷的环境下，进口煤炭的大量涌入对国内煤炭市场形成较大冲击。2013 年 11 月，国务院下发了《关于促进煤炭行业平稳运行的意见》，明确要求研究完善差别化煤炭进口关税政策，鼓励优质煤炭进口，禁止高灰分、高硫分劣质煤炭的生产、使用和进口，这将有利于优化煤炭进口结构。

（五）利润下降势头趋缓

经初步季节调整，四季度煤炭产业实现利润总额 652 亿元（图 6），同比下降 20.9%，降幅比上季度收窄 15.6 个百分点，虽连续七个季度同比下降，但降幅连续两个季度大幅收窄。

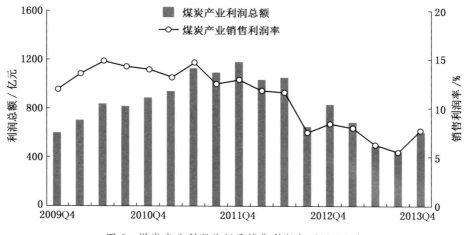

图 6　煤炭产业利润总额及销售利润率（2013Q4）

本季度销售利润率达 7.6%，比上季度提高 2.2 个百分点，比全部工业 6.5% 的销售利润率高出 1.1 个百分点。煤炭价格的持续上涨,使得煤炭企业的盈利水平有所回升。四季度煤炭企业亏损面为 23.2%，比上季度缩小 2.1 个百分点。

（六）税金降幅继续收窄

经初步季节调整，四季度煤炭产业税金总额为 625 亿元，同比下降 8.7%，比上季度收窄 3.3 个百分点。经测算，煤炭产业税金总额占主营业务收入比重为 7.3%，比上季度提高 0.6 个百分点，比全部工业税金总额占销售收入比重（4.5%）高 2.8 个百分点。

（七）回款压力依然存在

经初步季节调整，四季度煤炭产业应收账款为 3399 亿元，同比增长 13.7%，比上季度放缓 2.2 个百分点。

与主营业务收入的同比下降 1.7% 相比，应收账款增速较快，煤炭企业回款压力依然较大。四季度煤炭产业应收账款周转天数为 35.3 天，比上季度减少 3 天，但与上年同期相比增加 5.1 天。

（八）投资信心有所增强

经初步季节调整，四季度煤炭产业固定资产投资总额为 1610 亿元，同比增长 10.3%，而上季度为同比下降 3.6%。固定资产投资在连续四个季度下降后出现首次增长，一方面与煤价持续上涨及同比基数较低有关，另一方面也与煤炭转型升级有关。

（九）用工需求趋于平稳

四季度，煤炭产业从业人员数为 524 万人，同比增长 0.8%，增速较上季度加快 0.4 个百分点。在煤炭产业持续弱势运行的状况下，企业用工需求已连续五个季度趋于平稳，没有出现大的增长。

2014 年

煤炭主要经济指标有望修复*

（一季度）

简单地从具体指标看，煤炭产业目前的经济形势似乎比 2013 年四季度恶化了许多。但如果结合 2013 年四季度以来煤炭价格波动的实际情况分析，就不能简单地下此结论。

2014 年一季度，中经煤炭产业景气指数为 96.6 点，比 2013 年四季度微降0.2 点；中经煤炭产业预警指数为 66.7 点，比 2013 年四季度上升 3.4 点，连续四个季度低位持平后首次出现回升势头，但仍然处于"浅蓝灯区"。从具体指标看，经初步季节调整，一季度，煤炭产业主营业务同比下降 11.5%，利润总额同比下降 42.0%，降幅比 2013 年四季度大幅扩大 21.1 个百分点；税金同比下降12.0%，降幅比 2013 年四季度扩大 3.2 个百分点。

从具体指标看，煤炭产业面临的经济形势似乎比 2013 年四季度恶化了许多。如果结合 2013 年四季度以来煤炭价格波动的实际情况分析，就不能简单地下此结论。2013 年四季度，煤炭价格的波动颇具戏剧性，一个季度的涨幅高达 100元/吨左右。不过，2014 年一季度，煤炭价格又下跌了 100 元/吨左右，几乎是怎么涨上去的就怎么跌回来。这印证了我们对 2013 年四季度煤炭价格暴涨背后原因的质疑和趋势判断。2014 年一季度煤炭价格的下跌，是正常的理性回归。

如果别除价格波动的因素，目前煤炭产业的景气状态实际上已经总体上趋于

---

* 《经济日报》，2014 年 4 月 29 日，第 24 版。

平稳。一季度景气度的小幅回落，也不会影响煤炭产业经济形势整体向好的大趋势。如果不出现大的意外，2014 年上半年，煤炭产业的多项经济指标将会得到较为明显的修复。

从全年来看，煤炭产业有望在目前的景气水平下实现"软着陆"。主要依据是：世界经济已经企稳，债务危机已经缓解，货币政策趋于正常化，美元已出现恢复性的升值；国民经济稳中有进，结构调整、转型升级取得新进展，节能降耗持续取得新成效，货币信贷平稳增长，通货膨胀率在可控范围内；改革正在不断深化；煤炭产业调整力度加大；优化煤炭产能政策及执行力度加大等，都有利于煤炭产业结构调整。

与此同时，我们还应客观看到煤炭产业经济发展面临的诸多困难。例如，国际形势复杂多变，不确定性因素很多。国内经济下行压力仍然存在。煤炭产业转型升级仍然相对滞后，发展方式转变慢，量的扩张依然强于质的提升，特别是产能非优化并集中与超产能释放并存，新增产能的热情强于淘汰落后产能。产业微观基础脆弱，生产经营困难，企业亏损面继续扩大，由上季度的 23.2% 扩大到 29.5%。此外，清费正税工作推进迟缓。经测算，目前煤炭产业税负比全部工业税金占销售收入比重（4.1%）高 3.5 个百分点。

客观地讲，煤炭产业发展之路依然艰辛，软着陆成功的预期依然存在诸多变数，如果把握不好，可能会使之夭折，甚至重拾跌势。对此，我们不能掉以轻心，但也不必悲观，要靠改革、开放、发展和创新化解产业发展面临的困难，扭转被动局面。

煤炭产业要继续全面深化改革，扩大国别间的对外开放，也要打破所有制、行政区划和产业间的界限，扩大对内开放，促进生产要素的顺畅流转和优化配置。要优化产业结构和产能结构，科学规划产能总量，严格调控产能释放时序，严厉打击超能力开采行为，依法淘汰落后产能。加强科技、管理、体制和机制创新，提高化解困难的主动性和谋求发展的创造性。

附件：

中经煤炭产业景气指数报告*

经济日报社中经产业景气指数研究中心　国家统计局中国经济景气监测中心

煤炭销售利润率创十年新低

2014 年一季度，中经煤炭产业景气指数为 96.6 点，比 2013 年四季度微降 0.2 点，呈现稳中略降走势；中经煤炭产业预警指数为 66.7 点，比 2013 年四季度小幅回升 3.4 点，连续四个季度低位持平后首现回升势头，但仍处于偏冷的"浅蓝灯区"。

未来一段时间，我国煤炭市场总量宽松、结构性过剩的态势不会发生根本性改变，煤炭价格回升动力仍显不足，煤炭产业仍将弱势运行，但景气度继续下行的可能性不大

（一）景气指数稳中略降

2014 年一季度，中经煤炭产业景气指数为 96.6 点（2003 年增长水平 = 100），比 2013 年四季度微降 0.2 点，呈现稳中略降走势。

在构成中经煤炭产业景气指数的指标（仅剔除季节因素，保留随机因素）中，与 2013 年四季度相比，主营业务收入、利润总额和税金总额降幅有不同程度扩大；固定资产投资总额保持平稳增长；煤炭进口量（逆转）和从业人员数增速有所回落。

进一步剔除随机因素，中经煤炭产业景气指数为 95.0 点（图 1），比 2013 年四季度回升 0.2 点，已连续两个季度有所回升，低于未剔除随机因素的景气指数 1.6 点，两者之差比 2013 年四季度缩小 0.4 点。剔除随机因素后，中经煤炭产业景气指数连续五个季度明显低于未剔除随机因素的景气指数，表明国家促进煤炭产业平稳健康发展等政策措施的出台，对于煤炭产业起到一定的支撑作用。

---

* 《经济日报》，2014 年 4 月 29 日，第 23 版。

图 1　中经煤炭产业景气指数（2014Q1）

中经煤炭产业景气指数自 2012 年以来持续下行，近四个季度虽略有波动，但基本趋于平稳，表明尽管产业结构性过剩的基本面没有改变，但继续下行的压力可能有所缓解。

（二）预警指数小幅回升

一季度，中经煤炭产业预警指数为 66.7 点，比 2013 年四季度小幅回升 3.4点，连续四个季度低位持平后首现回升势头，但仍处于偏冷的"浅蓝灯区"（图 2）。

图 2　中经煤炭产业预警指数（2014Q1）

从灯号变动情况看，煤炭产业预警灯号虽然出现回升势头，但产业整体仍将呈现弱势运行状态（图3）。

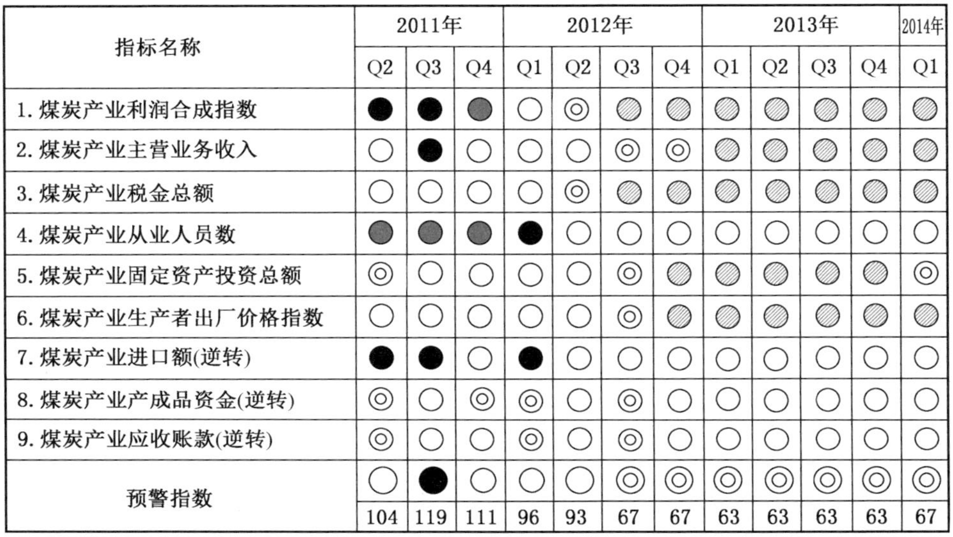

指标名称	2011年			2012年				2013年				2014年
	Q2	Q3	Q4	Q1	Q2	Q3	Q4	Q1	Q2	Q3	Q4	Q1
1. 煤炭产业利润合成指数	●	●	◑	○	◎	▨	▨	▨	▨	▨	▨	▨
2. 煤炭产业主营业务收入	○	○	○	○	○	◎	◎	▨	▨	▨	▨	○
3. 煤炭产业税金总额	○	○	○	○	◎	◎	▨	▨	▨	▨	▨	○
4. 煤炭产业从业人员数	◑	◑	◑	●	○	○	○	○	○	○	○	○
5. 煤炭产业固定资产投资总额	◎	○	○	○	○	○	▨	▨	▨	▨	○	◎
6. 煤炭产业生产者出厂价格指数	○	○	○	○	○	▨	▨	▨	▨	▨	▨	▨
7. 煤炭产业进口额(逆转)	●	●	○	●	○	○	○	○	○	○	○	○
8. 煤炭产业产成品资金(逆转)	◎	○	◎	◎	○	○	○	○	○	○	○	○
9. 煤炭产业应收账款(逆转)	◎	○	○	◎	○	○	○	○	○	○	○	○
预警指数	○	●	○	○	○	○	○	○	○	○	◎	◎
	104	119	111	96	93	67	67	63	63	63	63	67

图 3　中经煤炭产业预警灯号图（2014Q1）

（三）销售收入增速降至近 15 年来最低水平

经初步季节调整，一季度煤炭产业主营业务收入为 7799 亿元，同比下降 11.5%，降幅比 2013 年四季度扩大 9.8 个百分点（图4）。本季度销售收入增速降至 1999 年以来的最低点。这主要因为，一是宏观经济增速放缓，主要耗煤行业需求减弱；二是国家加大大气污染治理力度以及节能减排政策影响，能源消费受到抑制；三是进口煤在一定程度上挤占了国内企业的煤炭销售。经初步季节调整，截至一季度末，煤炭产业产成品资金为 857 亿元，同比增长 18.0%，比去年四季度加快 7.2 个百分点。

（四）进口增长有所放缓

一季度，煤炭进口量为 8396 万吨，同比增长 5.1%，比 2013 年四季度放缓 8.7 个百分点。一方面，国内煤炭价格下跌和人民币贬值影响了煤炭进口；另一

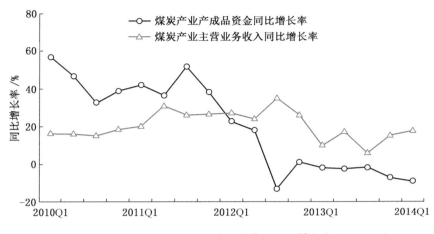

图 4　煤炭产业产成品资金及主营业务收入同比增长率（2014Q1）

方面，鼓励优质煤炭进口，禁止高灰分与高硫分劣质煤的进口，以及把褐煤的零进口暂定税率恢复到 3% 的最惠国税率等政策也起到一定的抑制作用。

（五）价格跌幅扩大

一季度，煤炭产业生产者出厂价格总水平同比下跌 10.2%，跌幅比 2013 年四季度扩大 1.5 个百分点（图 5）。由于市场需求疲软，加之煤炭企业促销策略的影响，一季度煤炭价格一度出现持续下滑，秦皇岛港发热量 5500 大卡动力煤价格从年初约 630 元/吨跌至 3 月底的 530 元/吨，跌幅近 16%。

（六）库存压力加大

产成品资金增速已连续两个季度持续回升，而主营业务收入连续两个季度同比下降，且本季度降幅大幅扩大，表明煤炭企业库存压力有所加大。企业景气调查数据显示，一季度，20.8% 接受调查企业认为库存处于"高于正常"水平，比 2013 年四季度扩大了 7.8 个百分点。

截至 3 月 30 日，环渤海四港煤炭库存总量为 1718.5 万吨，各港口库存相比于 1 月初均有所增加。截至 3 月底，全国重点电厂存煤达 7000 万吨，可用燃煤天数为 18 天。

（七）利润率创 10 年新低

经初步季节调整，一季度煤炭产业实现利润总额 395 亿元，同比下降 42.0%，

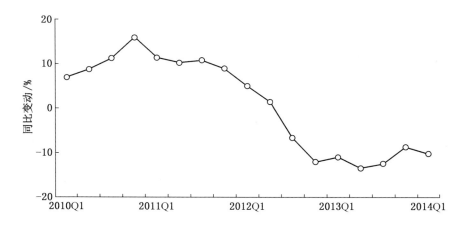

图 5　煤炭产业生产者出厂价格同比变动（2014Q1）

降幅比 2013 年四季度大幅扩大 21.1 个百分点。煤炭企业本季度销售利润率为 5.1%，比 2013 年四季度下降 2.6 个百分点，比 2013 年同期低 2.6 个百分点，略低于全部工业 5.2% 的水平，并且是煤炭产业 10 年来的最低水平（图 6）。

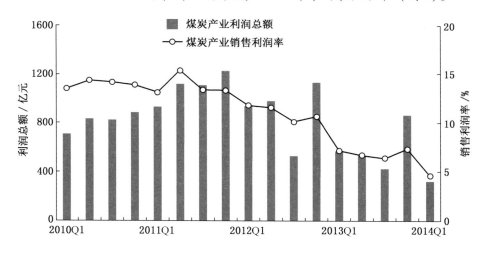

图 6　煤炭产业利润总额及销售利润率（2014Q1）

　　一季度煤炭企业亏损面为 29.5%，比 2013 年四季度扩大 6.3 个百分点，比 2013 年同期扩大 6.5 个百分点。

（八）税金降幅扩大

经初步季节调整，一季度煤炭产业税金总额为 591 亿元，同比下降 12.0%，降幅比 2013 年四季度扩大 3.2 个百分点，比 2013 年同期扩大 1.4 个百分点。经测算，煤炭产业税金总额占主营业务收入比重为 7.6%，与 2013 年四季度以及 2013 年同期持平，比全部工业税金总额占销售收入比重（4.1%）高 3.5 个百分点。

（九）回款压力加大

经初步季节调整，一季度煤炭产业应收账款为 3170 亿元，同比增长 14.0%，比 2013 年四季度加快 0.3 个百分点。一季度煤炭产业应收账款周转天数为 38.2 天，比 2013 年四季度增加 2.1 天，比 2013 年同期高 8.5 天，反映煤炭产业资金周转效率降低。在主营业务收入大幅下降的情况下，应收账款增速有所加快，煤炭企业回款压力加大。

（十）投资平稳增长

经初步季节调整，一季度煤炭产业固定资产投资总额为 315 亿元，同比增长 10.3%，增速与 2013 年四季度持平。在产业持续低迷的背景下，本季度煤炭产业固定资产投资依然保持平稳增长，这主要得益于煤炭产业转型升级的加快，更多投资转向煤炭清洁利用领域。

（十一）用工增速回落

一季度煤炭产业从业人员数为 517 万人，同比增长 0.1%，增速比 2013 年四季度回落 0.7 个百分点。由于煤炭产业持续弱势运行，企业用工需求难以出现大的增长。

煤炭产业困局仍未真正改观[*]

（二季度）

当前，煤炭经济形势依然十分严峻，煤炭企业依靠提前释放产能、增加产量、薄利多销来增加主营业务收入的致命性问题依然没有得到解决，结构性过剩问题短期内恐难有效化解。

2014 年二季度，中经煤炭产业景气指数为 96.3 点，比上季度微降 0.3 点；预警指数连续六个季度低位平稳弱运行，表明煤炭经济形势依然十分严峻。

从具体指标看，根据初步测算，上半年全行业至少提前释放产能 1 亿吨以上，贡献了 6% 左右的主营业务收入。由于煤炭产量增加，而市场需求又未出现明显回暖，导致煤炭价格在已有回暖迹象的情况下，又破位下行，连创新低。煤炭进口也"乘虚而入"。二季度，煤炭进口量同比虽然有所下降，但上半年累计仍大大超过 2013 年同期，而且 6 月出现同比大增的趋势。

在上述多种因素的冲击下，煤炭库存居高不下，产成品资金占用和应收账款都在增加，其中应收账款占主营业务收入四成以上。煤炭企业的盈利状况也在持续恶化，销售利润率大幅下滑，大大低于一年期银行贷款利率，比全部工业平均利润率低 1.8 个百分点，不少煤炭企业已经出现职工工资发放靠贷款或拖欠工资问题。

多挖煤不挣钱、挖出来的煤卖不出去、市场行情差、企业负担重等不利局面，导致了煤炭产业投资热情明显下滑。2014 年上半年，在全社会固定资产投

---

* 《经济日报》，2014 年 7 月 30 日，第 24 版。

资实际增长 16.3% 的情况下，本季度煤炭产业投资出现同比下降，而且下降幅度较大，达到 5.5%。

综合分析，煤炭产业经济形势出现延续胶着状态、上下两难的运行态势可能性较大，但不排除有继续恶化的可能。煤炭产业要扭转目前的被动局面，还须努力做好以下工作：

一是控制产量。加大研究力度，科学预测需求，合理规划产能，控制产能释放时序，抑制产能集中过快释放，严厉打击超能力开采，通过"关、停、并、转"等方式淘汰落后产能，加大兼并重组力度。

二是扩大需求。加大煤炭转化力度，稳步发展煤制油气等战略性新兴产业，加快推进煤炭由燃料向燃料与原料并举的方向转变，调整煤炭进出口相关政策，刺激煤炭出口。

三是规范市场。提高商品煤质量标准，尽快出台《商品煤质量管理办法》，建立健全科学的煤炭价格形成机制，充分反映市场供求状况，加大对煤炭市场操纵行为的规制力度，防止各种形式的垄断。

四是减负松绑。认真贯彻落实党中央、国务院关于"正税清费"的决策部署，进一步推动涉煤收费基金的清理整顿工作，有效规范煤炭企业税费征收工作，切实减轻煤炭企业负担，进一步简化行政审批，扩大企业自主权。

五是稳定投资。优化产业投资结构，有抑有促，抑制低水平建设，促进新兴产业、技术改造、安全环保等方面的投资，鼓励和开放民间资本向煤炭产业投资，拓宽融资渠道，优先安排先进煤炭企业上市融资和债券发行，在风险可控前提下扩大对煤炭产业投资的信贷规模。

六是深化改革。加快推进产权制度改革，积极发展混合所有制，加大国资改革力度，加快国有资产经营公司的组建，扩大开放，坚持打破地域、行业和所有制限制，加快兼并重组，进一步完善产权交易市场，促进生产要素的顺畅流转。

附件：

中经煤炭产业景气指数报告[*]

经济日报社中经产业景气指数研究中心　　国家统计局中国经济景气监测中心

煤炭利润率低于工业平均水平

2014年二季度，中经煤炭产业景气指数为96.3点，比上季度微降0.3点，呈现稳中略降走势；中经煤炭产业预警指数为63.3点，仍处于偏冷的"浅蓝灯区"的下界。

总体上看，二季度煤炭产业景气度呈现缓中趋稳的走势。由于煤炭产业已持续低位运行一年多，继续下行的压力已有所缓解，产业景气度有望在震荡中缓慢回升。

（一）景气指数温和下降

2014年二季度，中经煤炭产业景气指数为96.3点（2003年增长水平＝100），比上季度微降0.3点，呈现稳中略降走势。

在构成中经煤炭产业景气指数的指标（仅剔除季节因素，保留随机因素）中，与上季度相比，主营业务收入、利润总额降幅收窄，税金总额降幅扩大；固定资产投资总额同比由增转降；从业人员数增速略有上升。

进一步剔除随机因素，中经煤炭产业景气指数为94.4点（图1），比上季度微降0.3点，走势趋于平稳，低于未剔除随机因素的景气指数1.9点，持续保持平稳态势。剔除随机因素后的景气指数一年多来明显低于未剔除随机因素的景气指数，表明煤炭行业仍然缺乏增长的内生动力。

从近年来景气指数的变化看，煤炭产业结构性过剩的基本面没有发生根本性改变。由于煤炭产业已持续低位运行一年多，继续下行的压力已经有所缓解，产业景气度有望在震荡中缓慢回升。

---

[*]　《经济日报》，2014年7月30日，第23版。

图 1　中经煤炭产业景气指数（2014Q2）

（二）预警指数低位运行

二季度，中经煤炭产业预警指数为 63.3 点，仍处于偏冷的"浅蓝灯区"的下界（图 2）。

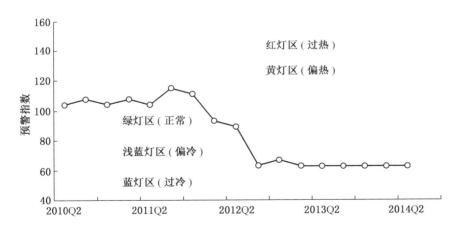

图 2　中经煤炭产业预警指数（2014Q2）

从灯号变动情况看，构成中经煤炭产业预警指数的 9 个指标灯号均没有变化（图 3）。综合来看，煤炭产业整体仍将呈现弱势运行状态。

指标名称	2011年		2012年				2013年				2014年	
	Q1	Q2	Q3	Q4	Q1	Q2	Q3	Q4	Q1	Q2	Q3	Q4
1. 煤炭产业利润合成指数	●	◐	○	◉	▨	▨	▨	▨	▨	▨	▨	▨
2. 煤炭产业主营业务收入	●	○	○	○	◉	◉	▨	▨	▨	▨	▨	▨
3. 煤炭产业税金总额	○	○	○	◉	▨	▨	▨	▨	▨	▨	▨	▨
4. 煤炭产业从业人员数	◐	◐	●	○	○	○	○	○	○	○	○	○
5. 煤炭产业固定资产投资总额	○	○	○	○	○	○	▨	▨	▨	▨	▨	▨
6. 煤炭产业生产者出厂价格指数	○	○	○	○	○	▨	▨	▨	▨	○	○	○
7. 煤炭产业进口额(逆转)	○	○	◉	◉	○	○	○	○	○	○	○	○
8. 煤炭产业产成品资金(逆转)	○	◉	◉	○	○	○	○	○	○	○	○	○
9. 煤炭产业应收账款(逆转)	○	○	○	○	○	○	○	○	○	○	○	○
预警指数	○	○	○	○	◉	◉	◉	◉	◉	◉	◉	◉
	115	111	93	89	63	67	63	63	63	63	63	63

图 3　中经煤炭产业预警灯号图（2014Q2）

（三）销售收入降幅收窄

经初步季节调整，二季度煤炭产业主营业务收入为 7851 亿元，同比下降 5.7%，降幅比上季度收窄 5.3 个百分点（图 4）。销售收入连续两个季度下降，反映行业尚处于艰难的结构调整转型期。由于经济增速放缓，加上水电、天然气、核电等替代能源的增长以及下游企业需求难出现大幅增长，市场对煤炭的需求总体偏弱，因此销售收入总体规模仍然不及 2013 年同期水平。

经初步季节调整，截至二季度末，煤炭产业产成品资金为 957 亿元，同比增长 16.2%，比上季度略微回落 1.8 个百分点。

（四）进口量仍处高位

二季度，煤炭进口量为 7616 万吨，同比由增转降，降幅为 7.5%。进口增长放缓，一方面是受国内煤炭价格下跌的影响，另一方面上半年人民币贬值对煤炭进口形成一定压力。从总体来看，煤炭进口量仍居高位，对国内煤炭企业产销仍形成一定的冲击。

（五）价格跌幅有所扩大

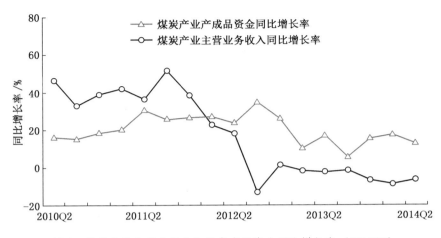

图 4 煤炭产业主营业务收入及产成品资金同比增长率 (2014Q2)

二季度，煤炭产业生产者出厂价格总水平同比下跌 11.7%，跌幅比上季度扩大 1.5 个百分点（图 5）。2014 年以来，煤价呈持续下跌走势，环渤海 5500 大卡动力煤价格指数持续走低。由于市场需求低迷，神华等煤炭企业主动下调动力煤价格，未来价格下行压力仍然较大。

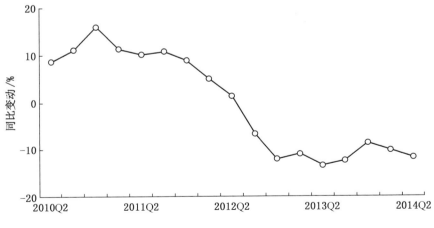

图 5 煤炭产业生产者出厂价格同比变动 (2014Q2)

（六）库存增长有所放缓

库存增速自 2013 年四季度以来持续上升，本季度有所下降，其原因主要与煤炭企业部分产能被转为限产模式有关。从二季度企业景气调查来看，81.0%的企业在调查中反映库存"低于"或处于正常水平，比上季度上升 2.2 个百分点。

不过，港口库存和电厂库存仍然较高，因此，煤炭企业的库存压力仍然较大。

（七）利润率再创 10 年新低

经初步季节调整，二季度煤炭产业实现利润总额 293 亿元，同比下降43.9%，降幅比上季度扩大 1.9 个百分点，煤炭需求疲弱导致的价格持续下跌成为利润下降的重要影响因素。煤炭企业本季度销售利润率为 3.7%，比去年同期低 2.7 个百分点，且比全部工业平均水平低 1.8 个百分点，再创煤炭产业 10 年来新低（图 6）。

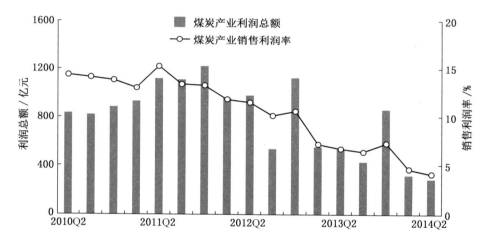

图 6　煤炭产业利润总额及销售利润率（2014Q2）

（八）税金降幅扩大

经初步季节调整，二季度煤炭产业税金总额为 503 亿元，同比下降 16.9%，降幅比上季度扩大 4.9 个百分点。经测算，煤炭产业税金总额占主营业务收入比重为 6.4%，比 2013 年同期低 0.8 个百分点，比全部工业税金总额占销售收入比重（3.9%）高 2.5 个百分点。税金同比的下降与煤炭价格下跌和销售收入同比下降有关。

（九）应收账款增速下降

经初步季节调整，二季度煤炭产业应收账款为 3509 亿元，同比增长 10.6%，增速比上季度下降 3.4 个百分点。从回款速度来看，二季度煤炭产业应收账款周转天数为 38.3 天，与上季度基本持平（上升 0.1 天），比 2013 年同期高 5.9 天。煤炭下游需求疲软，使得回款压力仍然较大。

（十）投资由增转降

经初步季节调整，二季度煤炭产业固定资产投资总额为 1145 亿元，同比由增转降，降幅为 5.5%。投资再次呈现近两年来同比下降的状态，一方面与下游需求不足有关，另一方面与能源结构调整、节能减排政策有关。

（十一）用工保持平稳

二季度煤炭产业从业人员数为 528 万人，同比增长 0.3%，增速比上季度上升 0.2 个百分点。在煤炭产业持续弱势运行的状况下，企业用工需求难以出现大的增长；同时为提高生产效率，煤炭企业机械化程度日益提高，也抑制了用工的大幅增长。

借政策东风　助煤企脱困[*]

（三季度）

当前，煤炭景气值仍处于"上下两难"的胶着状态。短期内，煤炭经济形势很难出现转变。煤炭脱困，关键要借助政策东风，深化改革，不断创新。

三季度，中经煤炭产业景气指数为 96.5 点，与上季度基本持平；中经煤炭产业预警指数为 63.3 点，连续九个季度在偏冷的"浅蓝灯区"运行。煤炭产业景气值仍处于"上下两难"的胶着状态。

这种胶着状态的形成有其客观基础。就市场本身而言，供给相对过剩与有效需求不足这一主要矛盾并没有发生变化，矛盾的主要方面供给也没有大的改观。值得注意的是，三季度煤炭产业生产者出厂价格指数出现下跌幅度比上季度收窄 2.1 个百分点的背离走势。该现象虽发生在市场供求矛盾没有大的改观前提下，但并不奇怪，其主要原因是进入三季度以来，政府对陷入困境中的煤炭产业特别关注，接二连三打出限制产能、抑制供给、减轻负担等政策组合拳；建立了煤炭产业脱困工作联席会议制度；一些大型煤炭企业也主动上调了煤价。

"限产"是政府推出的帮助煤炭产业脱困的重要措施。不久前，产业主管部门出重拳严厉打击煤矿违法违规建设、超能力生产和不安全生产。这一政策措施，对限制产能无序释放，直接减少煤炭市场的供给量，缓解供求矛盾，抑制价格惯性下跌，相对提升产业盈利能力，十分必要。不过，导致煤炭市场供求失衡

---

　　* 《经济日报》，2014 年 10 月 31 日，第 24 版。

的并不全是违法违规生产，其中有相当数量的供给是合法合规生产的。因此，限产措施并非万全之策，还应千方百计增加煤炭有效需求，如加快发展煤制油产业，深入研究、反复论证、科学规划煤炭产能和释放时序，等等。

如不出意外，四季度，煤炭产业景气度几乎没有继续恶化的可能。三季度政府打出了政策组合拳，其正态效应将继续释放。限产政策将强制性地抑制部分供给，而且最近出台的取消煤炭进口关税优惠的政策和《商品煤质量管理暂行办法》也将有效抑制煤炭进口。更值得一提的是，"清费正税"工作终于打破过去"雷声大、雨点小"的僵局。"比梁山好汉还多"的行政性收费项目终成历史，煤炭资源税改革也终于靴子落地，特别是差别化的资源税制安排，更有利于煤炭主产省根据煤炭企业负担实际，科学确定适度税率。随着新税费制度功能作用的发挥，煤炭产业脱困也就时日不远。

尽管煤炭产业景气度暂时没有继续恶化的可能，但也不存在短期逆转的可能性。首先，有利的政策环境并不等于实现了整体环境的优化，市场供求失衡矛盾并没有从根本上解决，国民经济增速换挡，国际经济更加复杂多变，已出现的复苏迹象又蒙上了阴影。其次，我国煤炭产业自身存在的资源开采过度、产能严重过剩、环保压力加大、产品提质不快、产业升级缓慢、消费方式落后、改革相对滞后等突出问题仍然存在。此外，三季度并不乐观的煤炭经济形势，将直接影响四季度的走势。三季度末，尽管煤炭价格有翘尾行情，但库存有增无减，回款天数继续增加，销售利润率跌至 2.7%，比银行一年期存款利率还低。在此基础上，企盼煤炭行业出现转势很不现实。

尽管煤炭产业仍处于困境之中，但我们也不必过于悲观。只要坚定信心，坚持改革、开放、创新，借助政策东风，煤炭产业一定能摆脱当前困境，重踏健康、稳定、可持续发展的征程。

附件：

中经煤炭产业景气指数报告[*]

经济日报社中经产业景气指数研究中心　国家统计局中国经济景气监测中心

煤炭业景气度低位波动

三季度，中经煤炭产业景气指数为 96.5 点，与上季度基本持平；中经煤炭产业预警指数为 63.3 点，连续九个季度在偏冷的"浅蓝灯区"下界平稳运行。

受当前国内煤炭供需失衡、特别是需求增长放缓与产能结构性过剩矛盾影响，国内煤炭市场面临较大的下行压力。总体来看，煤炭行业景气短期内仍将在低位波动。

（一）景气指数降势趋稳

三季度，中经煤炭产业景气指数为 96.5 点（2003 年增长水平＝100），与上季度基本持平（微降 0.1 点），呈缓中趋稳走势。

在构成中经煤炭产业景气指数的指标（仅剔除季节因素，保留随机因素）中，与上季度相比，销售、税金、投资降幅均有不同程度收窄；利润降幅继续扩大；从业人员数增速温和下降。

进一步剔除随机因素后，中经煤炭产业景气指数（图 1）呈回落走势，且比未剔除随机因素的指数值低 1.9 点，两者之差比上季度扩大 0.1 点。这表明煤炭行业内生增长动力依然不足。

（二）预警指数继续在偏冷区域运行

三季度，中经煤炭产业预警指数为 63.3 点，连续九个季度在偏冷的"浅蓝灯区"下界平稳运行（图 2），表明煤炭业整体上仍处于深度调整阶段。与上季度相比，构成中经煤炭产业预警指数的 9 个指标灯号均没有变化（图 3）。

（三）销售收入降幅继续收窄

经初步季节调整，三季度，煤炭产业主营业务收入为 7517.8 亿元，同比下

---

[*]　《经济日报》，2014 年 10 月 31 日，第 23 版。

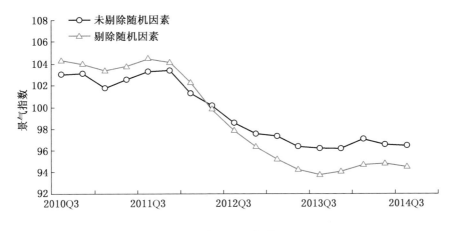

图 1　中经煤炭产业景气指数（2014Q3）

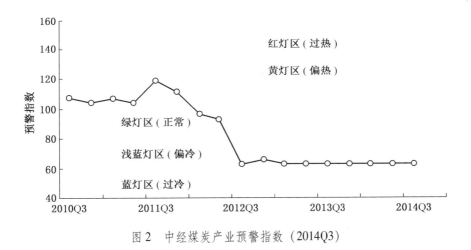

图 2　中经煤炭产业预警指数（2014Q3）

降 2.8%（图 4），降幅比二季度收窄 0.9 个百分点，连续两个季度呈收窄态势。煤炭行业销售降幅收窄一方面与煤炭市场结构调整有关，《商品煤质量管理暂行办法》的实施在一定程度上释放了被劣质进口煤挤占的市场空间；另一方面，与煤炭价格同比跌幅收窄有关，剔除价格因素，煤炭行业销售呈小幅增长态势。

经初步季节调整，截至三季度末，煤炭产业产成品资金为 1057.1 亿元，同比增长 19%，比上季度上升 2.8 个百分点，呈波动上升态势。

指标名称	2011年 Q4	2012年				2013年				2014年		
		Q1	Q2	Q3	Q4	Q1	Q2	Q3	Q4	Q1	Q2	Q3
1.煤炭产业利润合成指数	●	○	◎	▧	▧	▧	▧	▧	▧	▧	▧	▧
2.煤炭产业主营业务收入	○	○	○	○	◎	▧	▧	▧	▧	▧	▧	▧
3.煤炭产业税金总额	○	○	◎	▧	▧	▧	▧	▧	▧	▧	▧	▧
4.煤炭产业从业人员数	●	●	○	○	○	○	○	○	○	○	○	○
5.煤炭产业固定资产投资总额	○	○	○	○	◎	▧	▧	▧	▧	▧	▧	▧
6.煤炭产业生产者出厂价格指数	○	○	○	○	○	▧	▧	▧	▧	▧	▧	▧
7.煤炭产业进口额(逆转)	○	○	○	○	○	○	○	○	○	○	○	○
8.煤炭产业产成品资金(逆转)	◎	◎	○	○	◎	○	○	○	○	○	○	○
9.煤炭产业应收账款(逆转)	○	◎	○	○	○	○	○	○	○	○	○	○
预警指数	◎	◎	◎	◎	◎	◎	◎	◎	◎	◎	◎	◎
	111	96	93	63	67	63	63	63	63	63	63	63

图 3 中经煤炭产业预警灯号图 （2014Q3）

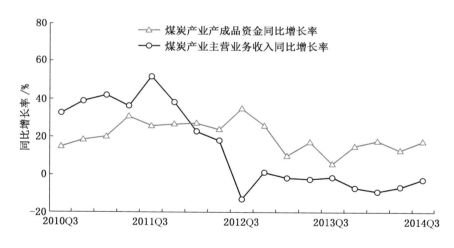

图 4 煤炭产业主营业务收入及产成品资金同比增长率 （2014Q3）

目前，煤炭下游行业需求尚未好转，钢铁、电力生产增速呈回落态势；清洁能源、低碳和节能环保产业的快速发展，也在一定程度上抑制了下游行业的煤炭消费需求。

（四）进口降幅继续扩大

经初步季节调整，三季度，煤炭进口量为 6686.8 万吨，同比下降 13.0%，连续两个季度呈同比下降态势，降幅比上季度扩大 5.5 个百分点。煤炭进口增长放缓与相关政策的实施有关。鉴于国内煤炭价格持续低位，以及商品煤质量管理政策的实施，高灰分、高硫分、低热量的劣质煤进口将进一步受限，煤炭进口量或将继续走低。

（五）价格跌幅有所收窄

经初步季节调整，三季度，煤炭产业生产者出厂价格同比下跌 9.6%（图5），跌幅比上季度收窄 2.1 个百分点。鉴于大秦线检修、企业限产保价等因素的影响，煤企纷纷上调煤炭价格：神华集团继 8 月煤炭价格小幅上调后，9 月，煤炭价格再次全面上调 5 元/吨，同煤、伊泰等煤炭企业也小幅上调煤炭价格。然而，当前煤炭行业产能充足、社会库存水平较高，且下游需求尚未恢复，煤炭价格缺乏持续上涨的动力。

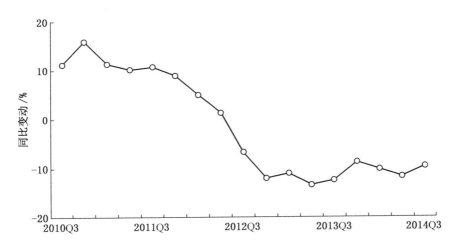

图 5　煤炭产业生产者出厂价格同比变动（2014Q3）

（六）库存增速波动上升

与主营业务收入增速相比，产成品同比增速高出 21.8 个百分点，两者之差比上季度扩大 1.9 个百分点，表明煤炭企业库存压力依然较大。与此同时，主要港口煤炭库存在 8 月回落之后 9 月再次回升；电厂电煤库存受发电量增长放缓的影响继续提升。总体来看，煤炭行业社会库存仍处高位，行业生产增长压力较大。

（七）利润率持续大幅下滑

经初步季节调整，三季度煤炭产业实现利润总额 202.5 亿元，同比下降 51.0%，降幅比上季度扩大 6.1 个百分点。在煤炭行业销售同比降幅收窄、价格低位企稳的背景下，煤炭行业利润降幅扩大一定程度上与同比基数的抬升有关。煤炭行业销售利润率为 2.7%，比 2013 年同期低 2.6 个百分点，且比全部工业平均水平低 2.9 个百分点（图 6）。

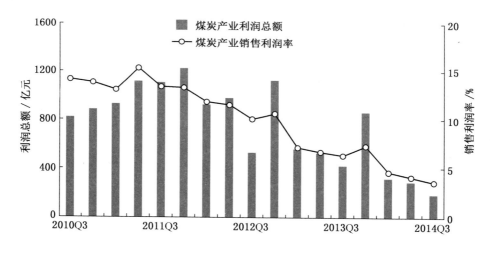

图 6　煤炭产业利润总额及销售利润率（2014Q4）

（八）税金同比降幅收窄

经初步季节调整，三季度，煤炭产业税金总额为 490.6 亿元，同比下降 5.9%，降幅比上季度收窄 8.8 个百分点。煤炭产业税金总额占主营业务收入比重为 6.5%，比 2013 年同期低 0.2 个百分点，比全部工业税金总额占销售收入的比重（4.0%）高 2.5 个百分点。税金同比降幅的收窄与销售同比降幅收窄、价格低位企稳等有关。

（九）回款压力依然较大

经初步季节调整，三季度，煤炭产业应收账款为 3653.7 亿元，同比增长 8.8%，增速比上季度下降 1.8 个百分点，继续呈波动下降态势。从回款速度看，三季度，煤炭产业应收账款周转天数为 43.1 天，比 2013 年同期增加 4.9 天。应收账款周转天数的增加，表明企业回款压力仍然较大。

（十）投资同比降幅收窄

煤炭行业的不景气，已经影响了全行业的投资热情。经初步季节调整，三季度，煤炭产业固定资产投资总额为 1672.8 亿元，同比下降 3.0%，同比降幅比上季度收窄 2.5 个百分点。煤炭行业投资降幅收窄主要与同比基数的回落有关。煤炭行业供大于求的现状严重制约了煤炭行业的投资增长，不过，煤炭行业在煤电一体化、煤化工、煤炭深加工等领域的投资仍有较大的发展空间。

（十一）用工增速低位平稳

经初步季节调整，三季度，煤炭产业从业人员数为 521.2 万人，同比增长 0.2%，增速比上季度回落 0.1 个百分点，继续保持低位平稳运行态势。

煤炭"市场底"仍未筑成功[*]

（四季度暨年度）

当前，煤炭市场出现的底仅仅是"政策底"，在煤炭产业存在的一系列问题没有解决之前，还不能说"市场底"筑底成功。

2014年四季度，中经煤炭产业景气指数未能延续上个季度的走势，景气值微跌0.5点；中经煤炭产业预警指数连续八个季度走平。从总体上看，尽管当前煤炭产业仍处于"隆冬季"，但在政策"组合拳"的支撑下，煤炭产业状况有所好转。

从具体指标看，四季度，煤炭产业主营业务收入比上个季度有所增加，煤炭价格虽然同比下跌11.6%，但从环比数据看，比上个季度有所上升。产业销售利润率达到5.0%，比上个季度高出2.3个百分点，与全部工业平均利润率的差距由上个季度的2.9个百分点缩小至1.2个百分点。产业实现利润总额384.9亿元，高于上个季度的202.5亿元。

需要强调的是，煤炭产业状况的好转，主要得益于政府政策的支撑。正是"限产能、紧进口、控产量、减负担"等政策措施正能量的发挥，才使煤炭产业有了"着底"的感觉。但是，目前的底仅仅是"政策底"，在煤炭产业自身一系列问题没有解决之前，还不能说"市场底"筑底成功。

首先，困扰煤炭产业的产能过剩问题依然严重。截至四季度末，煤炭库存压力较大，产成品资金同比增长14%，与主营业务收入增速相比高出了24.1个百

---

[*] 《经济日报》，2015年1月30日，第24版。

分点。其次，四季度，煤炭产业应收账款和回款天数比 2013 年同期都有所增加。再次，四季度煤炭产业税金总额占销售收入比重，比全部工业税金总额占销售收入的比重高出 3.1 个百分点，而上个季度仅高出 2.5 个百分点。此外，固定资产投资总额同比下降严重，降幅比三季度扩大 15.5 个百分点，为 15 年以来的最大降幅。

尽管煤炭业的急速下跌已经告一段落，而且已经持续几个季度基本走平，但总体上还没摆脱萧条状况。展望 2015 年，世界经济有望弱复苏，但面对的发展压力依然很大；我国经济仍存下行压力，特别是煤炭下游产业产能过剩，加之新的可替代能源发展的提速，用煤需求相对下降在所难免；煤炭进出口政策虽有较大变化，但作用有限；新型煤化工产业发展较慢，煤炭消费新的增长点还没有形成。综合来看，煤炭产业景气向上可能不大，继续维系上下两难的可能性较大，但也并不排除再次出现惯性下跌。因此，尚需各方面共同给力，助推煤炭产业借助"政策底"形成的有利条件，夯实"市场底"。

市场并不是万能的。政府宏观经济管理部门应认真总结 2014 年三季度以来推动煤炭产业出现积极变化的宝贵经验，在市场失灵状况下，继续强化对煤炭产业发展的科学规制。

煤炭产业管理部门要加强总结研究，尤其要汲取前期"规划欠科学、控制缺力度、释放不合理"，进而导致煤炭产能严重过剩的教训。一方面，要严控已形成产能的集中过快释放，另一方面，要在煤炭产业"十三五"产能规划中注重结构优化，做到有加有减，鼓励先进与淘汰落后并举，加强科学产能的建设。

煤炭企业要形成新常态下的新思维、创新发展新模式。具有实力的企业要抓住产业转型升级的机遇，依靠技术创新，加快拓展新产业，加大兼并重组力度；而对于一些实力相对较弱的企业，要采取多种措施，学会过"紧日子"；确实缺乏竞争力的企业，则应该主动通过兼并、转产、破产，有序退出市场。

附件：

中经煤炭产业景气指数报告[*]

经济日报社中经产业景气指数研究中心　国家统计局中国经济景气监测中心

煤炭投资创 15 年来最大降幅

2014 年四季度，中经煤炭产业景气指数为 95.9 点，比三季度下降 0.5 点；中经煤炭产业预警指数为 63.3 点，连续十个季度在"浅蓝灯区"运行。

当前，煤炭市场需求乏力，持续回升基础仍不稳固。煤炭产业景气水平继续大幅下降或明显回升的可能性不大。

（一）景气指数继续下降

四季度，中经煤炭产业景气指数为 95.9 点（2003 年增长水平＝100），比三季度下降 0.5 点，景气指数未能延续三季度相对平稳走势。

在构成中经煤炭产业景气指数的指标（仅剔除季节因素，保留随机因素）中，与三季度相比，除利润降幅有所收窄外，销售、税金、投资降幅均有不同程度扩大；从业人员数增速继续温和下降。

进一步剔除随机因素，中经煤炭产业景气指数呈回落走势（图 1），且比未剔除随机因素的指数值低 2.0 点，两者之差与三季度基本持平（微降 0.1 点）。以上数据表明，煤炭产业内生增长动力依然不足；不过，国家帮助煤炭行业脱困的一系列政策措施的实施，对于延缓煤炭产业景气水平的下滑发挥了重要作用。

（二）预警指数持续"偏冷"

四季度，中经煤炭产业预警指数为 63.3 点，连续十个季度在偏冷的"浅蓝灯区"下分界线平稳运行（图 2），表明煤炭行业继续维持低水平运行，仍处在深度调整阶段。与三季度相比，9 个预警指标灯号均未发生变化（图 3）。

（三）销售收入降幅再次扩大

经初步季节调整，四季度，煤炭产业主营业务收入为 7639.3 亿元，同比下

---

*　《经济日报》，2015 年 1 月 30 日，第 23 版。

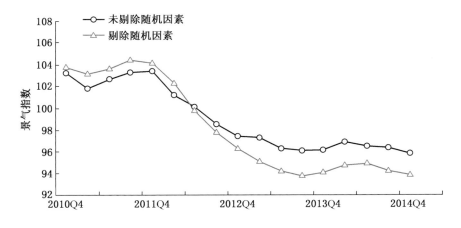

图 1　中经煤炭产业景气指数（2014Q4）

图 2　中经煤炭产业预警指数（2014Q4）

降 10.1%（图 4），降幅比三季度扩大 7.3 个百分点，同比降幅在连续两个季度收窄之后再次扩大。煤炭行业销售降幅扩大一方面与工业生产增长回落，尤其是与火力发电及钢铁生产减弱有关。数据显示，2014 年 10 月、11 月，火力发电同比分别下降 5.8% 和 4.2%，明显低于前三季度 0.7% 的平均增长水平；粗钢产量同比分别下降 0.3% 和 0.2%，而前三季度各月均为同比增长，且平均增速为 2.3%。

指标名称	2012年				2013年				2014年			
	Q1	Q2	Q3	Q4	Q1	Q2	Q3	Q4	Q1	Q2	Q3	Q4
1.煤炭产业利润合成指数	○	◎	⊘	⊘	⊘	⊘	⊘	⊘	⊘	⊘	⊘	○
2.煤炭产业主营业务收入	○	○	◎	◎	⊘	⊘	⊘	⊘	⊘	⊘	⊘	⊘
3.煤炭产业税金总额	○	◎	⊘	⊘	⊘	⊘	⊘	⊘	⊘	⊘	⊘	○
4.煤炭产业从业人员数	●	○	○	○	○	○	○	○	○	○	○	◎
5.煤炭产业固定资产投资总额	○	○	◎	⊘	⊘	⊘	⊘	⊘	⊘	⊘	⊘	⊘
6.煤炭产业生产者出厂价格指数	○	○	⊘	⊘	⊘	⊘	⊘	⊘	⊘	⊘	⊘	⊘
7.煤炭产业进口额(逆转)	○	○	○	○	○	○	○	○	○	○	○	○
8.煤炭产业产成品资金(逆转)	◎	○	◎	○	◎	○	◎	○	◎	◎	◎	○
9.煤炭产业应收账款(逆转)	◎	○	○	○	○	○	○	○	○	○	○	○
预警指数	◎	○	◎	◎	◎	◎	◎	◎	◎	◎	◎	◎
	96	93	63	67	63	63	63	63	63	63	63	63

图3 中经煤炭产业预警灯号图 (2014Q4)

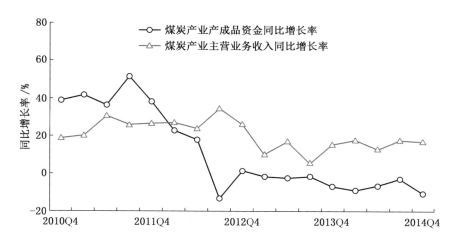

图4 煤炭产业主营业务收入及产成品资金同比增长率 (2014Q4)

另一方面，同比价格跌幅的扩大也在一定程度上导致了主营业务收入增长的回落。

经初步季节调整，截至四季度末，煤炭产业产成品资金为 1001.4 亿元，同比增长 14%，比三季度回落 5.0 个百分点，增速有所放缓。

（四）进口持续下降

经初步季节调整，四季度，煤炭进口量为 6225.9 万吨，同比下降 20.8%，已连续三个季度呈同比下降态势，且同比降幅继三季度比二季度扩大 5.5 个百分点之后，四季度比三季度再扩大 7.8 个百分点。

煤炭进口量同比降幅的持续扩大与政策因素有关。继前期出台的取消褐煤进口零税率、限制劣质煤进口举措之后，四季度我国再出台进口煤增税政策。该政策的实施在一定程度上提高了进口煤的成本。

（五）价格下行压力大

经初步季节调整，四季度，煤炭产业生产者出厂价格同比下跌 11.6%（图 5），跌幅比三季度扩大 2.0 个百分点。煤炭产业价格跌幅的扩大主要与 2013 年四季度煤炭价格的持续上涨造成的同比基数较高有关。由于市场需求依然偏弱，煤炭价格仍存在较大下行压力。

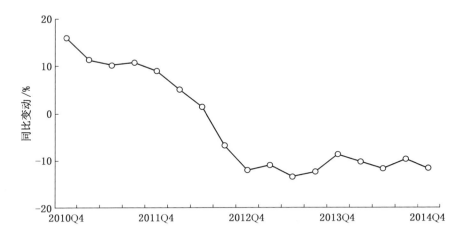

图 5　煤炭产业生产者出厂价格同比变动（2014Q4）

（六）库存压力依然较大

与主营业务收入增速相比，产成品资金同比增速高出 24.1 个百分点，两者之差继三季度比二季度扩大 1.9 个百分点后，四季度比三季度再扩大 2.3 个百分点，表明煤炭企业库存压力依然较大。同时，主要港口煤炭库存上升，而电厂电煤库存维持高位。随着供暖季的结束，电厂将进入去库存阶段。总体来看，全社会煤炭库存仍处高位。

（七）利润降幅有所收窄

经初步季节调整，四季度煤炭产业实现利润总额 384.9 亿元（图 6），同比下降 40.9%，降幅比三季度收窄 10.1 个百分点。利润降幅收窄与近几个月价格的上调有关。虽然煤炭产业利润同比降幅有所收窄，但利润率仍维持在较低水平。数据显示，煤炭产业销售利润率为 5.0%，比上年同期低 2.7 个百分点，且比全部工业平均水平（6.2%）低 1.2 个百分点。

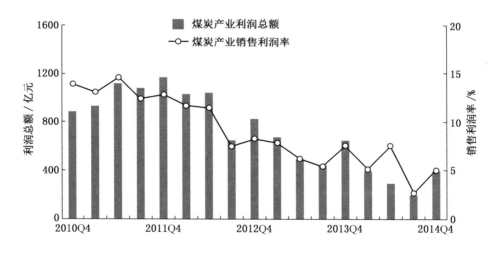

图 6　煤炭产业利润总额及销售利润率（2014Q4）

（八）税金同比降幅有所扩大

经初步季节调整，四季度，煤炭产业税金总额为 588.4 亿元，同比下降 9.0%，降幅比三季度扩大 3.1 个百分点。煤炭产业税金总额占主营业务收入比重为 7.7%，与 2013 年同期基本持平（微升 0.1 个百分点），比全部工业税金总额占销售收入的比重（4.6%）高 3.1 个百分点。

（九）回款压力加大

经初步季节调整，截至四季度末，煤炭产业应收账款为 3887.2 亿元，同比增长 12.8%，增速比三季度回升 4.0 个百分点。煤炭产业应收账款周转天数为 44.4 天，比 2013 年同期增加 8.3 天。在煤炭产业销售降幅扩大的背景下，应收账款增速的上升和周转天数的增多，表明企业回款压力有所增大。

（十）投资大幅下降

经初步季节调整，2014 年四季度，煤炭产业固定资产投资总额为 1313.9 亿元，同比下降 18.5%，同比降幅比三季度扩大 15.5 个百分点，为 15 年以来的最大降幅。煤炭市场需求疲软，产能过剩严重，盈利能力下降，直接导致企业投资意愿不强；有关部门加大了煤炭生产、建设监管力度，也影响到煤炭产业的投资。

（十一）用工基本平稳

经初步季节调整，四季度煤炭产业从业人员数为 524.9 万人，同比增长 0.1%，增速比上季度回落 0.1 个百分点。

2015年

多方合力应对煤炭业困局[*]

（一季度）

　　若不是"控产能、限产量、紧进口、减税费"的政策组合拳发挥作用，而是完全靠已经失灵的市场机制调节，煤炭产业恐怕连目前的局面都难以维系。

　　2015 年一季度，中经煤炭产业景气指数创下 2011 年 11 月下行拐点形成后的新低，比 2014 年四季度下降 0.4 个点；预警指数打破十个季度的横盘，开始掉头向下，比 2014 年四季度下降 3.7 个点。这印证了我们在今年年初做出的"'市场底'尚未做出""不排除破位下行"的判断。

　　一季度主要指标的表现说明煤炭产业仍处于寒冷的"隆冬季"。按可比口径，一季度煤炭产量下降 3.5%，销售量下降 4.7%，供大于求的矛盾仍呈严重化趋势；煤炭库存已持续 39 个月居高不下；煤价下跌 13.1%，销售收入下降8.3%，说明"以量补价"的企业行为仍然在持续；利润降幅达 62.6%，销售利润率为 2.1%，不及上季度（5.1%）的一半，更比全部工业平均利润率低 2.8 个百分点；应收账款和回款天数刷新最差纪录，应收账款占销售收入的 48.93%，回款天数达到 46.4 天，说明"让利不让市场"的竞争手段被普遍采用；在全社会固定资产投资总额同比增长 13.5% 的情况下，煤炭产业固定资产投资总额同比下降 16.2%，将严重影响产业发展的后续力；从业人员数从 2014 年底的524.9 万人骤减到 487.5 万人，增加了产业不稳定因素。

---

　　[*] 《经济日报》，2015 年 4 月 30 日，第 24 版。

客观地讲，一季度若不是"控产能、限产量、紧进口、减税费"的政策组合拳发挥作用，而是完全靠已经失灵的市场机制去调节，恐怕连目前的局面都难以维系。

综合分析国内外经济形势，充分考虑煤炭市场供求矛盾，结合煤炭产业内部存在的问题，二季度煤炭产业经济形势并不乐观，下行压力将继续加大。我们既要对长期向好充满信心，也要做好应对更大困难和挑战的准备。

在宏观调控方面，要针对煤炭产业出现的新情况、新问题，保持定力，灵活施策，用好政策工具。一是以稳住煤价为抓手，扼制经济形势的进一步恶化，建议实施市场失灵状态下的电煤最低保护价；二是进一步减轻煤企负担，全面实施清费减税工程，建议除已明确取消的收费项目外，要尽快研究取消铁路建设基金，下调增值税，核查资源税改革对企业的影响、凡增加负担的要下调；三是增强企业活力，激活并进一步完善煤炭市场体系，特别是矿业权等产权交易市场；四是加快能源替代战略实施，支持煤炭新兴产业发展，尽快减免煤基油品消费税。

产业管理部门应该科学调控产业运行，按产业周期规律办事，为产业复兴服好务；应该利用好部际联席会议平台，集思广益，共渡难关；加大执法力度，整治违法违规矿井；做好煤炭产业发展"十三五"规划，科学规划产能，创新落后产能退出机制，合理规划布局，调整产业结构。

煤炭企业要顺势而为，加大兼并重组力度。一般来说，在大多数企业亏损状态下是优势企业发展的最佳时机。要加大资本运作力度，重视邓普顿等国际资本大鳄频频举牌中国上市煤企背后释放出来的积极信号；加快新型煤化工产业发展步伐，在传统产业进入微利时代的情况下，对产业转型升级最为有利；加强对新常态下发展问题的研究探索，包括战略、策略等软科学的研究。

附件：

中经煤炭产业景气指数报告[*]

经济日报社中经产业景气指数研究中心　国家统计局中国经济景气监测中心

煤炭业景气持续低位运行

2015 年一季度，中经煤炭产业景气指数为 96.5 点，比 2014 年四季度下降 0.4 点，延续下行趋势；中经煤炭产业预警指数为 59.3 点，进一步下行至过冷的"蓝灯区"。

预计二季度，煤炭需求有可能进一步放缓，供需矛盾可能进一步加剧，这将制约产业景气水平的回升。不过，一系列帮助煤炭产业脱困政策将继续发挥积极作用，煤炭产业景气水平将继续低位运行。

（一）景气指数继续下降

2015 年一季度，中经煤炭产业景气指数为 96.5 点，比 2014 年四季度下降 0.4 点，连续四个季度下行。

煤炭景气的持续下滑一方面是经济进入新常态，增长换挡，需求减弱的影响；另一方面，也体现了结构调整的成效，尤其是节能减排的成效。从节能的角度看，能源结构的变化，可再生能源的快速发展客观上降低了对火电的需求；从减排的角度看，煤炭作为大气污染的主要来源之一，在目前环境保护力度不断加大的背景下，煤炭的使用受到了明显的制约。

进一步剔除随机因素，中经煤炭产业景气指数为 93.1 点（图 1），比未剔除随机因素的指数值低 3.4 点。这表明国家实施的一系列帮助煤炭产业脱困的政策措施，对于延缓煤炭产业景气度的下滑发挥了重要作用。

（二）预警指数下降至"蓝灯区"运行

一季度，中经煤炭产业预警指数为 59.3 点，比 2014 年四季度下降 3.7 个点，

---

　*　《经济日报》，2015 年 4 月 30 日，第 23 版。

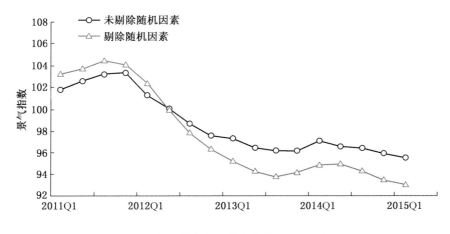

图 1 中经煤炭产业景气指数（2015Q1）

在经过连续十个季度在偏冷的"浅蓝灯区"下界运行之后，进一步下行至过冷的"蓝灯区"（图 2），表明煤炭行业仍处在深度调整阶段。

图 2 中经煤炭产业预警指数（2015Q1）

在构成中经煤炭产业预警指数的 9 个指标（仅剔除季节因素，保留随机因素）中，与 2014 年四季度相比，仅从业人员数由"绿灯"降为"浅蓝灯"，其他指标灯号保持不变（图 3）。

153

指标名称	2012年			2013年				2014年				2015年
	Q2	Q3	Q4	Q1	Q2	Q3	Q4	Q1	Q2	Q3	Q4	Q1
1.煤炭产业利润合成指数	◎	◍	◍	◍	◍	◍	◍	◍	◍	◍	◍	◍
2.煤炭产业主营业务收入	○	◎	◍	◍	◍	◍	◍	◍	◍	◍	◍	◍
3.煤炭产业税金总额	◎	◍	◍	◍	◍	◍	◍	◍	◍	◍	◍	◍
4.煤炭产业从业人员数	○	○	○	○	○	○	○	○	○	○	○	○
5.煤炭产业固定资产投资总额	○	◎	◍	◍	◍	◍	◍	◎	◍	◍	◍	◍
6.煤炭产业生产者出厂价格指数	○	○	◍	◍	◍	◍	◍	◍	◍	◍	◍	◍
7.煤炭产业进口额(逆转)	○	○	○	○	○	○	○	○	○	○	○	○
8.煤炭产业产成品资金(逆转)	○	◎	○	○	○	○	○	○	○	○	○	○
9.煤炭产业应收账款(逆转)	○	○	○	○	○	○	○	○	○	○	○	○
预警指数	◉	◉	◉	◉	◉	◉	◉	◉	◉	◉	◉	◍
	93	63	67	67	63	63	63	67	63	63	63	59

图 3　中经煤炭产业预警灯号图（2015Q1）

（三）销售收入继续下降

经初步季节调整，一季度，煤炭产业主营业务收入为 7137.8 亿元，同比下降 8.3%（图 4），降幅比 2014 年四季度收窄 1.7 个百分点。煤炭行业销售降幅的收窄主要与同比基数较低有关。

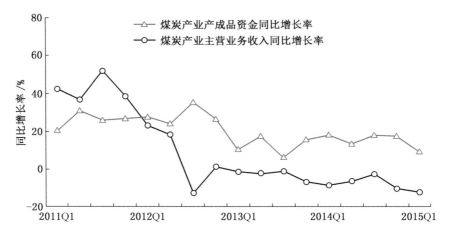

图 4　煤炭产业主营业务收入及产成品资金同比增长率（2015Q1）

经初步季节调整，截至一季度末，煤炭产业产成品资金为 957.3 亿元，同比增长 11.1%，比 2014 年四季度回落 2.9 个百分点，增速有所放缓。

不过，煤炭行业下游的发电及钢铁需求仍较低迷，从而造成煤炭销售持续下降。数据显示，2015 年前两个月，钢铁企业粗钢产量同比下降 1.5%，重点电厂日均耗煤同比减少 30 余万吨。

（四）进口持续下降

2015 年一季度，煤炭进口量为 49.7 万吨，同比下降 41.5%，同比降幅比 2014 年全年扩大 30.6 个百分点，连续三个季度下降且降幅呈扩大态势。煤炭进口量同比降幅的持续扩大与国内实施的一系列政策有关。2014 年四季度出台的进口煤增税政策进一步提高了进口煤的成本，商品煤质量管理的强化，均在一定程度上抑制了煤炭进口。

（五）价格跌幅扩大

经初步季节调整，一季度，煤炭产业生产者出厂价格同比下跌 13.1%（图5），跌幅比 2014 年四季度扩大 1.5 个百分点。1 月、2 月煤炭开采和洗选业环比价格分别下跌 0.8% 和 0.9%。数据显示，截至 3 月 25 日，环渤海地区发热量5500 大卡动力煤价格 473 元/吨（周平均价，下同），比去年 12 月 31 日 525 元/吨的价格下跌 52 元。由于市场需求依然偏弱，煤炭价格仍存在较大下行压力。

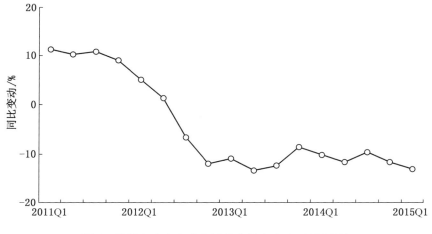

图 5　煤炭产业生产者出厂价格同比变动（2015Q1）

（六）库存压力依然较大

根据中国煤炭工业协会统计，全社会存煤已经持续39个月超过3亿吨。3月末，煤炭企业存煤9000吨，比年初增长4%；主要电厂存煤6281万吨。4月7日，北方主要发运港存煤2688万吨，比年初增长13.9%。随着北方供暖季节的结束，全国重点电厂耗煤数量将有所下降，电厂继续面临较大的去库存压力。总体来看，全社会煤炭库存仍处高位水平，对生产的恢复仍形成较大的制约。

（七）利润降幅有所扩大

经初步季节调整，一季度煤炭产业实现利润总额147.7亿元，同比下降62.6%，降幅比2014年四季度扩大21.7个百分点。利润降幅扩大与近几个月价格的持续下降有关。煤炭产业销售利润率为2.1%，比2014年同期低3个百分点，且比全部工业平均水平（4.9%）低2.8个百分点（图6）。

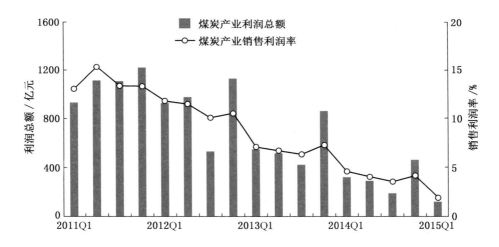

图6　煤炭产业利润总额及销售利润率（2015Q1）

（八）税金同比降幅收窄

经初步季节调整，一季度，煤炭产业税金总额为546.9亿元，同比下降7.9%，降幅比2014年四季度收窄1.1个百分点。煤炭产业税金总额占主营业务收入比重为7.7%，与2014年同期基本持平（微升0.1个百分点），比全部工业税金总额占销售收入的比重（4.2%）高 3.5 个百分点。税金同比降幅收窄与销售收入同比降幅收窄有关。

（九）企业回款压力有所加大

经初步季节调整，截至一季度末，煤炭产业应收账款为 3492.9 亿元，同比增长 9.6%，增速比 2014 年四季度下降 3.2 个百分点。

从回款速度来看，经初步季节调整，一季度，煤炭产业应收账款周转天数为 46.4 天，比 2014 年同期增加 8.2 天，表明企业回款压力有所加大。

（十）投资持续下降

经初步季节调整，一季度，煤炭产业固定资产投资总额为 264.1 亿元，同比下降 16.2%，降幅比 2014 年四季度收窄 2.3 个百分点。煤炭行业投资持续下降，这一方面与煤炭行业下游需求疲软、盈利能力持续下滑、企业投资意愿下降有关；另一方面与有关部门加大煤炭生产监管力度有关。

（十一）用工持续下降

经初步季节调整，一季度，煤炭产业从业人员数为 487.5 万人，同比下降 5.3%，增速持续下降。

煤炭业脱困亟待政策加码[*]

（二季度）

目前，我国煤炭采掘业几乎全部亏损，且没有明显的止跌回稳迹象，若不进一步采取有效措施加以调控，有继续恶化的可能。

2015 年二季度，中经煤炭产业景气指数沿着 2014 年初形成的下跌通道继续下行，若无偶发因素影响，暂没有止跌回升迹象。

二季度，中经煤炭产业景气指数继续下行的主要原因依然是煤炭市场的供求失衡。从供给侧看，在一系列帮助行业脱困政策作用下，煤炭市场供给已经出现缩量现象。据初步统计，上半年煤炭产量同比减少近 1 亿吨。由于煤炭下游主要产业仍然不景气，煤炭需求呈疲软态势，供给仍大于需求。前五个月，仅电力、钢铁、建材 3 个行业耗煤量就减少 8000 万吨左右。正是由于有效需求不足，尽管煤炭供给有所减少，但煤炭市场供需失衡仍然十分明显。

在煤炭市场供大于求的矛盾依然没有明显改变的情况下，煤炭价格持续下跌，主营业务收入大幅减少，盈利水平继续下滑。二季度，煤炭产业实现利润仅88.1 亿元，为 2014 年同期的 30%，降幅比一季度又有所扩大，销售利润率比全部工业销售利润率低 4.3 个百分点，仅为 1.3%，且回款天数达到 50.1 天。

由于煤炭的销售收入不能及时到账，导致煤炭产业的现金流速缓慢和财务成本过重。目前，我国煤炭采掘业几乎全部亏损，且没有明显的止跌回稳迹象，若不进一步采取有效措施加以调控，有继续恶化的可能。

---

* 《经济日报》，2015 年 7 月 31 日，第 24 版。

二季度以来，面对国内外复杂形势，我国经济运行缓中趋稳，许多指标出现回升势头，但煤炭产业并没有出现好转迹象。

尽管目前煤炭市场价格有小幅回升，但回升的动力并非源于供求关系改善，而是人为干预的结果。长期居高不下的库存，已经提前释放了大量的产能，使控产量、限进口的措施的作用也大打折扣。相当多的煤炭企业，为了维持运转，不得不减员降薪。二季度末的煤炭产业大军人数同比下降 5.4%；固定资产投资并没有随着工业企业固定资产投资总额同比增长 9.4% 的幅度增加，反而下降14.2%。

煤炭是我国最重要的主体能源和工业原料，煤炭产业是我国重要的基础产业。2015 年上半年，全国规模以上工业增加值累计同比增长 6.3%，而煤炭开采和洗选业仅为 0.6%，其中 6 月当月增加值同比下降 0.5%。从煤炭主产区所发生的集体讨薪等群体事件看，煤炭产业的不稳定已引发了一些社会问题。若任其继续恶化下去，煤炭产业的形势将更加严峻。

煤炭产业作为煤炭企业的集合，其稳定取决于煤炭企业这一微观基础的稳定，取决于大多数煤炭企业走出困境，缓解亏损，重焕生机和活力；取决于稳煤价，稳市场，稳供求关系；取决于政府政策的正确性，在市场失灵状态下，取决于政府的科学调控。

为全面贯彻落实党中央、国务院把稳增长作为紧要任务的部署，有关部门应该出台更有力的政策措施，遏制煤炭产业经济形势继续恶化势头，扭转发展预势。结合当前形势，建议有关部门尽快在煤炭产业启动实施电煤最低保护价；采取切实有效举措，防止煤炭产能提前释放；探索建立科学合理的退出机制，加大落后产能退出力度；有序推进煤炭液（气）化，形成煤炭新的消热点。

附件：

中经煤炭产业景气指数报告*

经济日报社中经产业景气指数研究中心　国家统计局中国经济景气监测中心

煤炭业盈利水平持续下降

2015 年二季度，中经煤炭产业景气指数为 95.0 点，比一季度下降 0.4 点，延续下行趋势；中经煤炭产业预警指数为 59.3 点，延续了一季度过冷的"蓝灯区"运行态势。

预计三季度，煤炭消费将延续下降的趋势，煤价将继续处于低位。煤炭产业产能严重过剩，企业库存压力有增无减，制约煤炭产业景气水平的回升。

（一）景气指数继续下降

二季度，中经煤炭产业景气指数为 95.0 点，比上季度下降 0.4 点，连续三个季度下行。在构成中经煤炭产业景气指数的 5 个指标中（仅剔除季节因素，保留随机因素），与上季度相比，固定资产投资总额同比降幅有所收窄，主营业务收入、利润总额、税金总额和从业人员数同比降幅有所扩大。

进一步剔除随机因素，中经煤炭产业景气指数为 92.4 点（图 1），比未剔除随机因素的指数值低 2.6 点，该差距较一季度缩小 0.5 点，说明煤炭行业的内生增长动力有所增强。

（二）预警指数继续处于"蓝灯区"

二季度，中经煤炭产业预警指数为 59.3 点，与一季度持平，继续在过冷的"蓝灯区"运行（图 2），表明煤炭行业仍处在深度调整阶段。

在构成中经煤炭产业预警指数的 9 个指标中（仅剔除季节因素，保留随机因素），位于"绿灯区"的有 3 个指标——煤炭进口额（逆转）、产成品资金（逆转）和应收账款（逆转）；位于"浅蓝灯区"的有 1 个指标——从业人员数；

*　《经济日报》，2015 年 7 月 31 日，第 23 版。

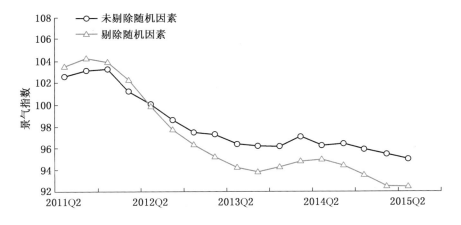

图 1　中经煤炭产业景气指数（2015Q2）

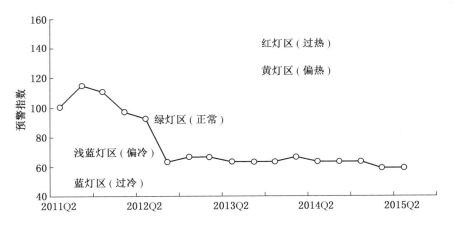

图 2　中经煤炭产业预警指数（2015Q2）

位于"蓝灯区"的有 5 个指标——利润合成指数、主营业务收入、税金总额、固定资产投资总额和生产者出厂价格指数。与一季度相比，各指标灯号均未发生变化（图 3）。

（三）销售收入降幅有所扩大

经初步季节调整，二季度，煤炭产业主营业务收入为 6560.9 亿元，同比下降 16.5%，降幅比一季度扩大 8.2 个百分点（图 4）。

指标名称	2012年		2013年				2014年				2015年	
	Q3	Q4	Q1	Q2	Q3	Q4	Q1	Q2	Q3	Q4	Q1	Q2
1.煤炭产业利润合成指数	◎	◎	◎	◎	◎	◎	◎	◎	◎	◎	◎	◎
2.煤炭产业主营业务收入	◎	◎	◎	◎	◎	◎	◎	◎	◎	◎	◎	◎
3.煤炭产业税金总额	◎	◎	◎	◎	◎	◎	◎	◎	◎	◎	◎	◎
4.煤炭产业从业人员数	○	○	○	○	○	○	◎	◎	◎	◎	◎	◎
5.煤炭产业固定资产投资总额	◎	◎	◎	◎	◎	◎	◎	◎	◎	◎	◎	◎
6.煤炭产业生产者出厂价格指数	◎	◎	◎	◎	◎	◎	◎	◎	◎	◎	◎	◎
7.煤炭产业进口额(逆转)	○	○	○	○	○	○	○	○	○	○	○	○
8.煤炭产业产成品资金(逆转)	◎	○	○	○	○	○	○	○	○	○	○	○
9.煤炭产业应收账款(逆转)	◎	○	○	○	○	○	○	○	○	○	○	○
预警指数	◎	◎	◎	◎	◎	◎	◎	◎	◎	◎	◎	◎
	63	67	67	63	63	63	63	59	59	59	59	59

图3 中经煤炭产业预警灯号图 (2015Q2)

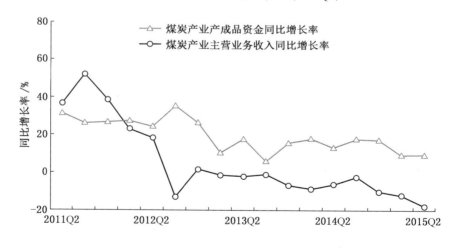

图4 煤炭产业主营业务收入及产成品资金同比增长率 (2015Q2)

经初步季节调整，截至二季度末，煤炭产业产成品资金为 1049.2 亿元，同比增长 9.6%，比一季度回落 1.5 个百分点，增速有所放缓。

煤炭销售持续下降，主要由于下游的火力发电、钢铁及水泥需求低迷所致。

数据显示，1—5 月，火力发电、粗钢和水泥同比分别下降 3.1%、1.6% 和 5.1%。

（四）煤炭进口持续下降

经初步季节调整，二季度，煤炭进口量为 5122.1 万吨，同比下降 32.7%，降幅比一季度收窄 12.7 个百分点。

2015 年以来煤炭进口量下降，主要是国内煤炭需求下滑，煤炭价格持续回落，进口煤价格优势减弱，部分用户和贸易商减少或暂停了煤炭进口业务。加强进口煤质量检查将对煤炭进口继续形成一定的制约。预计短期内煤炭进口将继续处于低位。

（五）价格降幅持续扩大

经初步季节调整，二季度，煤炭产业生产者出厂价格同比下跌 14.1%，跌幅比一季度扩大 1 个百分点（图 5）。

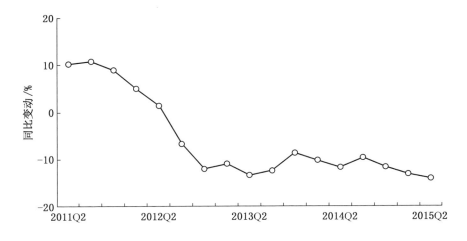

图 5 煤炭产业生产者出厂价格同比变动（2015Q2）

数据显示，截至 6 月 30 日，秦皇岛港发热量 5500 大卡动力煤价格 418 元/吨（周平均价），与 2014 年同期相比下跌 19%。最近三年来，秦皇岛港 5500 大卡动力煤价格由 2011 年 11 月的高点 860 元/吨持续下降至 410~420 元/吨，价格下降超过 50%；炼焦煤价格由高点的 2100 元/吨下降到目前的不到 900 元/吨，价格下降幅度接近 60%。

近期，煤炭市场价格虽然出现小幅回升，但由于市场需求短期内仍难明显增加，煤炭价格回升动力仍然很弱。

（六）库存压力依然较大

与主营业务收入增速相比，煤炭产业产成品资金增速高出 26.1 个百分点，两者之差比上季度扩大 6.7 个百分点，企业库存压力有所增大。

（七）盈利水平持续下降

经初步季节调整，二季度煤炭产业实现利润总额 88.1 亿元，同比下降69.9%，降幅比上季度扩大 7.3 个百分点。利润降幅扩大与近几个月价格的持续下降及需求疲软有关。

今年以来，煤炭企业利润呈现逐月下滑态势。根据中国煤炭工业协会调研，除个别优势企业和部分上市公司账面有盈利以外，其他大部分企业出现了亏损。

二季度，煤炭产业销售利润率为 1.3%，比一季度低 0.8 个百分点，比 2014年同期低 2.4 个百分点，比全部工业销售利润率低 4.3 个百分点（图 6）。

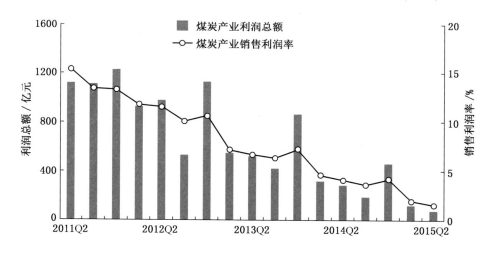

图 6　煤炭产业利润总额及销售利润率（2015Q2）

（八）税金同比降幅扩大

经初步季节调整，二季度，煤炭产业税金总额为 449.3 亿元，同比下降

10.4%，降幅比上季度扩大 2.5 个百分点。煤炭产业税金总额占主营业务收入比重为 6.8%，比 2014 年同期高 0.5 个百分点，比全部工业税金总额占销售收入的比重（4.2%）高出 2.6 个百分点。税金同比降幅收窄与销售收入同比降幅收窄有关。

（九）货款拖欠现象加重

经初步季节调整，截至二季度末，煤炭产业应收账款为 3811.2 亿元，同比增长 8.6%，增速比一季度下降 1 个百分点，与主营业务收入增速相比，煤炭产业应收账款增速高出 25.1 个百分点，两者之差比一季度扩大 7.2 个百分点，企业回款压力有所增大。

从回款速度来看，经初步季节调整，二季度，煤炭产业应收账款周转天数为 50.1 天，比 2014 年同期增加 11.8 天，比全部工业应收账款平均周转天数多 14.8 天。

（十）投资仍处低位

经初步季节调整，二季度，煤炭产业固定资产投资总额为 982.1 亿元，同比下降 14.2%，降幅比上季度收窄 2 个百分点，投资仍处低位。

（十一）用工持续减少

经初步季节调整，二季度，煤炭产业从业人员数为 499.7 万人，同比下降 5.4%。

稳住煤价是当前重中之重[*]

（三季度）

从总体上看，煤炭产业经济形势依然严峻，必须采取有效措施加以应对，当务之急是稳住煤炭价格。

2015 年三季度，中经煤炭产业景气指数为 94.5 点，比上季度下降 0.4 点，呈现缓慢下行趋势；预警指数继续在过冷区域运行。

从具体数据分析，我国煤炭产业经济运行中存在的供大于求的矛盾没有得到解决。在政府政策干预和市场机制作用下，前三季度煤炭产量累计同比有所下降；但"薄利多销"问题依然严重。三季度，煤炭价格同比下降 15.6%，主营业务收入同比下降 14.4%，说明有些企业依然在增加产量。煤炭进口同比下降 17.3%，说明市场增量主要来自国内供给。在煤炭总量同比下降 6.1% 的背景下，国有重点煤炭产量同比下降 7.4%，说明国内供给增加部分又主要来自非国有重点煤矿。居高不下的煤炭库存出现了新的特点：港口存煤减少，电厂存煤小幅增加，库存主要集中在煤炭企业。

从盈利情况看，三季度，在清费正税力度比 2014 年有所加大的情况下，产业实现利润不及 2014 年同期的一半；销售利润率只有全部工业的四分之一；应收账款达 3910.2 亿元，而销售收入仅为 6454.9 亿元，回款天数已增至接近两个月，表明现金流极度不畅。三季度，煤炭产业固定资产投资同比下降 14.4%，而全社会固定资产投资同比增加 10.9%，工业投资同比增加 7.6%；用工大幅减

---

* 《经济日报》，2015 年 10 月 30 日，第 24 版。

少，三季度比二季度又减少了 19 万人。

目前，我国煤炭开采业几乎全面亏损。处于漫长"隆冬季"的煤炭企业纷纷自救。降薪裁员已较为普遍，拖欠工资屡有发生；变卖资产缩小煤炭板块占比，也成为一些企业的自救措施。

综合国内外因素分析，四季度煤炭产业景气值仍将延续缓慢下降的态势，若不采取有效措施加以应对，有可能演变为产业危机。

当务之急，要抓住煤价这个"牛鼻子"，千方百计稳住煤价。在煤炭市场失灵的情况下，加强政府规制已十分必要。建议政府尽快实施电煤最低保护价这一应急措施。煤炭企业应依法合规组建临时性的煤炭价格联盟，实施产业自我保护。

从中长期来讲，要科学规划产能，努力化解煤炭产能过剩，依靠发展实现产业复兴。目前正值"十三五"规划编制期，要利用好五年一遇的契机。在指导思想上，要统筹各能源品种之间的发展关系，把握好下一阶段煤炭需求变化趋势，明确努力化解煤炭产能过剩、促进总量平衡这一基本思路，以顺应能源供需格局新变化和经济社会发展新趋势；在原则确定上，要以淘汰落后与发展先进产能并举为基本原则，处理好产能减法与加法、数量与质量的关系，做到煤炭产能的有进有退和有序发展；在发展目标上，要在控制总量与优化存量的基础上，形成与我国经济社会发展相适应、与资源生态环境相协调的煤炭科学产能；在保障措施上，要建立适应煤炭产业经济新常态的产能建设管理、释放管理和退出管理新机制。考虑我国煤炭产能呈现的先进与落后叠加的特点，化解煤炭产能过剩，要以落后产能退出为突破口，按照社会生产力发展规律和煤炭产能结构优化的要求，建立健全完善的落后产能退出机制，形成煤炭落后产能的全面、有序、常态化退出，进而有效缓解产能过剩的压力、促进总量平衡，扭转全行业亏损的局面，并进一步提高煤炭产能的整体质量、优化产能结构。

附件:

中经煤炭产业景气指数报告[*]

经济日报社中经产业景气指数研究中心　国家统计局中国经济景气监测中心

煤炭业持续微利运行

2015年三季度,中经煤炭产业景气指数为94.5点,比上季度下降0.4点;中经煤炭产业预警指数为59.3点,与上季度持平,继续在过冷的"蓝灯区"运行。

当前,供需矛盾依然困扰着煤炭企业。四季度,煤炭总体需求疲软态势仍难改变,煤炭景气度难有大起色。

(一)景气指数持续下行

三季度,中经煤炭产业景气指数为94.5点,比上季度下降0.4点,呈现缓慢下降态势。

在构成中经煤炭产业景气指数的5个指标中(仅剔除季节因素,保留随机因素),与上季度相比,主营业务收入、利润总额、税金总额和固定资产投资总额同比降幅有所收窄,从业人员数同比降幅有所扩大。

进一步剔除随机因素后,中经煤炭产业景气指数为92.2点(图1),比未剔除随机因素的指数值低2.3点,两者之差比上季度缩小0.8点。这表明,受产能过快释放、市场需求疲软和环保压力等多重因素影响,煤炭产业下行趋势仍难改变。

(二)预警指数仍处"蓝灯区"

三季度,中经煤炭产业预警指数为59.3点,与上季度持平,继续在过冷的"蓝灯区"运行(图2)。

在构成中经煤炭产业预警指数的9个指标中(仅剔除季节因素,保留随机

---

[*] 《经济日报》,2015年10月30日,第23版。

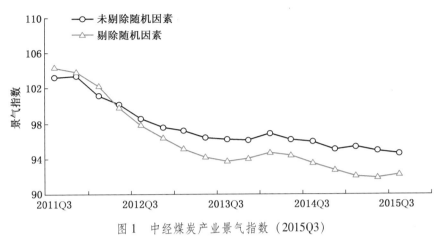

图 1 中经煤炭产业景气指数（2015Q3）

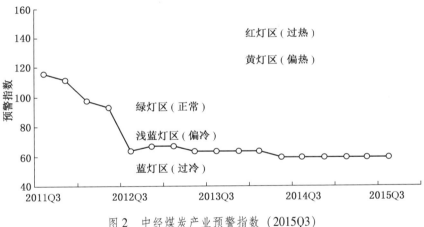

图 2 中经煤炭产业预警指数（2015Q3）

因素），位于"绿灯区"的有 3 个指标——煤炭进口量（逆转）、产成品资金（逆转）和应收账款（逆转）；位于"浅蓝灯区"的有 1 个指标——从业人员数；位于"蓝灯区"的有 5 个指标——利润合成指数、主营业务收入、税金总额、固定资产投资总额和生产者出厂价格指数。与上季度相比，各指标灯号均未发生变化（图 3）。

（三）销售持续下滑

经初步季节调整，三季度煤炭产业主营业务收入为 6454.9 亿元，同比下降 14.4%（图 4），降幅比上季度收窄 2.1 个百分点，但降幅依然较大。煤炭行业销

指标名称	2012年 Q4	2013年 Q1	Q2	Q3	Q4	2014年 Q1	Q2	Q3	Q4	2015年 Q1	Q2	Q3
1. 煤炭产业利润合成指数	◎	◎	⊘	⊘	⊘	⊘	○	⊘	○	○	○	○
2. 煤炭产业主营业务收入	◎	◎	⊘	⊘	⊘	⊘	○	⊘	○	○	○	○
3. 煤炭产业税金总额	⊘	⊘	⊘	⊘	⊘	⊘	⊘	⊘	⊘	⊘	⊘	⊘
4. 煤炭产业从业人员数	⊘	⊘	⊘	⊘	⊘	⊘	◎	◎	⊘	◎	◎	◎
5. 煤炭产业固定资产投资总额	⊘	⊘	⊘	⊘	⊘	◎	⊘	⊘	⊘	⊘	⊘	⊘
6. 煤炭产业生产者出厂价格指数	⊘	⊘	⊘	⊘	⊘	⊘	⊘	⊘	⊘	⊘	⊘	⊘
7. 煤炭产业进口额(逆转)	○	○	○	○	○	○	○	○	○	○	○	○
8. 煤炭产业产成品资金(逆转)	○	○	○	○	○	○	○	○	○	○	○	○
9. 煤炭产业应收账款(逆转)	○	○	○	○	○	○	○	○	○	○	○	○
预警指数	◎	◎	◎	◎	◎	◎	⊘	⊘	⊘	⊘	⊘	⊘
	67	67	63	63	63	63	59	59	59	59	59	56

图 3   中经煤炭产业预警灯号图（2015Q3）

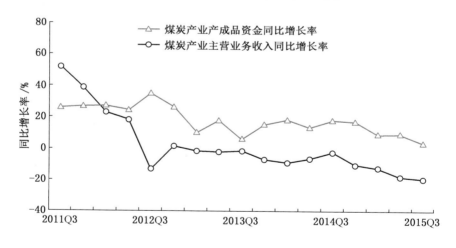

图 4   煤炭产业主营业务收入及产成品资金同比增长率（2015Q3）

售收入同比继续下降，主要受市场需求疲软和价格持续走低影响。

经初步季节调整，截至三季度末，煤炭产业产成品资金为 1074.9 亿元，同比增长 2.3%，增速比上季度下降 7.3 个百分点。

（四）进口同比继续下降

经初步季节调整，三季度，煤炭进口量为 5532.6 万吨，同比下降 17.3%，但降幅比上季度收窄 15.5 个百分点。

2015 年以来，在经济增速放缓、能源结构调整和煤炭价格持续走低等因素影响下，煤炭进口需求受到一定抑制，进口量持续大幅减少。

（五）价格跌幅持续扩大

三季度，煤炭产业生产者出厂价格同比下跌 15.6%，跌幅比上季度扩大 1.5 个百分点，已连续四个季度呈跌幅扩大趋势（图 5）。

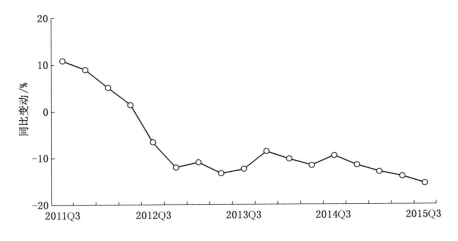

图 5   煤炭产业生产者出厂价格同比变动

2015 年以来，尽管原煤产量减少，煤炭进口量持续减少，但由于需求持续疲软，以及下游行业执行低库存策略，煤炭供需矛盾未见缓解，导致煤炭价格持续下跌。

数据显示，前三季度，环渤海动力煤价格不断走低，除 6 月上旬出现两周短暂回升外，均呈现下跌走势。截至 9 月 30 日，环渤海 5500 大卡动力煤平均价格为 396 元/吨，比年初的 520 元/吨下跌 124 元/吨，跌幅达 23.8%，是自发布以来的最低纪录。

根据中国煤炭工业协会监测，10 月 9 日，中国煤炭价格指数（全国综合指数）为 129.1 点，比上期下跌 0.1 个基点，比年初下跌 8.6 个基点，同比下跌 7.1 个基点。

当前，煤炭企业的销售压力增大，部分煤炭企业不得不再行降价促销，煤炭价格将继续下行。

（六）库存压力依然较大

在煤价持续下跌、销量下降的背景下，产成品资金仍然同比增长，这表明在需求持续疲软，去产能进程缓慢的背景下，煤炭库存继续增加，库存压力依然较大。

（七）利润继续下降

经初步季节调整，三季度煤炭产业利润总额为 82.7 亿元，同比下降 60.2%，连续 14 个季度呈现同比下降趋势。需求减弱、价格下跌是导致利润下降的主要因素。经计算，煤炭产业销售利润率为 1.3%，比 2014 年同期低 1.5 个百分点，比全部工业销售利润率（5.2%）低 3.9 个百分点（图 6）。

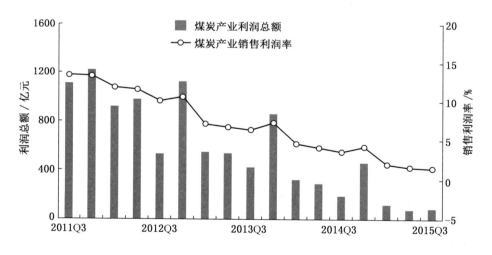

图 6　煤炭产业利润总额及销售利润率（2015Q3）

（八）税金同比持续下降

经初步季节调整，三季度，煤炭产业税金总额为 452.4 亿元，同比下降 7.2%。经计算，煤炭产业税金总额占主营业务收入比重为 7%，比 2014 年同期高 0.5 个百分点，比全部工业（4.1%）高 2.9 个百分点。

（九）回款压力依然较大

经初步季节调整，截至三季度末，煤炭产业应收账款为 3910.2 亿元，同比增长 7.9%，增速比上季度下降 0.7 个百分点。

从回款速度来看，经计算，三季度，煤炭产业应收账款周转天数为 53.8 天，比 2014 年同期增加 11.3 天，比全部工业应收账款平均周转天数（34.9 天）多 18.9 天。当前，煤炭企业应充分重视回款周期问题，想方设法改善资金周转状况。

（十）投资连续四个季度大幅下降

经初步季节调整，三季度，煤炭产业固定资产投资总额为 1431.4 亿元，同比下降 14.4%，降幅比上季度扩大 0.2 个百分点，连续四个季度大幅下降。前三季度，全国煤炭开采和洗选业固定资产投资为 2972 亿元，同比下降 16.5%；其中，民间煤炭开采和洗选业固定资产投资同比下降 16.8%。

（十一）用工持续减少

经初步季节调整，三季度，煤炭产业从业人员数为 473.2 万人，同比下降 6.7%，降幅比上季度扩大 1.3 个百分点，用工需求继续减少。

煤炭业下行压力仍在增加*

（四季度暨年度）

煤炭产业多项主要经济指标在进一步恶化，且看不出有任何好转的迹象，产业运行的风险系数在进一步提高。一些企业压缩安全生产投入，给产业发展埋下巨大隐患。

2015 年四季度，中经煤炭产业景气指数为 93.9 点，比上季度下降 0.5 点，仍然沿着原有的斜率继续下行；预警指数在横盘六个季度后再下一个台阶，表明煤炭产业运行的风险系数进一步提高。

从各项指标看，四季度，除利润总额比上季度大幅提高、同比降幅有所收窄外，其余主要经济指标均进一步恶化，且看不出有任何好转的迹象。

具体来看，四季度，煤炭产业主营业务收入同比下降 16.4%，连续九个季度呈现同比下降态势，为 1999 年以来所未见。煤炭价格逐季度下跌。煤炭库存继续居高不下，一季度末煤炭产业产成品资金占用为 957 亿元，到四季度末已经增加到 1076 亿元。上缴税金不减反增，全年四个季度，全行业上缴税金总额分别为 546.9 亿元、449.3 亿元、452.4 亿元、499.4 亿元。煤炭产业回款压力明显加大，截至四季度末全行业应收账款为 4104.4 亿元，有将近三分之二的煤炭是赊销出去的；应收账款周转天数为 56.4 天，比 2014 年同期增加 12.3 天，企业资金链压力进一步加大。煤炭固定资产投资总额为 1038.3 亿元，比三季度减少 400 亿元，同比下降 21%。

---

* 《经济日报》，2016 年 1 月 29 日，第 24 版。

从利润看，四季度，煤炭产业利润总额为 175.7 亿元，同比降幅比三季度收窄 6 个百分点，销售利润率为 2.7%。这似乎说明煤炭产业的盈利状况有所好转，其实不然，利润同比降幅仍高达 54.3%，且已连续 15 个季度呈现同比下降趋势；销售利润率仍然不及全部工业销售利润率的一半。煤炭产业利润总额降幅收窄，在一定程度上说明政府出台的清费正税、抑制煤炭进口的政策，以及企业的自救措施起到了一定的积极作用。成本利润化和政策红利为煤炭产业的利润增加做出了贡献。

值得注意的是，一些煤炭企业为了压缩成本，结果连安全生产的投入也压缩了。这虽然在短期内给煤炭企业带来了财务报表上的"效益"，但也大大提高了安全生产的风险，给产业发展埋下了巨大的隐患。

目前我国煤炭产业脱困发展还面临着诸多压力。从国际看，世界经济有着许多不确定性，石油、铁矿石等大宗商品价格持续走低，地缘政治问题增加，国际贸易低迷，汇率大幅波动，资本的流动性在上升，导致全球经济增长停顿，经济复苏乏力。国内发展处于"三期叠加"阶段，转方式、调结构的任务越来越艰巨，各种金融风险不断暴露，煤炭的下游产业普遍过剩，难以增加对煤炭的需求；加上煤炭产业多年来"小、散、乱、差"的顽疾根深蒂固，实现煤炭产业的脱困发展任重道远。

实现煤炭产业的脱困发展，当务之急是要想方设法稳住煤炭价格，使长期处于隆冬季的煤炭能得到喘息机会。在市场需求难以有效回升的情况下，要从根本上实现企业脱困，关键要努力减少供给。过去的实践证明，在煤炭产能供给过剩的情况下，任何限制产量的措施都具有局限性。在当前形势下，要解决煤炭产业面临的供需困局，关键是化解煤炭产能过剩。

化解煤炭过剩产能，从指导思想上，要继续坚持"壮士断腕"的精神，要做好"加、减、乘、除"。在退出机制上，要坚持依靠市场机制的决定性作用，利用市场倒逼机制，注重发挥企业的自主性；同时，要更好地发挥政府的作用，打好政策组合拳，综合运用财政、金融等各种手段。

在制度安排上，要做到有法可依。煤炭产能在退出过程中，要做到奖惩分明，实行"问责制"，对不作为、乱作为的行为予以追责。

附件：

中经煤炭产业景气指数报告[*]

经济日报社中经产业景气指数研究中心　国家统计局中国经济景气监测中心

煤炭业景气持续走低

2015 年四季度，中经煤炭产业景气指数为 93.9 点，比上季度下降 0.5 点；中经煤炭产业预警指数为 55.6 点，比上季度下降 3.7 点，继续在过冷的"蓝灯区"运行。

展望 2016 年，国内经济继续深度调整，煤炭消费总量将进一步减少。在本轮经济调整的过程中，煤炭行业必须立足自身，积极主动适应这一变化，谋求长远发展。

（一）景气指数持续下降

2015 年四季度，中经煤炭产业景气指数为 93.9 点，比上季度下降 0.5 点，延续下降态势。受市场需求萎缩，能源结构调整以及产能过剩等多种因素制约，煤炭产业景气仍持续低迷，下行压力依然较大。

在构成中经煤炭产业景气指数的 5 个指标中（仅剔除季节因素，保留随机因素），与上季度相比，利润总额同比降幅有所收窄，主营业务收入、税金总额、固定资产投资总额和从业人员数同比降幅有所扩大。

进一步剔除随机因素后，中经煤炭产业景气指数为 91.3 点（图 1），比未剔除随机因素的指数低 2.7 点，两者之差比上季度缩小 0.3 点。

（二）预警指数继续在"蓝灯区"运行

四季度中经煤炭产业预警指数为 55.6 点，比上季度下降 3.7 点，继续在过冷的"蓝灯区"运行（图 2）。

在构成中经煤炭产业预警指数的 9 个指标中（仅剔除季节因素，保留随机

---

　　*　《经济日报》，2016 年 1 月 29 日，第 23 版。

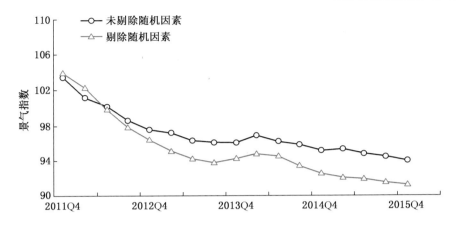

图 1　中经煤炭产业景气指数（2015Q4）

图 2　中经煤炭产业预警指数（2015Q4）

因素），位于"绿灯区"的有 3 个指标——煤炭进口量（逆转）、产成品资金（逆转）和应收账款（逆转）；位于"蓝灯区"的有 6 个指标——利润合成指数、主营业务收入、税金总额、从业人员数、固定资产投资总额和生产者出厂价格指数。与上季度相比，从业人员数由"浅蓝灯"降为"蓝灯"，其他指标灯号未发生变化（图 3）。

指标名称	2013年				2014年				2015年			
	Q1	Q2	Q3	Q4	Q1	Q2	Q3	Q4	Q1	Q2	Q3	Q4
1.煤炭产业利润合成指数	◎	◎	◎	◍	◎	◎	◎	◍	◎	◎	◍	◎
2.煤炭产业主营业务收入	◍	◍	◍	◍	◍	◍	◍	◍	◍	◍	◍	◍
3.煤炭产业税金总额	◍	◍	◍	◍	◍	◍	◍	◍	◍	◍	◍	◍
4.煤炭产业从业人员数	○	○	○	○	◎	◎	◎	◎	◎	◎	◎	○
5.煤炭产业固定资产投资总额	◍	◍	◍	◍	◍	◍	◍	◍	◍	◍	◍	◍
6.煤炭产业生产者出厂价格指数	◍	◍	◍	◍	◍	◍	◍	◍	◍	◍	◍	◍
7.煤炭产业进口额(逆转)	○	○	○	○	○	○	○	○	○	○	○	○
8.煤炭产业产成品资金(逆转)	○	○	○	○	○	○	○	○	○	○	○	○
9.煤炭产业应收账款(逆转)	○	○	○	○	○	○	○	○	○	○	○	○
预警指数	◎	◎	◎	◎	◎	◍	◍	◍	◍	◍	◍	◍
	63	63	63	63	63	59	59	59	59	59	59	56

图 3　中经煤炭产业预警灯号图

（三）生产同比继续下降

2015 年 1—11 月，原煤产量为 33.7 亿吨，同比下降 3.7%，延续下降态势。与 1—8 月相比，产量增加 9.6 亿吨，降幅收窄 1.1 个百分点。

（四）销售降幅有所扩大

经初步季节调整，四季度煤炭产业主营业务收入为 6397.9 亿元，同比下降 16.4%，降幅比上季度扩大 2 个百分点，已连续九个季度呈现同比下降态势，为 1999 年以来所未见，表明当前煤炭需求依然疲弱，销售延续疲软态势（图4）。

（五）进口持续减少

经初步季节调整，四季度煤炭进口量为 4784.5 万吨，同比下降 23.2%，降幅比上季度扩大 5.9 个百分点。受国内煤价持续下跌以及市场需求疲软影响，进口煤价格优势明显减弱，进口量持续减少。2016 年，抑制进口煤数量的市场和政策因素将继续发挥作用。

（六）价格跌幅继续扩大

四季度，煤炭产业生产者出厂价格同比下跌 16.8%（图5），跌幅比上季度扩

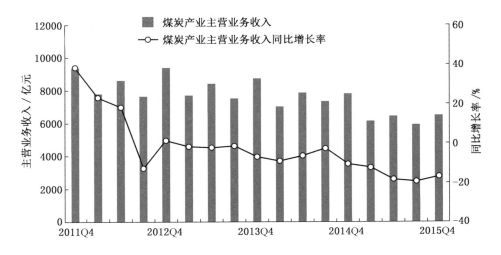

图 4 煤炭产业主营业务收入及同比增长率（2015Q4）

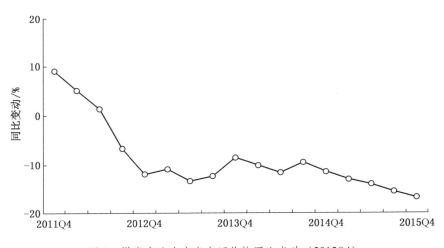

图 5 煤炭产业生产者出厂价格同比变动（2015Q4）

大 1.2 个百分点，已连续 14 个季度下跌，且最近 5 个季度呈现跌幅扩大走势。当前，国内煤炭市场供需矛盾突出，价格持续下跌，其原因主要是受国内经济增长放缓、清洁能源发展提速以及节能减排力度加大等因素的影响。截至 2015 年 12 月 23 日，环渤海 5500 大卡动力煤价格为 372 元/吨，比年初下跌 148 元/吨，跌幅为 28.5%。

（七）去库存压力进一步加大

经初步季节调整，截至四季度末，煤炭产业产成品资金为 1076 亿元，同比增长 7.8%（图6），增速比上季度提高 5.5 个百分点。与主营业务收入增速相比，二者延续相反的走势。在价格下跌、销售疲软的背景下，库存增速再次出现上升，表明煤炭行业去库存压力进一步加大。

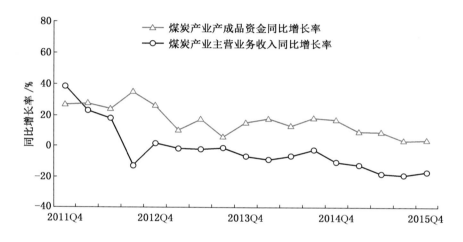

图6 煤炭产业主营业务收入及产成品资金同比增长率（2015Q4）

（八）利润持续大幅下降

经初步季节调整，四季度煤炭产业利润总额为 175.7 亿元，同比下降 54.3%，降幅比上季度收窄 6 个百分点，已连续 15 个季度呈现同比下降趋势。在需求减弱、价格持续下跌，以及产能过剩的背景下，近四年以来煤炭企业效益持续下滑。

经计算，四季度煤炭产业销售利润率为 2.7%，比 2014 年同期低 2.3 个百分点，比全部工业销售利润率（6.1%）低 3.4 个百分点，总体呈现持续走低态势。

（九）税金同比降幅扩大

经初步季节调整，四季度煤炭产业税金总额为 499.4 亿元，同比下降

15.7%，降幅比上季度扩大 8.5 个百分点。

经计算，四季度煤炭产业税金总额占主营业务收入比重为 7.8%，比 2014 年同期高 0.1 个百分点，比全部工业（4.7%）高 3.1 个百分点。

（十）回款压力明显加大

经初步季节调整，截至四季度末，煤炭产业应收账款为 4104.4 亿元，同比增长 6%，增速比上季度下降 1.9 个百分点，与主营业务收入增速呈相反走势。从回款速度来看，经计算，四季度煤炭产业应收账款周转天数为 56.4 天，比 2014 年同期增加 12.3 天。

（十一）投资大幅下降

经初步季节调整，四季度煤炭产业固定资产投资总额为 1038.3 亿元，同比下降 21%，降幅比上季度扩大 6.5 个百分点，连续五个季度呈现大幅下降走势。需要指出的是，虽然投资连续呈现同比下降走势，但增量投资仍有可能形成新增产能，政府有关部门应采取有效措施，积极引导煤炭企业加大安全生产方面的投资，禁止扩张产能。

（十二）用工持续大幅减少

经初步季节调整，四季度煤炭产业从业人员数为 465.3 万人，同比下降 7.2%，降幅比上季度扩大 0.5 个百分点，用工需求继续减少。值得注意的是，煤炭行业用工减少的幅度之大是工业各行业之中所罕见的，有关部门应对因煤炭用工急剧减少可能造成的风险予以高度重视。

2016年

综合施策初见成效　L 形底部正在构筑[*]

（一季度）

　　2016 年以来，从中央到地方各级政府大打煤炭产业脱困发展政策组合拳，着力推进供给侧结构性改革，使得煤炭产业经济运行态势相对趋稳。一季度中经煤炭产业景气指数显示，景气值为 93.8 点，较 2015 年四季度下降 0.1 点；预警指数与 2015 年四季度基本持平，仍运行在"过冷"的"蓝灯区"（图 1）。

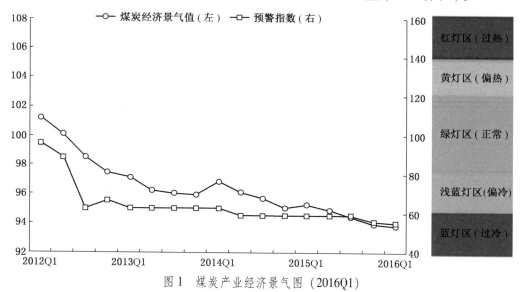

图 1　煤炭产业经济景气图（2016Q1）

---

　　* 《中国煤炭经济研究院信息要报》，2016 年第八期（总第 81 期）。参与本课题研究的除主编外还有：吴璘，管理学博士，中国煤炭经济研究院院长助理；林火灿，《经济日报》产经新闻部主任记者。

一季度煤炭产业经济主要指标中的多数仍在下行，但价格、库存、应收账款初露春光。其中：产量 8.1 亿吨，同比下降 5.3%，降幅较 2015 年四季度扩大 4.2 个百分点。主营业务收入为 4837 亿元，同比下降 15.8%，降幅与 2015 年四季度基本持平。累计进口煤炭 4846 万吨，同比下降 1.2%，较 2015 年四季度的 30% 的降幅明显收窄；累计出口煤炭 279 万吨，同比增长 185.1%，呈现明显的放大趋势。环渤海 5500 大卡动力煤价格 389 元/吨，较 2015 年末的 372 元/吨上涨 17 元/吨，上涨 4.6%；较 2015 年同期的 469 元/吨下跌 80 元/吨，下降 17%。煤炭企业存煤 1.2 亿吨，同比下降 9.4%；全国重点电厂存煤 5900 万吨，可用 18 天；秦皇岛港库存 459 万吨，同比下降 43%。应收账款 3258.7 亿元，同比增长 1.6%，但较 2015 年四季度末下降了 15.4%。利润总额为 7.5 亿元，同比下降 92.6%，降幅较 2015 年四季度扩大 38 个百分点。固定资产投资为 302 亿元，同比下降 24.5%，降幅较 2015 年四季度扩大 3.5 个百分点。

煤炭产业经济出现相对平稳走势，首先得益于党中央、国务院对煤炭产业脱困发展工作的重视。2016 年 1 月，李克强总理亲临煤炭生产一线调研，并在太原主持召开会议，明确把钢铁、煤炭产业脱困发展，作为党中央、国务院正在着力推进的供给侧结构性改革攻坚战的第一役。2 月 1 日，国发〔2016〕7 号文件下发，对煤炭产业化解过剩产能、实现脱困发展做了具体部署。之后，中央各部委和各地方政府相继出台和实施了一系列配套文件和政策措施。2015 年末以来中央主流媒体煤炭产业"隆冬季"深度调查报道等一系列媒体发声，也对煤炭产业脱困发展形成较强的舆论导向。一段时间以来，煤炭企业纷纷展开自救，通过转变经营方式、强化降本增效、加强产业自律等一系列措施应对困局，对稳定产业发展局面也做出了自身的努力、奉献了自己的力量。

对下一步的发展趋势，我们持谨慎乐观的态度。当前的世界经济回升缓慢，下行风险加大，对我国经济影响不可小觑。虽然一季度国民经济开局良好，但我国仍处于转方式、调结构的关键时期，下行压力不容忽视；煤炭主要下游产业不同程度陷入产能过剩的泥淖，难以恢复对煤炭的有效需求；煤炭企业长期处于困境，虽然供给侧结构性改革的系列措施正在发挥正态效应，但短期内还难以发生质的变化，而且还会出现新的问题，如资金链断裂等。

综合国内外因素分析，我国煤炭产业经济运行正处于供给侧结构性改革的初始期，同时也是化解与防范各类风险、解决长期积累矛盾的关键期，不可能出现 U 形乃至 V 形的产业经济运行走势，而可能如我们在 2016 年初所指出的那样，进入到较为长期的 L 形的运行阶段。

山西煤矿安监局局长卜昌森同志在 5 月 13 日中国煤炭经济 30 人论坛第十四次内部研讨会上说到，煤炭产业经济形势"今天很残酷，明天更残酷，后天很美好"，"今天的残酷"我们已经领教，"明天的残酷"我们要有心理准备，对"后天很美好"，我们一定要坚定信心，倍加努力。在当前和今后一个阶段，只要我们在党中央、国务院明确的供给侧结构性改革"三去一降一补"五大任务上基础上，结合产业实际，以化解产能过剩为主攻方向，努力减少煤炭供给、稳定煤炭价格，出清过高库存、减少超高负债，降低生产成本、扭转亏损局面，加快转型升级、完善体制机制，很美好的后天一定会到来。

"双底"形成稳中向好
上行压力仍然较大[*]

（二季度）

2016 年上半年，在供给侧结构性改革深入推进和相关政策效应不断释放的共同作用下，煤炭产能释放得到有效抑制，市场供求矛盾有所缓解，煤价企稳并有所上涨，继"政策底"形成后，又形成"市场底"。二季度中经煤炭产业景气指数比一季度下降 0.3 点；预警指数与一季度持平，继续运行在"过冷"的"蓝灯区"，但随着"双底"的形成，若调控得力，将继续朝好的方向平稳运行（图 1）。

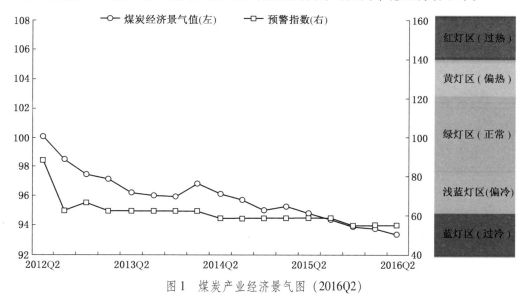

图 1 煤炭产业经济景气图（2016Q2）

* 《中国煤炭经济研究院信息要报》，2016 年第十一期（总第 84 期）。参与本课题研究的除主编外还有：吴璘、林火灿。

从具体数据看：①上半年全国煤炭产量 16.3 亿吨，同比下降 9.7%。其中，一季度 8.1 亿吨，同比下降 5.3%；二季度 8.2 亿吨，同比下降 12.2%。②上半年进口煤炭 1.08 亿吨，同比增长 8.2%。其中一季度 4846 万吨，同比下降 1.2%；二季度 5957 万吨，同比增长 17.3%。③上半年出口煤炭 467 万吨，同比增长 99.3%。其中一季度 279 万吨，同比增长 185.1%；二季度 188 万吨，同比增长 38.2%。④6 月末，煤炭企业存煤 1.2 亿吨，同比下降 8.6%，与 3 月末持平；重点发电企业存煤 5458 万吨，同比下降 16.6%，较 3 月末下降 7.5%；秦皇岛港存煤 349 万吨，同比下降 46.5%，较 3 月末下降 24%。⑤6 月末，环渤海 5500 大卡动力煤价格 401 元/吨，同比下降 4%，较 3 月末上涨 3.1%，较年初上涨 8.1%。⑥上半年主营业务收入 10222 亿元，同比下降 13%。其中，一季度 4837 亿吨，同比下降 15.8%；二季度 5385 亿吨，同比下降 10.4%。⑦6 月末应收账款 3175 亿元，同比下降 5.9%，较 3 月末下降 2.6%；回款天数 66 天，同比增加近半个月。⑧上半年利润总额 97.9 亿元，同比下降 38.5%。其中一季度 7.5 亿元，同比下降 92.6%；二季度 90.4 亿元，同比增长 55.6%。⑨上半年固定资产投资 1110 亿元，同比下降 34.1%。其中一季度 302 亿元，同比下降 24.5%；二季度 808 亿元，同比下降 37.2%。⑩6 月末从业人数为 403 万，同比减少 10.2%，较 3 月末减少 0.5%。

从以上各项具体数据可以看出：煤炭产量在全国范围内实施"276 个工作日"制度的作用下，得到了较为有效的控制。煤炭进口因价差因素有所抬头，特别是五六月份煤价反弹之后，月度进口量同比增长均超过三成；同期煤炭出口也出现大幅增长，但绝对量远远赶不上进口。煤炭库存出现较大幅度的下降，煤炭企业、重点发电企业、港口存煤均减少，其中港口存煤下降最为明显。煤炭价格从 3 月中旬开始在低位走平了两个半月的时间，终于在 5 月底迎来较大幅度的反弹。主营业务收入相对平稳，但由于煤炭价格反弹有限、煤炭产销量降低，与 2015 年同期相比仍有较大程度的下滑。应收账款略有减少，但仍处于高位。利润总额同比仍有大幅下降，但二季度随着煤价的反弹出现大幅回升。固定资产投资在产业长期低迷的影响以及严格审批、产能控制等一系列政策的引导下，出现明显的下降。从业人数在减人提效等企业自救措施和"去产能"员工分流等工作的推动下继续减少。

虽然政策与市场的"双底"已经形成，但煤炭产业经济短期内仍不具备全面复苏的条件。从世界经济看，增长仍然乏力，美国经济虽较平稳但难有大的起色，英国脱欧后的欧元区不确定因素在增多，日本经济持续低迷而且宏观经济调控政策施展空间有限，新兴市场经济体虽然在震荡中艰难复苏，但受世界范围内的政治摩擦、军事冲突、恐怖威胁等事件频频发生的影响，下行压力加大。上半年我国经济运行总体平稳、稳中有进，但由于处于世界经济长周期下行阶段，仍要承受较大的下行压力，在国民经济短周期上将沿着 L 形轨迹运行。煤炭产业经济"双底"的形成缺乏客观基础，从本质上讲具有较强的主观性和人为性。产业自身产能严重过剩等深层次问题并没有从根本上解决，资金链、安全生产等方面的风险和职工生存困难、集体讨薪事件频发、企业管理低效、产业转型升级受阻等矛盾正逐渐浮现。下游火电、钢铁产业对煤炭需求不足；建材与化工虽有所增长，但对煤炭需求的绝对贡献率不高。因此，若把控不好，如供给侧结构性改革创新力度不够、政策完善不及时、执行力弱，煤炭产业经济运行则会出现反复。

鉴于此，煤炭产业要继续坚定不移地推进供给侧结构性改革。在控产量、稳价格初见成效的有利形势下，加快去产能尤其是退出落后产能的步伐，继续落实限产政策，把好煤炭商品质量关，做好减供给这篇文章。坚持稳中求进，着力解决供给侧结构性改革进程中出现的新问题，多措并举努力化解产业资金链断裂风险，加强防范有效遏制煤矿安全事故抬头，高度重视并有效解决职工生活保障问题，妥善处理并防止群体性事件的多发，努力克服产业转型升级的阻力。煤炭企业需大胆创新，积极推进企业内部管理改革，有效精简机构，压缩管理层级，实施扁平化管理，实施精细化经营与管理，下好减能增效这盘棋，要厉行节约，增加相对利润；要通过引入第三方结算交易模式等改革措施，加快资金周转；要持续优化资产结构，减少超高负债，加大直接融资比例，有效降低财务成本；要改革用工制度，实施市场化弹性就业，推广劳务外包；要加快剥离无竞争力辅业，有效提升生产效率和经营水平，由做大做强向做优做强的发展模式转变。相信经过各方努力，政策和市场"双底"之后，煤炭产业将迎来大部分企业可以盈利运营的"产业底"。

拐点来之不易　还需鼎力巩固[*]

（三季度）

随着世界经济的弱复苏，国民经济发展进入新常态、"十三五"顺利开局，以及党中央、国务院出台一系列促进煤炭产业脱困发展和供给侧结构性改革政策并付诸科学实施，我国煤炭产业经济在经历了"十二五"以来的深度调整、进入长期的隆冬季后，终于在相继形成"政策底"和"市场底"之后，迎来了 2016 年三季度久违的曙光，若不出意外，已经形成向好的方向发展的新拐点。三季度中经煤炭产业景气指数为 94.7 点，较二季度上涨 0.9 点；预警指数为 81.5 点，较二季度上涨 18.5 点，为五年来首次上升。

从具体数据看：①煤炭供给方面。前三季度累计生产煤炭 24.6 亿吨，同比下降 10.5%。其中一季度 8.11 亿吨，同比下降 4.27%；二季度 8.16 亿吨，同比下降 13.3%；三季度 8.29 亿吨，同比下降 11.47%。前三季度累计进口煤炭 18018 万吨，同比增长 15.2%。其中一季度 4846 万吨，同比下降 1.24%；二季度 5957 万吨，同比增长 17.26%；三季度 7215 万吨，同比增长 27.72%。三季度末，煤炭企业存煤 1.15 亿吨，同比下降 14%；重点发电企业存煤 5700 万吨，同比下降 17.6%，可用 17 天，同比减少 8 天；各港口存煤数量处于低位；煤炭产业产成品资金为 957.2 亿元，同比下降 8.6%。②煤炭需求方面。前三季度煤炭产业主营业务收入 15951 亿元，较 2015 年同期减少 2554 亿元，降幅为 8.2%。其中一季度 4837 亿元，同比下降 21.2%；二季度 5385 亿元，同比下降 16.5%；

---

　　* 《中国煤炭经济研究院信息要报》，2016 年第十二期（总第 85 期）。参与本课题研究的除主编外还有：吴璘、林火灿。

三季度 5729 亿元, 同比下降 3.2%。前三季度累计出口煤炭 630 万吨, 同比增长 56.7%。其中一季度 279 万吨, 同比大幅增长 184.69%; 二季度 188 万吨, 同比增长 38.24%; 三季度 163 万吨, 同比下降 2.98%。三季度末, 环渤海 5500 大卡动力煤综合平均价格涨至 570 元/吨, 较 2015 年同期上涨 174 元/吨, 涨幅 43.9%, 较年初上涨 199 元/吨, 涨幅 53.6%。③效益方面。前三季度煤炭产业实现利润总额为 351.8 亿元, 较 2015 年同期增加 65 亿元, 涨幅为 22%。其中一季度 7.5 亿元, 二季度 90.4 亿元, 三季度 253.9 亿元, 分别同比下降 93.9%、上涨 15.3%、上涨 193%。三季度末煤炭产业应收账款为 3191.1 亿元, 同比减少 9%。④发展方面。前三季度煤炭产业固定资产投资总额为 2200 亿元, 同比下降 26%。其中一季度 301.8 亿元, 同比下降 24.5%; 二季度 808.6 亿元, 同比下降 37.1%; 三季度 1090 亿元, 同比下降 15.3%。三季度末煤炭产业资产负债率为 69.89%, 同比增加 2.19 个百分点, 环比下降 0.18 个百分点。三季度末, 煤炭从业人数减少至 403.2 万人, 同比下降 9.4%。

通过数据分析, 可以看出煤炭产业经济形势呈现出的一些新的特点。其中最大的看点是煤炭价格出现报复性反弹, 三季度末环渤海 5500 大卡动力煤价格较年初上涨 50%, 但 "有价无量", 煤炭产量仍然保持原来的下降趋势, 前三季度累计下降 10.5%, 煤炭库存出现明显下降, 三季度末产成品资金占用同比下降 8.6%。价格的报复性反弹, 还带来了进口煤的大幅增加, 前三季度累计煤炭进口量同比增加 15.2%。由于价升量减, 主营业务收入仍然下降, 并且同比下降幅度较大, 前三季度主营业务收入同比下降 8.2%。资金流出现好转, 回款速度加快, 资金占用减少。效益同比出现大幅增长, 前三季度增幅为 22%, 其中三季度增幅达 1.9 倍, 但利润率仍然低于全部工业平均水平 1.5 个点。投资继续大幅下降, 前三季度降幅达 26%。用工减少较多, 同比下降 9.4%。股票市场也做出了反应, 股票市场上煤炭板块呈上升趋势。从整体情况看, 煤炭产业呈现向好的迹象。而且考虑到季度因素, 这种价格报复性反弹有望在四季度延续。如果不出意外, 煤炭产业经济形势有望实现好转。

当然, 这种来之不易的拐点还有很多不确定性因素, 基础也并不稳固, 我们应客观分析, 不能掉以轻心。首先, 从整体看, 世界经济尚处于第五次长周期的下行阶段，并呈现中周期弱复苏与小周期向下调整交错的特征，推动世界经济长期向好的新技术、新产业尚在孕育之中。世界经济没有出现根本性好转。全球政治格局处于大变革时代，经济格局正在重新国别定位，恐怖事件时有发生。英国脱欧、美元升值、人民币大幅贬值、黄金、石油等大宗商品市场震荡，全球资本市场不稳定，结构性问题突出等因素增加了经济复苏的不确定性。其次，从国民经济来看，尽管"十三五"开局良好，经济结构出现好的调整趋势，第三产业贡献率有较大提高，物价相对稳定，国际化步伐加快，人民币入篮、"一带一路"倡议实施、亚投行开业运营、高铁核电技术走出国门等正在发挥积极作用，但目前经济仍处于 L 形的筑底阶段，传统产业的过剩问题尚没有得到很好解决，作为经济增长第一推动力的投资持续缩水，有效需求不足，金融市场低迷，国际贸易乏力，居民收入停滞不前，房价居高不下，短周期的经济波动在所难免，中国制造 2025、"一带一路"等发展战略仍需等待时间的发酵。再次，煤炭下游产业普遍不给力。电力部门因煤价报复性上升将会受到成本过快提升的重创；钢铁作为第二煤炭消费大户，在一季度出现短暂好转之后继续萎靡不振；煤化工受石油价格等因素影响，经营状况欠佳，不少项目仍亏损运行；水泥建材受环境政策影响需求不旺。最后，煤炭产业自身发展状况没有得到根本改善。产能过剩问题一时难以改观，产业负债率过高的深层问题没有得到解决，融资难、融资贵问题仍然十分突出，资本市场的功能不能有效发挥，导致产业长期非健康发展的产业集中度过低、税费负担过重等问题仍然存在，而且随着能源结构调整速度的加快，煤炭有效需求难以增加。因此，从世界经济、国民经济、下游产业和产业自身情况看，煤炭产业复苏和稳固的基础并不牢靠，难免会出现反复，而且还可能出现新的问题，如曾经出现的产业资金链断裂问题，可能出现的能源安全保障度过低等问题。

对于来之不易的拐点，尚需鼎力巩固，其中特别是要稳定脱困发展政策。要深刻认识当前煤炭产业投资与效益问题。作为产业发展第一推动力的产业投资大幅下降并远落后于社会投资水平，既是产业对市场变化的自我适应与调整，也是产业可持续发展动力缺失、结构调整与转型升级滞后的表现，需要格外关注。产业利润的大幅提升，一部分是产品价格回升的结果，还有很大一部分是前期大面积裁员降薪降低人力成本、供给侧结构性改革财政补贴替代企业成本、应对资金链断裂风险实施债务重组或停息挂账的贡献。短期内煤炭产业的风险不会很大，再次向下调整可能会在 2017 年一季度，而后呈稳步上行趋势。我们应抓住这来之不易的拐点形成期，站在长远发展的高度，保持政策的稳定性，继续打好煤炭产业脱困发展政策组合拳，坚定不移地推进供给侧结构性改革，继续加大去产能、去杠杆的力度，优化生产秩序，有序、集中释放一部分先进产能，加快淘汰落后产能与相对落后产能，形成"良马驱逐劣马"的健康局面。要加快煤炭企业并购重组步伐，努力提高产业集中度，为优秀企业实施并购重组提供必要支持，在融资、税收等方面创造并购重组的良好条件，引导企业进行跨区域、跨产业、跨所有制发展，积极推动区域性乃至跨区域煤炭企业大集团的形成，打造一批亿吨级的煤炭企业大集团。要利用来之不易的好形势，补好短板，加快结构调整、促进转型升级；加快去杠杆，实施补欠账，特别是要及时补上欠发工资，努力恢复正常工资，保障并提高职工生活水平。要努力夯实产业可持续发展的基础，实现稳中求进的产业新局面，迎接为期不远的产业复苏，再铸产业辉煌。

后势趋稳向好　改革仍需深化[*]

（四季度暨年度）

一、目前我国煤炭产业经济形势的总体判断：走出隆冬季节，后势趋稳向好

随着世界经济弱复苏，国民经济发展缓中趋稳、稳中向好，特别是党中央、国务院一系列促进煤炭产业脱困发展和供给侧结构性改革政策的科学实施，我国煤炭产业经济逐渐走出"十二五"以来长时间的、深度调整的隆冬季，在 2016 年相继形成"政策底"和"市场底"，形成趋稳向好的发展态势。

2016 年四季度中经煤炭产业景气指数为 97.2 点，较三季度上涨 2.5 点；预警指数为 96.3 点，较三季度上涨 14.8 点，回升至"绿灯区"（图 1）。

二、我国煤炭产业经济主要数据

2016 年煤炭产业最大的看点是下半年煤炭价格出现报复性反弹，煤炭库存出现明显下降，进口煤大幅增加，但煤炭产量仍延续原来的下降趋势。由于价升量减，主营业务收入仍然下降。资金流出现好转，回款速度加快，资金占用减少。效益同比出现大幅增长，但利润绝对值仍处较低水平。投资继续大幅下降，用工减少较多。

（一）供给

＊ 《中国煤炭经济研究院信息要报》，2017 年第三期（总第 93 期）。参与本课题研究的除主编外还有：吴璘；林火灿；赵美娜，北京邮电大学经济管理学院硕士。

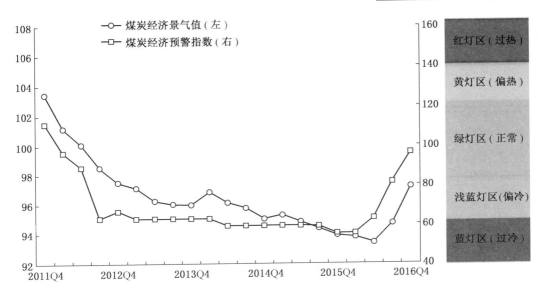

图 1 煤炭产业经济景气图 (2016Q4)

1. 生产

2016 年全年累计生产煤炭 33.6 亿吨，同比下降 9.4%，延续了自 2015 年出现十几年以来的首次负增长之后的下降趋势。其中，一季度产煤 8.11 亿吨，同比下降 4.27%；二季度产煤 8.16 亿吨，同比下降 13.3%；三季度产煤 8.29 亿吨，同比下降 11.47%；四季度产煤 9.01 亿吨，同比下降 6.1%（图 2）。

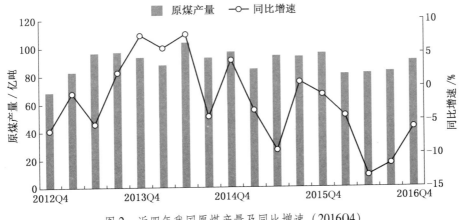

图 2 近四年我国原煤产量及同比增速 (2016Q4)

2. 进口

2016 年累计进口煤炭 2.56 亿吨，同比增长 25.2%；净进口煤炭 2.47 亿吨，同比增加 24.2%。其中，一季度进口 4846 万吨，同比下降 1.24%；二季度进口 5957 万吨，同比增长 17.26%；三季度进口 7215 万吨，同比增长 27.72%；四季度进口 7539 万吨，同比增长 58.1%。增长速度不断加快（图 3）。

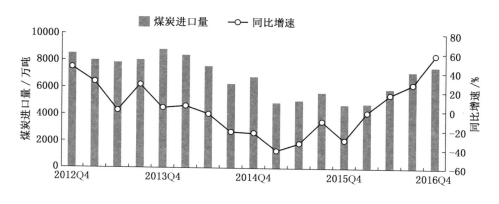

图 3　近四年我国煤炭进口量及同比增速（2016Q4）

3. 库存

2016 年底，重点煤炭企业存煤 9300 万吨，较年初下降 27%；全国重点电厂存煤 6546 万吨，较年初下降 11%，可用 16 天；秦皇岛港库存 711 万吨，同比增加 90.4%。

2016 年底，煤炭产业产成品资金占用为 950 亿元，同比下降 9%。一季度末煤炭产业产成品资金为 921.8 亿元，同比下降 6.1%；二季度末煤炭产业产成品资金为 930.1 亿元，同比下降 9.7%；三季度末煤炭产业产成品资金为 916.4 亿元，同比下降 9.8%（图 4）。

（二）需求

1. 收入

2016 年煤炭产业主营业务收入 23210 亿元，较 2015 年同期减少 1784 亿元，降幅为 7%。其中，一季度主营业务收入为 4837 亿元，同比下降 21.2%；二季

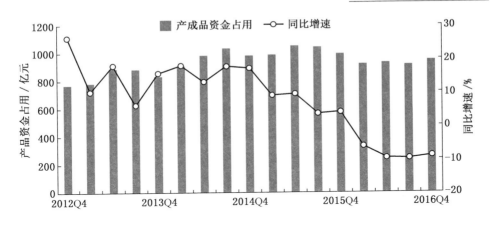

图 4　近四年我国煤炭产业产成品资金占用及同比增速（2016Q4）

度主营业务收入为 5385 亿元，同比下降 16.5%；三季度主营业务收入为 5729 亿元，同比下降 3.2%；四季度主营业务收入为 7260 亿元，同比增长 12%。

在三季度、四季度煤炭平均价格同比增长 14.4%、58.2% 的情况下，主营业务收入分别同比下降 3.2%、增长 12%，煤炭价格大幅上涨，主营业务收入并没有随之大幅增加，呈现明显的"价升量减"的特征（图 5）。

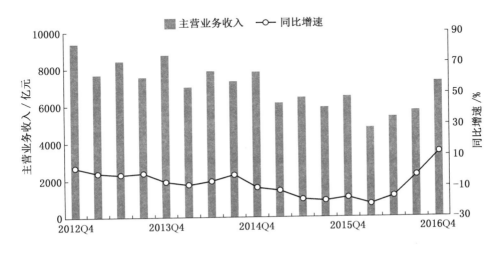

图 5　近四年我国煤炭产业主营业务收入及同比增速（2016Q4）

2. 出口

2016 年累计出口煤炭 878 万吨，同比增长 64.5%。其中，一季度出口煤炭 279 万吨，同比大幅增长 184.69%；二季度出口煤炭 188 万吨，同比增长 38.24%；三季度出口煤炭 163 万吨，同比下降 2.98%；四季度出口煤炭 248 万吨，同比增加 89% （图 6）。

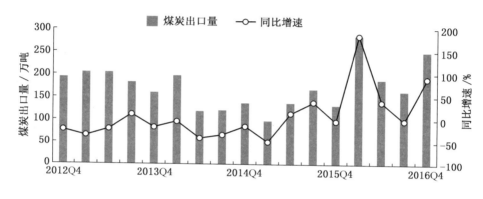

图 6　近四年我国煤炭出口量及同比增速 （2016Q4）

3. 价格

2016 年以来煤炭价格出现回升，并在下半年出现快速上涨。一季度末、二季度末、三季度末环渤海 5500 大卡动力煤平均价格分别为 389 元/吨、414 元/吨、570 元/吨。2016 年 11 月 2 日，该价格触及 607 元/吨的高位。12 月底，调整至 593 元/吨，较年初 371 元/吨上涨 222 元/吨、涨幅 60%。生产者出厂价格总水平收至 128% （以 2015 年同期为 100%），较一季度、二季度、三季度的 97.2%、89.8%、97.7% 有明显改善 （图 7）。

（三）效益

1. 利润

2016 年煤炭产业实现利润总额为 1090.9 亿元，较 2015 年同期增加 650.1 亿元，涨幅为 223.6%。其中，一季度为 7.5 亿元，二季度为 90.4 亿元，三季度为 253.9 亿元，四季度为 739.1 亿元，分别同比下降 93.9%、上涨 15.3%、上涨

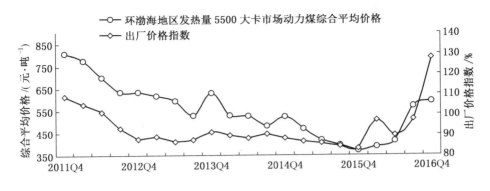

图 7 近四年我国煤炭价格走势（2016Q4）

193%、上涨 381%。由于 2015 年同期基数较低，随着 2016 年下半年煤炭价格的快速反弹，产业利润总额出现较大的同比增幅，但产业整体利润在绝对量上并没有特别大的起色。受煤炭价格上涨影响，煤炭产业销售利润率快速回升，四季度销售利润率达到 9.8%，比全部工业平均销售利润率高出 3.8 个百分点（图 8）。

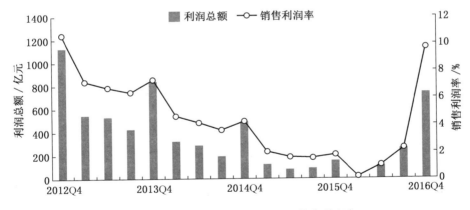

图 8 近四年我国煤炭利润总额及销售利润率

2. 回款

2016 年底，煤炭产业应收账款为 3542 亿元，同比减少 8%。一季度末应收账款为 3258.7 亿元，比 2015 年同期增长 1.6%；二季度末应收账款为 3174.8 亿元，比 2015 年同期下降 5.9%；三季度末为 3191.1 亿元，同比减少 9%（图 9）。

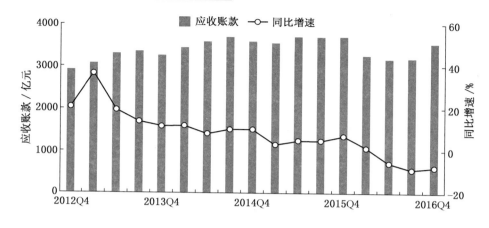

图 9　近四年我国煤炭产业应收账款及同比增速（2016Q4）

从回款速度来看，四季度煤炭产业应收账款周转天数为 46 天，比 2015 年同期减少 10 天，资金周转效率有较明显提升。一季度应收账款周转天数为 61.2 天，比 2015 年同期增加 14.8 天；二季度应收账款周转天数为 66 天，为 2004 年以来最高，比 2015 年同期增加 14 天；三季度应收账款周转天数为 54.3 天，比 2015 年同期减少 0.5 天（图 10）。

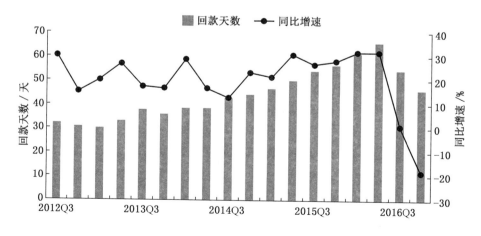

图 10　近四年我国煤炭产业回款天数及同比增速（2016Q3）

（四）发展

1. 投资

2016 年煤炭产业固定资产投资总额为 3038 亿元，较 2015 年同期减少 970 亿元，降幅为 24.2%，延续 2014 年以来的负增长趋势。其中，一季度固定资产投资总额为 301.8 亿元，同比下降 24.5%；二季度固定资产投资总额为 808.6 亿元，同比下降 37.1%；三季度固定资产投资总额为 1090 亿元，同比下降 15.3%；四季度固定资产投资总额为 838 亿元，同比下降 19.1%（图 11）。在全年全社会固定资产投资同比增加 8.1% 的情况下，煤炭产业固定资产投资仍然大幅下降。

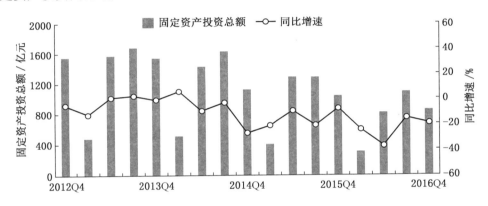

图 11　近四年我国煤炭产业固定资产投资总额及同比增速（2016Q4）

2. 用工

受煤炭产业去产能的影响，从业人员较 2015 年出现大幅下跌，2016 年四季度末，从业人数减少至 401 万人，同比下降 9%。一季度从业人数 429.2 万人，同比减少 7.5%；二季度从业人数 407.4 万人，同比减少 9.3%；三季度从业人数 403.2 万人，同比减少 9.4%（图 12）。

三、对我国煤炭产业经济形势的客观分析：基础仍不牢固，发展任重道远

当然，煤炭产业经济这种趋稳向好的发展态势，还有很多不确定性因素，基础也并不稳固，我们应理性看待，科学应对。

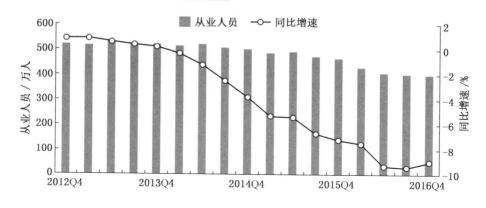

图 12　近四年我国煤炭产业从业人员及同比增速（2016Q4）

首先，世界经济尚处于第五次长周期的下行阶段，并呈现中周期弱复苏与小周期向下调整交错的特征，推动世界经济长期向好的新技术、新产业尚在孕育之中。世界经济没有出现根本性好转。全球政治与经济格局都处于大变革时代，恐怖事件时有发生，南海争端未息，东北亚政治矛盾加剧，全球经济逆一体化、贸易保护主义抬头，经济格局正在重新国别定位。英国脱欧、美元升值、人民币大幅贬值，黄金、石油等大宗商品市场大幅震荡，全球资本市场不稳定，结构性问题突出等因素增加了经济复苏的不确定性。

其次，从国民经济来看，尽管"十三五"开局良好，经济结构出现好的调整趋势，第三产业贡献率有较大提高，物价相对稳定，国际化步伐加快，人民币入篮、"一带一路"、亚投行、高铁核电出口等正在发挥积极作用，但目前经济仍处于 L 形的筑底阶段，传统产业的过剩问题进入化解攻坚期，工业转型升级难度加大，作为经济增长第一推动力的投资持续缩水，有效需求不足，金融市场低迷，国际贸易乏力，汇率稳定问题突出，居民收入停滞不前，房价居高不下，短周期的经济波动在所难免，中国制造 2025、一带一路等发展战略仍需等待时间的发酵。

再次，煤炭下游产业有效需求难有起色。电力部门因煤价报复性上升将会受到成本过快提升的重创，火电过剩问题加剧；钢铁作为煤炭第二消费大户，产能过剩问题仍较突出；煤化工受石油价格、税费政策等因素影响，经营状况欠佳；

水泥建材业结构调整、去产能任务较重，受经济周期与环境问题影响，需求不旺。

最后，煤炭产业自身发展状况没有得到根本改善。产能过剩问题一时难以改观，产业负债率过高的深层问题没有得到有效解决，融资难融资贵问题仍然十分突出，导致产业长期非健康发展的产业集中度过低、税费负担过重等问题仍然存在，转型升级十分困难，而且随着能源结构调整速度的加快，煤炭有效需求难以增加。尤其是作为产业发展第一推动力的产业投资大幅下降并远落后于社会投资水平，将导致产业可持续发展动力缺失，需要格外关注。产业利润短期内的大幅提升，一部分是产品价格回升的结果，还有很大一部分是供给侧结构性改革财政补贴、前期大面积裁员降薪的成分，使人力成本利润化。本质上看，产业经济效益并非如此乐观。

因此，从世界经济、国民经济、下游产业和产业自身情况看，煤炭产业趋稳向好的基础并不牢靠，难免会出现反复，而且还可能出现新的问题，如曾经出现的产业资金链断裂问题，煤炭价格的疯涨，可能出现的能源安全保障度过低等问题。

四、对下一步发展的一些想法：保持政策稳定，继续深化改革

面对来之不易的趋稳向好的发展局面，业内业外、宏观中观微观各层面要联起手来，抓住历史机遇，站在长远发展的高度，保持政策的稳定性，继续深化改革，打好产业脱困发展政策组合拳，深入推进产业供给侧结构性改革。要继续加大去产能的力度，持续优化生产秩序，加快淘汰落后产能与相对落后产能，有序、集中释放一部分先进产能，形成良马驱逐劣马的健康局面；要加大去杠杆力度，稳妥推进市场化债转股工作，利用股市相对稳定、IPO 加速的机遇，增加直接融资；要改善供需关系，规范交易行为，科学调控煤炭供给总量，努力保持市场稳定；要加快煤炭企业并购重组步伐，努力提高产业集中度，积极推动区域性乃至跨区域、跨产业、跨所有制煤炭企业大集团的形成；要加大科技创新力度，补齐短板，加快结构调整、促进转型升级，努力夯实产业可持续发展的基础，实现稳中求进、稳中向好的产业新局面。

2017年

"双底"构筑成功　后势尚需努力[*]

（一季度）

2017 年一季度中经煤炭产业景气指数为 109.5 点，较 2016 年四季度上涨 13.6 点。煤炭产业经济在 2016 年相继形成"政策底"和"市场底"后，2017 年一季度继续了保持趋稳向好的发展态势。

从具体数据看：①供给方面。一季度累计生产煤炭 8.09 亿吨，同比下降 0.3%，降幅较 2016 年四季度的 6.1% 明显收窄。累计进口煤炭 6471 万吨，同比增长 33.8%；净进口煤炭 6226 万吨，同比增长 36.3%。进口增速较 2016 年四季度的 58.1% 有所回落。一季度末，煤炭产业产成品资金占用为 831.5 亿元，同比下降 4.4%。降幅较 2016 年四季度的 9.1% 有所收窄。②需求方面。一季度煤炭产业主营业务收入 6461 亿元，同比增长 41.7%。延续了 2016 年四季度以来的增长趋势，增幅较 2016 年四季度的 11% 明显扩大。累计出口煤炭 245 万吨，同比下降 12.1%。与 2016 年四季度的 89% 的增速相比，呈收缓态势。煤炭价格维持在较高水平。环渤海 5500 大卡动力煤平均价格季度末维持在 605 元/吨的水平，同比上涨 55.5%，较年初上涨 2%。出厂价格指数同比增长 39.6%。③效益方面。一季度煤炭产业实现利润总额为 708.7 亿元，2016 年同期为 -6.5 亿元，延续了 2016 年四个季度利润总额持续增长的态势，2016 年四季度增速为 381%。一季度末煤炭产业应收账款为 2789.5 亿元，同比减少 1.9%，但较 2016 年四季

---

　　* 《中国煤炭经济研究院信息要报》，2017 年第八期（总第 98 期）。参与本课题研究的除主编外还有：吴璘、林火灿。

度末的 3121 亿元也有所减少。④发展方面。一季度煤炭产业固定资产投资总额为 254 亿元，同比下降 15.8%，降幅较 2016 年四季度的 19.1% 有所收窄。延续了 2014 年以来的负增长趋势。也远落后于一季度全社会固定资产投资 9.2% 的同比增速。受煤炭产业去产能的影响，从业人员继续大幅减少，一季度末从业人数减少至 361 万人，同比下降 9%，降幅与 2016 年四季度持平。

形势的好转实属来之不易，是中央整体部署、国家有关部委综合施策、地方政府积极响应、社会力量广泛参与、煤炭企业有序推进的产业供给侧结构性改革"三去一降一补"等重点任务实施的成果。

后势的稳固尚需上下努力。虽然煤炭产业经济"双底"构筑成功，并呈现趋稳向好的发展态势，但目前看，还有很多不确定性因素，向好的基础也并不稳固，应理性看待。目前，世界经济尚处于第五次长周期的下行阶段，并呈现中周期弱复苏与小周期向下调整交错的特征，推动世界经济长期向好的新技术、新产业尚在孕育之中。世界经济没有出现根本性好转，全球政治与经济格局都处于大变革时代，国际关系重新洗牌，经济格局正在重新国别定位，恐怖事件时有发生，局部政治矛盾加剧，美元升值、人民币大幅贬值，黄金、石油等大宗商品市场大幅震荡，全球资本市场不稳定。从国民经济来看，尽管"十三五"开局良好，2017 年一季度保持了稳中向好的发展势头、GDP 增速维持在 6.9% 的较好水平，但同时也要看到，当前经济向好有周期性等因素，经济结构调整任重道远，面临不少挑战，短周期的经济波动依然存在，中国制造 2025、一带一路、雄安新区建设等重大发展战略仍需等待时间的发酵，经济复苏尚需努力。再从煤炭下游产业看，形势也不乐观，有效需求难有起色。电力部门因煤价因素受到成本过快提升的重创，火电过剩问题加剧。钢铁作为煤炭第二消费大户，产能过剩问题仍较突出。煤化工经营状况欠佳，特别是煤制油受石油价格、税费政策等因素影响，发展迟缓。水泥建材业短期内需求有所增加，但受经济转型与环境问题影响，产业结构调整任务较重。煤炭产业自身发展状况也没有得到根本改善，去产能推进工作难度愈来愈大，产业负债率过高的深层次问题没有得到有效解决，融资难融资贵问题仍然十分突出，导致产业长期非健康发展的产业集中度过低、税费负担过重等问题仍然存在，转型升级十分困难。还有诸如拖欠职工工资、科技研发、安全与环保等方面产业欠账需要尽快弥补。社会上也存在诸如"煤矿 276个工作日减量化生产措施"的争议、煤炭价格争端、融资受抑等一些不利因素。

煤炭产业仍要继续坚持改革发展创新，巩固来之不易的趋稳向好的发展局面，努力夯实产业可持续发展的基础。①要继续深化供给侧结构性改革。自供给侧结构性改革开始以来，"三去一降一补"重点改革任务中，去产能、去库存、降成本均取得了不错的成绩，而去杠杆、补短板则是进展相对缓慢，特别是去杠杆收效甚微，有些地方有的企业还在加长。现阶段有必要将去杠杆作为重点任务，通过实施市场化、法治化债转股、拓宽直接融资渠道等多种方式主动积极地降低企业负债率，努力化解债务风险。②要稳中求进、转型发展。煤炭产业的稳，是要稳供给，确保国家能源安全；是要稳市场，防止煤价大幅波动；是要确保矿区和社会稳定；是要稳产业大军。稳是策略，是要实现战略上的进，实现产业的调结构、转方式、求发展。煤炭产业发展要以转型升级为主攻方向，加大科技创新力度，加快结构调整，推动煤炭产业以开采为主的发展模式向开采与深加工并重的发展模式转变、由一般的资源型产业向高新技术产业转型、由燃料向燃料与原料并举转变，发展煤制油等煤炭深加工产业正是契合煤炭产业转型升级要求的重大发展战略。③要加大创新力度。努力实施资源、投资、劳动就业、科技研发、人力资源开发与管理等要素配置体制创新。努力实施产权、产业、企业等管理制度创新。努力实施运行机制创新，树立市场经济新理念，突出市场在煤炭经济运行中的决定性作用；建立系统完整、信号准确、交易公平、竞争有序、保障有力的煤炭产业要素交易市场；形成市场化落后产能退出机制，实现市场化的煤炭供给机制；建立相应的激励机制、约束机制、协调机制和保障机制。

总体平稳　稳中有进　稳中向好
脱困发展　仍需攻关　尚待努力[*]

（二季度）

报告通过供给、需求、效益和发展四个维度 10 个指标的分析，认为 2017 年上半年我国煤炭产业经济形势"总体平稳　稳中有进　稳中向好"；由于世界经济形势的好转和我国供给侧结构性改革的深化，煤炭有效供给持续增加、市场需求稳中有增、价格理性回归，若不出现重大失误和不可预见的重大事件，产业经济形势将继续稳中向好。报告还认为，由于产能过剩、负债过高、负担过重等老问题没有根除，加之新问题不断出现，煤炭产业"脱困发展　仍需攻关　尚待努力"；建议在保持大局稳定的前提下着力谋进：统筹兼顾，把握供给侧结构性改革各项任务之间的平衡；分类施策，有效促进先进产能的发展；多措并举，积极稳妥降低国有企业杠杆率；补欠降负，进一步减轻企业负担，把清费正税工作进行到底；加强研究，致力形成基于理性预期基础上的煤炭产业管理体系。

一、煤炭产业经济运行平稳回暖

2017 年上半年，我国煤炭产业经济在 2016 年下半年形成的强势反弹基础上，告别"隆冬"，渐入"初春"，平稳回暖。煤炭供需基本平衡，库存合理，主营业务收入大幅增加，市场价格趋于稳定，盈利水平大幅提高，固定资产投资

＊ 《中国煤炭》，2017 年第 43 卷第 8 期。

参与本课题研究的除主编外还有：吴璘；林火灿；陈秀兰，产业经济学博士后，中国矿业大学（北京）副教授；王蕾，经济学硕士，北京绿能煤炭经济研究基金会。

和用工扭转颓势。

（一）供给

1. 生产

2017年上半年累计生产煤炭17.13亿吨，同比增长5%，增速较2016年同期增加14个百分点。其中，第一季度产煤8.09亿吨，同比下降0.3%。自4月起，产量增加较为明显。第二季度产煤9.03亿吨，同比增加10.66%（图1）。

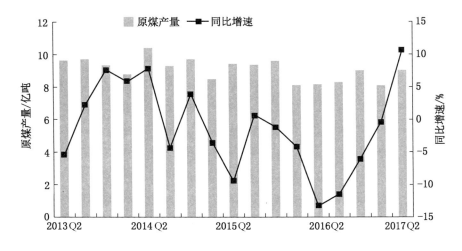

图1　2013Q2—2017Q2我国原煤产量及同比增速

2. 进口

上半年累计进口煤炭1.33亿吨，同比增长23.5%，增速较2016年同期增加15.3个百分点；净进口煤炭1.28万吨，同比增长23.7%，增速较2016年同期增加17.7个百分点。其中第一季度进口6471万吨，同比增长33.8%；第二季度进口6855万吨，同比增长15.07%（图2）。

3. 库存

6月末，重点煤炭企业存煤7800万吨，同比下降40%；全国重点电厂存煤6668万吨，同比上升22.1%，可用20天；秦皇岛港库存545万吨，同比增加55.9%。

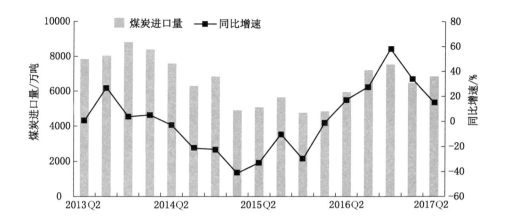

图 2　2013Q2—2017Q2 我国煤炭进口量及同比增速

6 月末，煤炭产业产成品资金占用为 866.4 亿元，同比下降 4.3%。降幅与一季度末的-4.4% 基本持平，较 2016 年末的-9.1% 有所收窄（图 3）。

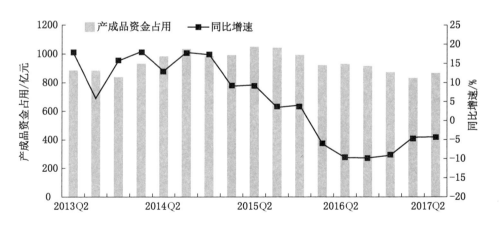

图 3　2013Q2—2017Q2 我国煤炭产业产成品资金占用及同比增速

（二）需求

1. 收入

上半年主营业务收入 13353.4 亿元，同比增长 37.6%，增速较 2016 年同期增加 56.4 个百分点。其中，第一季度为 6460.9 亿元，同比增加 41.7%；第二季度为 6892.5 亿元，同比增加 28%（图 4）。

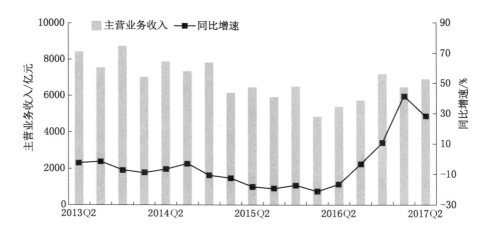

图 4　2013Q2—2017Q2 我国煤炭产业主营业务收入及同比增速

　　2. 出口

上半年累计出口煤炭 538 万吨，同比增长 15.1%，增速较 2016 年同期减少 84.5 个百分点，呈明显收缓态势。其中第一季度出口煤炭 245 万吨，同比下降 12.1%；第二季度出口煤炭 293 万吨，同比增长 55.85%。虽然出口增速波动较大，但出口的绝对量对煤炭进出口市场影响较小（图 5）。

　　3. 价格

6 月末环渤海 5500 大卡动力煤平均价格指数为 577 元/吨，同比上涨 43.9%，较年初下跌 2.7%。6 月末，出厂价格指数为 133.2%（2016 年同期为 100%）。有必要指出，环渤海 5500 大卡动力煤平均价格指数在 2016 年末连续下调后，曾在 2017 年春节过后恢复上涨态势，在一季度末达到 606 元/吨，此后出现下调，6 月初跌至 562 元/吨，随后又出现反弹，至 7 月 25 日已有 21 元/吨的涨幅（图 6）。

（三）效益

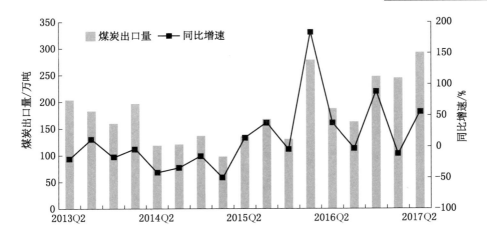

图 5 2013Q2—2017Q2 我国煤炭出口量及同比增速

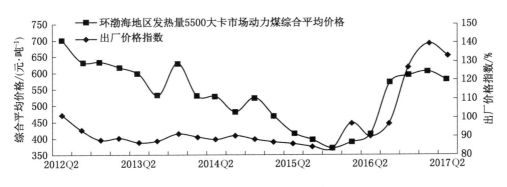

图 6 2012Q2—2017Q2 我国煤炭价格走势

1. 利润

2017 年上半年我国煤炭产业实现利润总额为 1474.7 亿元，较 2016 年同期增长 1968.3%。其中，一季度为 708.7 亿元，同比增长 9349%，二季度为 766 亿元，同比增长 747%。受煤炭价格上涨影响，2017 年上半年煤炭产业销售利润率达到了 11%，高于全部工业平均销售利润率 4.9 个百分点（图 7）。

2. 回款

6 月末我国煤炭产业应收账款为 2858.8 亿元，同比增加 3.6%。较一季度末的 2789.5 亿元，增加了 2.48%；但较 2016 年末的 3121 亿元减少了 8.4%（图 8）。

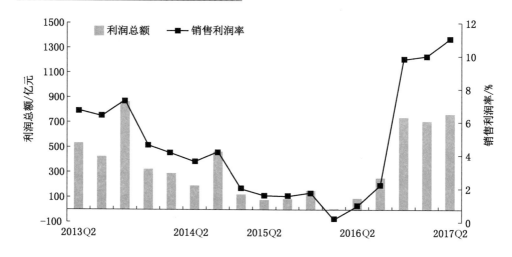

图 7　2013Q2—2017Q2 我国煤炭产业利润总额与销售利润率

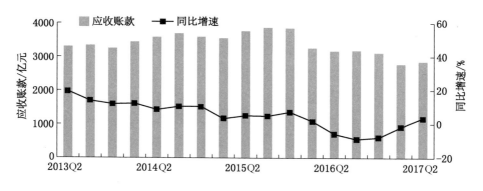

图 8　2013Q2—2017Q2 我国煤炭产业应收账款及同比增速

从回款速度看，上半年煤炭产业应收账款周转天数为 38.5 天，比 2016 年同期减少 27.5 天，较上年末减少 7.5 天，资金周转效率显著提升，情况大为好转（图 9）。

（四）发展

1. 投资

固定资产投资总额为 1113 亿元，同比增长 0.2%，增速较 2016 年同期增加

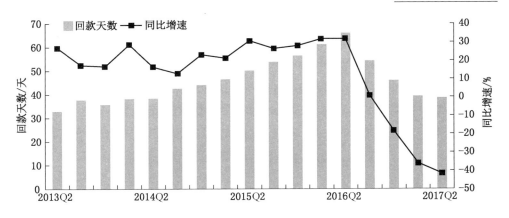

图 9 2013Q2—2017Q2 我国煤炭产业回款天数及同比增速

34.2 个百分点。其中，一季度固定资产投资总额为 254 亿元，同比下降 15.8%；二季度固定资产投资总额为 859 亿元，同比增加 6.24%（图 10）。

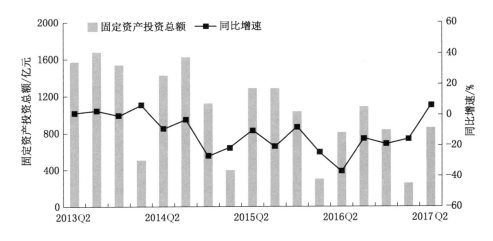

图 10 2013Q2—2017Q2 我国煤炭产业固定资产投资总额及同比增速

2. 用工

受煤炭产业去产能持续推进的影响，从业人员在一季度减少明显，由 2016

年末的 401 万人减少至一季度末的 361 万人，二季度末从业人数基本与一季度末持平（图 11）。

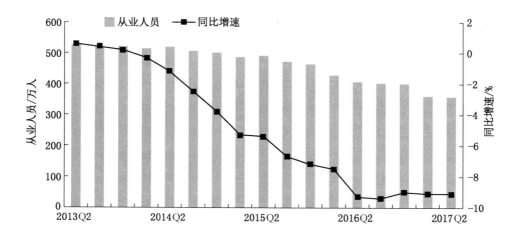

图 11　2013Q2—2017Q2 我国煤炭产业从业人员及同比增速

二、平稳回暖的原因

2017 年半年煤炭产业经济平稳回暖、稳中有进、稳中向好形势的出现，首先得益于世界经济形势有所好转。上半年全球经济复苏的速度与广度为近年来最佳。发达经济体回暖。美国经济复苏态势稳定、就业充分；欧元区经济连续温和复苏、就业率有所好转；日本经济好于预期、就业形势大为改善。原油等大宗商品价格走出低谷，并经历了较长时间的反弹；制造业迎来周期性复苏；全球贸易、投资状况得到改善。以中国为代表的亚洲新兴市场和发展中经济体经济逐步企稳、实现稳定增长。

中国经济作为世界经济的一部分，在传导机制作用下，加上前所未有的主动参与和引领，出现了积极的变化。2017 年一、二季度我国国民经济增速均实现了 6.9%的好成绩，主要经济指标在合理区间运行，总体超出预期，实现了稳中向好、稳中有进的良好发展态势；而且实现了经济结构的进一步优化，消费、投资、出口均衡增长，区域协同联动效应开始显现。这为煤炭产业经济回暖提供了有利的宏观经济环境。

在国民经济稳中有进的驱动下，增长动力持续转换，新动能不断增强，能源消费增速提高，结构不断优化，转型升级步伐加快，发展质量和效率不断提高。除建材外，火电、钢铁、化工用煤均出现正增长，特别是在多方共同努力下，煤炭产业供给结构、供给质量也有了较大改观。2016 年以来，煤炭产业认真贯彻落实党中央、国务院关于煤炭产业供给侧结构性改革的一系列重大决策部署，以"壮士断腕"的勇气推进"去产能"，不断加大"调结构"力度，并在"限产量""稳价格"等方面付出了巨大的代价，做出了巨大的努力。其中，自 2016 年开始实施的"煤矿 276 个工作日"减量化生产措施，对扼制煤炭产业经济形势继续恶化、改善煤炭供需关系、促使煤炭价格触底反弹起到了积极的作用，使得煤炭产业经济恢复到相对健康、稳定的运行态势。

三、发展趋势分析

纵观下半年，从世界经济发展看，积极因素不断增多，通缩压力正在减弱，消费品价格温和回升，大宗商品摆脱低迷，金融市场保持相对稳定，贸易投资进一步活跃。下半年世界经济有望在渐入佳境的发展惯性下，保持温和复苏的态势。

中国在世界经济发展中的引领作用将进一步增强。随着供给侧结构性改革的不断深化、经济结构的持续优化、供求关系发生的实质性变化，经济发展长期向好的基本面将进一步改观，并在"一带一路"等重大战略的推进中，继续引领世界经济的向好发展。

最近，习近平总书记在中共中央政治局会议上讲话指出，"要更好把握稳和进的关系，稳是主基调，要在保持大局稳定的前提下谋进。"这既是对上半年经济平稳运行的肯定，也是对下半年经济蓝图的勾画。经济发展这一总基调的进一步明确，是我国经济形势继续向好的基本保证。

随着国内外经济形势的进一步好转，能源消耗对煤炭需求有望在下半年保持温和增长。在向好的经济形势下，传统耗能产业能源需求有望保持平稳增长；随着金融对实体经济支持力度的加大，制造业用能将保持增长；伴随着转型升级步伐的加快，战略性新兴产业、服务业等用能也将继续呈现增长态势。这些都将对煤炭需求的温和增长形成重要支撑。

基于此，我们认为，随着供给侧结构性改革的不断深化、有效供给的持续增加、市场需求的稳中有增、煤炭价格的理性回归，若不出现重大失误和不可预见的重大事件，煤炭产业经济形势将继续稳中向好。

四、脱困发展尚需努力 "闯关"任务依然艰巨

习近平总书记在 7 月 21 日主持召开的党外人士座谈会上指出 "我国经济仍处在结构调整的过关期"。煤炭产业经济形势平稳回暖，并不等于产业自身发展状况得到根本改善，产能过剩、负债过高、负担过重等老问题没有根除，一些新问题又在不断产生，"闯关"任务同样艰巨。

多数煤炭企业经营状况并没有出现根本性的好转。产业效益巨大的同比增幅源于去年同期的利润基数较低，而且产业利润主要集中于少数企业，大部分煤企仍然经营困难。从中煤协统计的数据看，90 家大型煤炭企业 2017 年前 5 月实现利润总额 514 亿元，而前五家企业实现利润则为 770 亿元，其中神华集团实现利润占比在一半左右。

欠账问题值得关注。在此轮煤炭产业景气下行并陷入困境的阶段，很多企业都以牺牲劳动力成本即降薪裁员等方式维系简单再生产，甚至将维简、维修、安全、环保等费用压缩到了极限。目前，只有为数不多的煤炭企业实现了 "补欠账"。许多煤炭企业在补安全欠账、环保欠账、职工工资及社保欠账等方面依然压力较大。

企业杠杆居高不下。由于行政化的去产能与市场化的去杠杆不同步，去产能退出矿井债务分割处置得不到政策保障，企业去了产能去不了债务，资产负债率没有随着去产能而降低，反而有所上升，由 2015 年底的 67.9% 上升为 2016 年末的 69.5%。2017 年降杠杆虽有所成效，但截至 2017 年 6 月底，煤炭产业整体资产负债率仍保持在 68.7% 的高位。

发展先进产能成本过高。煤矿产能置换政策实施一段时间以来，对平衡先进

产能建设与落后产能淘汰的关系、化解煤炭过剩产能、推动煤炭产业转型升级起到了积极的促进作用。由于市场化煤炭产能置换指标交易平台建设、煤炭产能置换长效机制建设的相对滞后，出现了一些置换指标价格虚高、产能置换成本过高的现象，不利于先进企业先进产能的发展。虽然上半年产业投资增速由负转正，但仍远落后于全国固定资产投资 8.6% 的平均增速。

改革措施难以落地。煤炭产业供给侧结构性改革不断深化的过程中，出现了一些新的困难和矛盾。特别是在作为去杠杆主要方式的市场化债转股的推进中，出现了明股实债、项目落地困难等问题。截至 2017 年 6 月底，在已公开的 15 家煤炭企业签约总额达到 3000 亿元的市场化债转股项目中，实际到账的转股资金不到 400 亿元，仅占签约总额的 12%。在债转股标的的选择、参与主体的规范、模式的选择、资金来源的渠道、市场化转股价格形成机制的建设等方面，都存在较大的问题和矛盾。

五、政策建议

为更好地推动煤炭产业供给侧结构性改革，实现健康、稳定和可持续发展，我们建议：要按照习近平总书记在党外人士座谈会上阐述"稳"和"进"的关系时所提出的"四个把握"即"更好把握稳和进的关系，把握好平衡，把握好时机，把握好度"的要求，"在保持大局稳定的前提下谋进"。

统筹兼顾，把握供给侧结构性改革各项任务之间的平衡。要统筹考虑，特别是在坚定不移推进去产能的同时，要做好去杠杆和补短板工作。要在去产能过程中切实做好关闭矿井的资产处置、债务处理等制度安排，要在去产能、去杠杆的同时，补足发展短板，真正实现煤炭产业转型升级。在当前产业内生动力不强的情况下，还要处理好去杠杆和稳增长的关系，加强政策支持，谨防去杠杆中断产业回暖的好势头。

分类施策，有效促进先进产能的发展。要更多地运用市场机制和法治化手段实现优胜劣汰，建立健全市场化煤矿产能置换指标价格形成机制，在积极培育先进产能和坚决淘汰落后产能之间实现共赢。要在科学鉴别的前提下，坚决淘汰"僵尸企业"，释放其占用的各类要素资源，向高效领域转移，切实扭转要素配置扭曲的局面。

多措并举，积极稳妥降低国有煤炭企业杠杆率。积极贯彻落实国务院有关降低企业杠杆率的政策文件和全国金融工作会议精神，将降低国有煤炭企业杠杆率作为去杠杆的重中之重，积极采取兼并重组、市场化债转股、盘活存量资产、优化债务结构、依法破产、发展股权融资等手段，推进该项改革不断深化。其中，特别要突出"市场化债转股"的落地。

补欠降负，进一步减轻企业负担。在企业盈利状况得到改善的情况下，要优先考虑补足安全、环保、职工工资及社保、科技研发等方面的欠账，优先偿还到期债务。要将清费正税进行到底，合理降低煤炭企业增值税率，扩大和规范煤炭企业所得税税前扣除项目，科学评估资源税改革效果，将各地区煤炭资源税率调整到合理水平，尽快建立涉煤收费项目清单制。

加强研究，形成基于理性预期基础上的煤炭产业管理体系。要科学把握煤炭产业经济周期规律，加强煤炭产业经济发展的理性预期研究，客观对待煤炭市场价格波动。正确处理市场与政府的关系。在市场正常状态下，要重视发挥价值规律作用，促进煤价对煤炭供需行为的有效调节；同时也要加强市场失灵状态下的政府规制，促进产业健康、稳定和可持续发展，以更加优异的成绩迎接十九大的胜利召开。

继续保持稳中向好发展态势[*]

（三季度）

  三季度，我国煤炭产业经济延续上半年平稳向好的运行走势，供给略增，需求稳定，价格坚挺，回款好转，盈利水平仍处高位，投资同比降幅较上一年度有所收窄，就业形势相对稳定。

  三季度我国煤炭产量为 8.79 亿吨，同比增长 6.12%，增速较 2016 年同期增加 17.59 个百分点；前三季度累计产煤 25.92 亿吨，同比增长 5.7%，增速较 2016 年同期增加 16.2 个百分点。进口煤炭 7159 万吨，同比减少 0.38%，增速较 2016 年同期减少 28.1 个百分点；前三季度累计进口煤炭 2 亿吨，同比增长 13.7%。重点煤炭企业存煤 6600 万吨，同比下降 40%；全国重点电厂存煤 6219 万吨，同比增长 9.1%，存煤可用天数 18 天；秦皇岛港库存 624 万吨，同比增长 91.4%；产成品资金占用同比降幅有所收窄。主营业务收入 6773 亿元，同比增长 18.23%，增速较 2016 年同期提高 21.57 个百分点；前三季度主营业务收入 20126.6 亿元，同比增长 34.7%。出口煤炭 128 万吨，同比下降 21.5%，增速较 2016 年同期减少 18.5 个百分点。前三季度累计出口煤炭 666 万吨，同比增长 4.8%，增速较 2016 年同期减少 51.9 个百分点，呈明显收缓态势。环渤海 5500 大卡动力煤平均价格指数为 586 元/吨，同比上涨 4.46%，较年初下跌 1%。有必要指出，环渤海 5500 大卡动力煤平均价格指数在上半年经历两轮下调、上涨的波动后，整个三季度都稳定在 580 元/吨左右的水平。实现利润总额 787 亿元，

  [*] 《中国煤炭经济研究院信息要报》，2017 年第十七期（总第 107 期）。参与本课题研究的除主编外还有：吴璘；林火灿；陈秀兰；王蕾；王奕，中国矿业大学（北京）硕士；王靖元，中国矿业大学（北京）硕士；王小亮，中国矿业大学（北京）博士研究生。

同比增长 210%，增速较 2016 年同期增加 17 个百分点；前三季度实现利润总额 2261.6 亿元，同比增长 723.6%。资金周转效率显著提升，情况大有好转。固定资产投资 899 亿元，同比下降 17.5%，增速较 2016 年同期减少 2.25 个百分点；前三季度固定资产投资总额为 2012 亿元，同比下降 8.5%，增速较 2016 年同期增加 17.5 个百分点。从业人数相对稳定。

三季度煤炭产业经济之所以继续保持稳中向好的态势，首先得益于世界经济形势好转。三季度世界经济保持温和增长，复苏步伐加快。发达经济体由之前的分化发展趋向同步增长。在主要经济体国家更加重视实体经济并大力提振制造业的作用下，供给过剩局面得到改善，大宗商品价格企稳回升，投资与贸易均好于预期。金融市场相对稳定，新兴经济体货币贬值与资本外流压力缓解。更得益于我国宏观经济面的改善。进入新时代的我国经济，随着供给侧结构性改革的不断深化，内生动力持续增强，经济结构优化与增长动力转换有序推进，金融秩序趋于稳定，经过大幅贬值洗礼的人民币重归坚挺，资本外流的逆势得到遏制并出现转机。"一带一路"持续拓宽中国经济、区域经济的发展空间。下游产业较为给力，火电、钢铁等主要下游产业生产稳中有增，较大程度地改善了煤炭需求状况。煤炭产业自身建设的不懈努力，也为形势的稳定夯实了内部基础。产业脱困发展政策继续发酵，有效地改变了市场供大于求的格局，市场秩序和市场价格恢复理性并进一步趋稳。此外，各领域、各环节的寻租、乱收费等问题在反腐倡廉的高压下得到有效解决。

纵观世界经济，虽仍处于长周期的下跌途中，但短周期温和复苏是当前和今后一个阶段的大趋势。中共十九大后，在以习近平同志为核心的新一届中央领导集体的领导下，我国经济在由高速增长转向高质量发展的同时，转变发展方式、优化经济结构、转换增长动力的攻关步伐会不断加快；煤炭下游产业也将在这一大背景下保持稳定的发展态势。不断深化的供给侧结构性改革，将继续为煤炭产业优化资源配置、调整产业结构、扩大优质供给、改善供需关系、完善资本结构、加快转型升级提供强大动力。若不出重大意外，煤炭产业经济形势仍将继续保持稳中向好的发展态势。

好形势来之不易，我们应格外珍惜。与此同时，也不宜盲目乐观，影响煤炭产业经济的不利因素依然存在。世界经济仍存隐患，美联储开启缩表程序，其他发达经济体或将跟进，货币与财政政策或将趋向紧缩，进而增加全球金融市场的不稳定性。国际贸易与投资虽走出低谷，但仍处于历史的相对疲软期，前景不明。主要发展中国家的经济增长受制于债务水平的持续上涨，虽然克服了资本流出的问题，但在美元走强的大背景下，资本流入仍然是个难题。我国经济结构性矛盾突出，供给与需求的结构性矛盾，各产业链条中上下游产业间发展不平衡的结构性矛盾，以及诸多领域产业内部组织结构、业务结构、产品结构的矛盾仍然突出。特别是长期以来不断演绎的"煤电"矛盾再次上演，作为煤炭消费大户的电力产业普遍亏损，其他下游产业处于增长放缓的不利局面。煤炭产业供给侧结构性改革"三去一降一补"五大任务中，去产能任务超预期完成，但行政化去产能与市场化去杠杆不匹配的矛盾较为突出，去了产能去不了债务；呼声很高的债转股落地困难；补短板还存在着资金、技术、人才等方面的制约因素。

基于此，我们要按照中共十九大要求，在新发展理念的指导下，全面推进供给侧结构性改革，特别是要处理好去产能与去杠杆、去杠杆与降成本和补短板之间的关系，还要借产业回暖的机会在技术、人才等方面补足发展短板，加快市场化债转股落地。

要利用煤炭产业发展稳中向好的良好机会，扶强抑弱、固本开源、砥砺奋进。特别是要利用企业盈利状况得到改善的机会偿还债务，为企业降杠杆提供支持；要优先考虑补足安全、环保、职工工资及社保、员工转岗培训、科技研发等方面的欠账。

优势企业要抓住盈利水平提升的有利时机，适时开展兼并重组。有关部门应进一步拓宽融资渠道，支持通过资本市场实施兼并重组，进一步提高产业集中度。进一步加强产业精细化管理，特别是在债务管理方面建立健全行之有效的管理制度和机制，最大限度地防止非理性的负债行为和盲目的投融资行为，切实提高效率与效益。

深化改革　推动变革　守住底线 精准攻关　开拓创新　增强韧性 转型升级　再铸辉煌[*]

（四季度暨年度）

　　得益于世界经济形势的持续复苏和国民经济稳中向好，下游产业的继续给力，在党中央、国务院出台的一系列促进煤炭产业脱困发展和供给侧结构性改革政策的科学实施和持续发酵下，2017 年，我国煤炭产业经济在经历了"十二五"以来的深度调整后，随着"政策底"和"市场底"的相继形成，在 2016 年年中出现向好的拐点，并出现报复性的强势反弹，由此告别"隆冬"，平稳回暖，渐入"初春"：供需基本平衡，库存趋于合理，收入稳定增加，价格回归理性，盈利大幅提高，固投扭转颓势。预期 2018 年，下行压力仍在，温和调整向好可期；上行动力欠缺，有待转型发展创新。新形势下的发展思路是：深化改革、推动变革；守住底线、精准攻关；开拓创新、增强韧性；转型升级、再铸辉煌；用产业复兴的实际行动贯彻落实党的十九大精神，向改革开放 40 周年献礼。

一、2017 年煤炭经济运行情况：告别"隆冬"，平稳回暖，渐入"初春"

（一）供给

1. 生产

---

* 《中国煤炭》，2018 年第 44 卷第 2 期。

参与本课题研究的除主编外还有：林火灿、王蕾、王弈、王靖元、王小亮。

2017 年累计生产煤炭 34.45 亿吨，同比增长 3.2%。其中，一季度产煤 8.09
亿吨，同比下降 0.3%；二季度产煤 9.03 亿吨，同比增加 10.66%；三季度产煤
8.79 亿吨，同比增加 6.12%；四季度产煤 8.54 亿吨，同比下降 5.23%（图 1）。

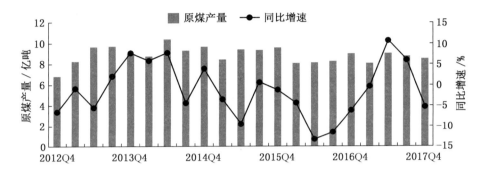

图 1　近五年我国原煤产量及同比增速（2017Q4）

2. 进口

2017 年累计进口煤炭 2.71 亿吨，同比增加 0.15 亿吨，增长 6.1%。其中，
一季度进口 6471 万吨，同比增长 33.8%；二季度进口 6855 万吨，同比增长
15.07%；三季度进口 7159 万吨，同比减少 0.38%；四季度进口 6605 万吨，同
比减少 12.39%（图 2）。

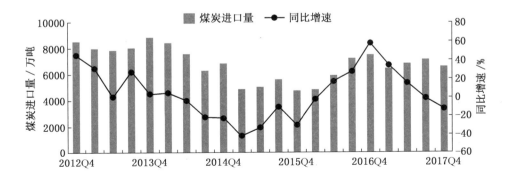

图 2　近五年我国煤炭进口量及同比增速（2017Q4）

3. 库存

2017 年末，全国重点电厂存煤 6499 万吨，可用 15 天；秦皇岛港库存煤炭 630 万吨，同比下降 11.39%。

2017 年末，煤炭产业产成品资金占用为 799 亿元，同比下降 1.3%。降幅较一季度末的 −4.4%、二季度末的 −4.3%、三季度末的 −7.9% 及 2016 年末的 −9.1% 有所收窄（图 3）。

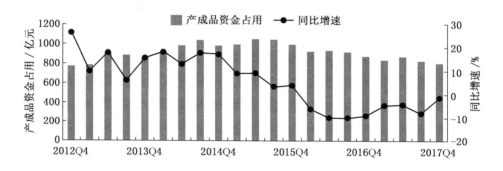

图 3 近五年我国煤炭产业产成品资金占用及同比增速（2017Q4）

（二）需求

1. 主营业务收入

2017 年主营业务收入为 25444.9 亿元，同比增长 25.9%。其中，一季度为 6460.9 亿元，同比增加 41.7%；二季度为 6892.5 亿元，同比增加 28%；三季度为 6773.2 亿元，同比增加 18.23%；四季度为 5318.3 亿元，同比减少 26.01%（图 4）。

2. 出口

2017 年累计出口煤炭 817 万吨，同比减少 61 万吨，下降 7%。其中，一季度出口煤炭 245 万吨，同比下降 12.1%；二季度出口煤炭 293 万吨，同比增长 55.85%；三季度出口煤炭 128 万吨，同比下降 21.5%；四季度出口煤炭 151 万吨，同比下降 39.11%（图 5）。

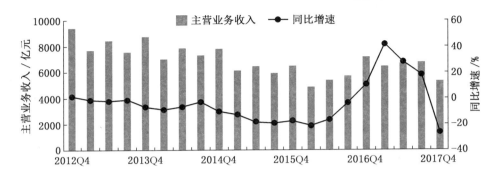

图 4 近五年我国煤炭产业主营业务收入及同比增速 (2017Q4)

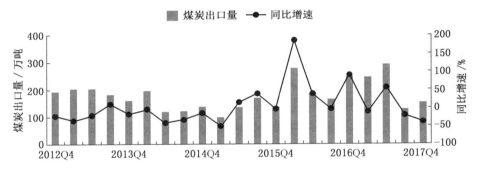

图 5 近五年我国煤炭出口量及同比增速 (2017Q4)

3. 价格

2017 年末, 环渤海 5500 大卡动力煤价格 578 元/吨, 同比下降 2.5%; 出厂价格指数为 104.7% (2016 年同期为 100%) (图 6)。

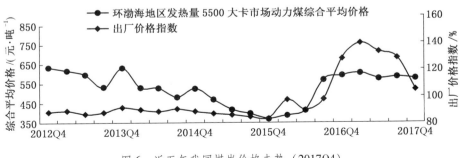

图 6 近五年我国煤炭价格走势 (2017Q4)

（三）效益

1. 利润

2017 年我国煤炭产业实现利润总额为 2959.3 亿元，同比增长 290.5%。其中，一季度为 708.7 亿元，同比增长 9349%；二季度为 766 亿元，同比增长 747%；三季度为 786.9 亿元，同比增长 209.93%；四季度为 697.7 亿元，同比减少 5.6%。近五年我国煤炭利润总额及销售利润率如图 7 所示。

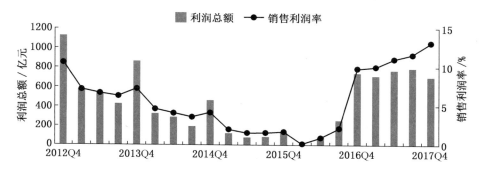

图 7　近五年我国煤炭利润总额及销售利润率

2. 回款

2017 年末应收账款 2543.7 亿元，同比下降 6.1%。较一季度末的 2789.5 亿元，减少了 8.8%；较二季度末的 2858.8 亿元，减少了 11%；较三季度末的 2876.7 亿元，减少了 11.6%；但较 2016 年末的 3121 亿元减少了 18.5%（图 8）。

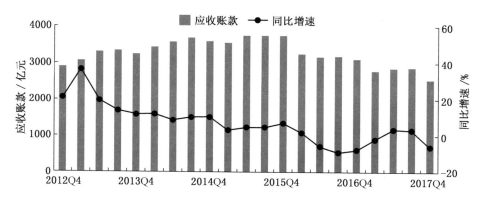

图 8　近五年我国煤炭产业应收账款及同比增速

（四）发展

1. 投资

2017 年，固定资产投资总额 2648 亿元，同比减少 12.3%。其中，一季度固定资产投资总额为 254 亿元，同比下降 15.8%；二季度固定资产投资总额为 859 亿元，同比增加 6.24%；三季度固定资产投资总额为 899 亿元，同比下降 17.50%；四季度固定资产投资总额为 636 亿元，同比下降 24.11%（图 9）。

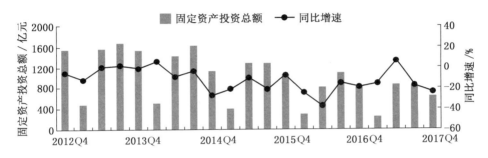

图 9　近五年我国煤炭产业固定资产投资总额及同比增速（2017Q4）

2. 用工

受煤炭产业去产能持续推进的影响，从业人员在一季度减少明显，由 2016 年末的 401 万人减少至一、二季度末的 361 万人、三季度末的 358 万人，四季度末从业人数小幅减少（图 10）。

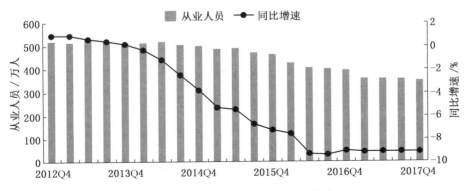

图 10　近五年我国煤炭产业从业人员及同比增速（2017Q4）

二、回暖平稳运行的原因

（一）得益于世界经济出现向好势头

自美国次贷危机引发的 2008 年世界经济爆发危机以来，经过长达八年多的复苏调整，当前的世界经济形势是近年来最好的，在主要经济体国家更加重视实体经济并大力提振制造业的作用下，供给过剩局面有所改善，大宗商品价格企稳回升，投资与贸易均好于预期，金融市场复苏的趋势显现，各国之间的经济联动性趋强，新型经济体货币贬值与资本外流压力缓解，同步性趋势明显，掉头向上，重回升势（图 11）。

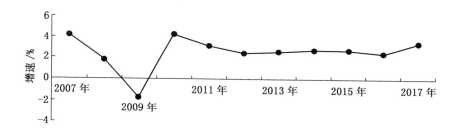

图 11　2007—2017 年世界经济增速

（二）得益于中国经济稳中向好

中国经济作为世界经济的一部分，在世界经济的传导机制作用下，在新一轮世界经济复苏过程中，加之前所未有的主动参与和引领，发生了积极的变化。随着供给侧结构性改革的不断深化，发展的内生动力持续增强，经济结构优化与增长动力转换有序推进，金融资本市场趋于稳定，功能正在恢复。经过大幅贬值后的人民币重归坚挺，资本外流势头基本得到遏制，"一带一路"持续拓宽国民经济发展空间，整体发展韧性进一步强化（图 12）。

（三）得益于下游产业较为给力

近年来由于电煤便宜，刺激了煤电的发展，2017 年火电增速达到 2014 年以来的最高值。钢铁产业去落后产能，取缔地条钢等项措施，使优势产能加快释

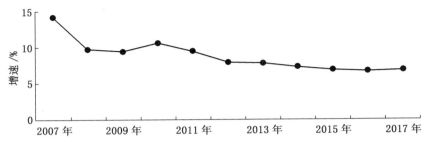

图 12　2007—2017 年中国 GDP 增速

放，用煤稳中有升。水泥价升量增，有利煤炭供需平衡，价格稳定。此外，原油价格重心上移，天然气供不应求，都对煤炭市场供需矛盾的缓解有一定的影响。

（四）得益于煤炭产业发展动力和韧性的增强

2016 年以来，煤炭产业认真贯彻落实党中央、国务院关于供给侧结构性改革的战略部署，产业脱困发展的组合政策持续发酵。经多方共同努力，特别是代表先进生产力的优势企业做出较大牺牲，以"壮士断腕"的勇气"去产能""限产量""稳价格"，不断加大"调结构"的力度，使供给质量有了较大改观，市场秩序和市场价格恢复理性并进一步趋稳。此外，寻租、乱收费等问题，在反腐倡廉的高压下也大有改观。

三、2018 年预期：下行压力仍在，温和调整向好可期；上行动力欠缺，有待转型发展创新

（一）煤炭产业光明前景不容置疑

人类进入现代文明社会以来，客观上已形成一个跨度约为 50 年的一个长波周期。中国煤炭产业曾出现的"10 年黄金期"（2002—2012 年）是第五个长周期的峰顶期。始于 2012 年的暴跌至 2016 年的反弹，是长周期下跌过程中的第一个小周期的上升期；大概率会在 2020—2025 年将会出现第二个小周期的下降期；估计要到 2030 年左右，由人工智能的广泛使用启动人类第六个长波周期。

尽管人类社会经济发展的长波周期还没到启动的时间窗口，而且还处于 L

形下跌途中，但短周期温和复苏是当前和今后一个阶段的大概率。中共十九大后，在以习近平同志为核心的新一届中央领导集体的领导下，我国经济在由高速增长转向高质量发展的同时，转变发展方式、优化经济结构、转换增长动力的攻关步伐不断加快，房市去库存成绩显著，股市功能正在恢复中，债市杠杆率一路攀升的势头得到遏制；煤炭下游产业也将在这一大背景下保持稳定的发展态势。不断深化的供给侧结构性改革，将继续为煤炭产业优化资源配置，产业结构调整，扩大优质供给，改善供需关系，完善资本结构，加快转型升级，提供强大动力。煤炭产业自身经过这次隆冬季的锤炼，积累了经验，吸取了教训，开始聪明起来，发展的动力和韧性都在增强，光明前景不容置疑。我们坚信煤炭产业有基础、有条件、有能力应对挑战、温和调整、转型升级、向好发展。

（二）发展预期不宜过于乐观

与此同时，也不宜过于乐观，要看到影响煤炭产业经济的不利因素依然存在。世界经济中的深层次问题尚未解决，仍然面临诸多不确定、不稳定因素。例如，逆全球化和贸易保护主义抬头；发达经济体经济政策，特别是货币政策不确定负面作用增大；美联储加息，开启缩表程序，其他发达经济体或将跟进，货币与财政政策或将趋于紧缩进而增加全球金融市场的不稳定性，金融市场动荡难以避免，国际贸易与投资虽走出低谷，但仍处于历史上的相对疲软期；主要发展中国家的经济增长受制于债务水平的持续上涨，虽然克服了资本流出的问题，但在美元走强的大背景下，资本回流仍然是个难题。基于此，全球复苏的持续性不确定。

我国经济结构性矛盾问题突出。供给与需求矛盾突出，钢铁、煤炭、火电、建材等传统基础产业产能过剩问题没有从根本上解决，一些新兴产业产能过剩问题又凸显；各产业链条中上下游产业间发展不平衡的矛盾突出，尤以煤电矛盾为甚，"跷跷板"现象十分明显。虽然煤电企业间的重组已开始加大力度，但其正态效应有待检验。各产业内部组织机构、业务结构、产品结构严重趋同，缺少具有产生创新驱动的差异化基因。产业发展过程中的投融资结构矛盾问题突出，直接融资严重不足，间接融资比重过大，民间投资积极性有所减弱，而政府在负债居高不下的情况下，又有很高的投资热情。从国民收入分配再分配的情况看，税费重和不公平的问题突出，外部性成本比重依然偏高；职工名义工资与实际工资不符，特别是刚需品的价格，如住房、交通、食品价格不断上涨；政府的名义赤字与实际赤字也不相符，一些部门和地方政府，利用"PPP"形式，搞钓鱼工程，变相加大财政赤字。

从供给侧结构性改革的五大任务完成情况看：去产能超预期，但主要不是市场出清，而是行政性的，与去杠杆不匹配，产能去了，债务留下了。市场化去杠杆遇到困难，主要手段债转股落地难。库存一边降的同时，一边又在升，到处建"特色小镇"，大中城市到处建广场和公租房。成本不降反升，随着技术的急速提升和改革红利的逐步退出，政策红利的淡化，原材料成本、社会成本、外事成本、环境成本、劳动力成本、融资成本、管理成本等都在上升。补短板，存在资金、技术、人才等方面的制约因素。

就目前煤炭产业自身而言，形势的好转并不意味着多年来沉积下来的历史问题从根本上得到解决，现实发展中新出现的问题得到了解决。从 2017 年下半年的产业经济发展情况看，虽然仍旧稳中有进，但已进度趋缓。原煤产量增速趋缓，市场价格高位横盘多日，主营业务收入继续大幅增加的可能性不大，与此同时，生产经营、改革发展等内外部成本有上升的趋势，利润再继续大幅提升也已不现实。近几年来，煤炭产业的技术进步相对较慢，将影响产业下一步发展。

基于以上分析，目前还不能过于乐观地认为煤炭产业脱困发展已经成功，应客观地看到脱困发展仍在路上，而且任重道远。我们必须要按照中共十九大要求，坚持以习近平新时代中国特色社会主义思想为指导，全面贯彻落实新的发展理念，客观认识产业发展面临的新矛盾和新问题，按新时代、新目标和新要求，打开新思路。

四、新形势下煤炭产业发展新思路

1. 深化改革，推动变革

要深入供给侧结构性改革。去过剩产能不能动摇，落后产能坚决出清。在目前市场格局状况下，仍然亏损、扭亏无望的僵尸企业要坚决清除出市场，绝不手软，以利于拓展优势企业的发展空间。要利用国民经济去杠杆的大背景，坚决把煤炭企业杠杆率降下来，不要因为煤价比较坚挺而产生缓口气的思想，要积极争取市场化债转股落地。要清醒地意识到，目前煤炭产业走出"隆冬"，很大程度上是靠政府政策的支撑，而不是内生动力转换成功所致。要把中国煤炭产业建成适应中国式市场经济发展要求的现代产业，必须要深化改革，以此推动产业质量变革、效率变革和动力变革，实现由数量型、粗放型、外力推动型向质量型、集约型、内生动力型的转变。

2. 守住底线，精准攻关

煤炭产业改革是为了发展，发展是为了确保国家能源安全，这是中国煤炭产业的底线。在当代中国及今后相当长的一段时期内，在可替代能源没有成为主体能源之前，煤炭将依旧是中国的主体能源；我们能做到的，只能是如何更清洁高效利用，而不是"去煤化"，甚至是经反复论证为正确的选择，也不能操之过急而一意孤行。这次在准备不足的情况下，大面积地推进"煤改气"，应该给我们以深刻的教训。无论在任何情况下，只要触及能源安全底线，都必须收手，至于其中存在的问题，包括资源性、环境生态性、社会性、经济性等所有方面的问题，都要在深入研究论证的基础上，精细管理、精准攻关、稳中求进。

3. 开拓创新，增强韧性

开拓创新是人类社会发展的根本所在，也是一个产业复兴的根本所在。煤炭产业作为传统的基础产业，由于改革相对滞后，对政策的依赖度过强等因素的影响，在新兴市场经济体制下，表现出明显的韧性不强的特点。具体表现在抗市场周期波动和抗风险能力不强，一旦市场条件发生变化，其受到的伤害则超过同一条件下的其他产业。要从根本上增强煤炭产业韧性，必须要在不断完善现行体制机制的前提下，大胆开拓创新发展模式、盈利模式、动力模式。要利用煤炭产业发展稳中向好、盈利状况有所改善的机会，着力偿还债务，优先考虑补足安全、社保、环保、科技研发、拖欠工资等；优势企业要抓住盈利水平提升的有利时机，适时适度开展兼并重组，政府有关部门应坚持"扶强抑弱"原则，进一步拓宽融资渠道，支持通过资本市场进一步提高产业集中度和产业关联度，以进一步增强煤炭产业韧性，应对随时可能发生的市场风险。

4. 转型升级，再铸辉煌

习近平同志在中共十九大报告中指出，我国经济已由高速增长阶段转为高质量发展阶段，正处在转变发展方式、优化经济结构、转变增长动力的攻关期。在这一大的背景下，煤炭产业必须顺势而为，转型升级，再铸辉煌，用产业复兴的实际行动，迎接改革开放 40 年、新中国成立 70 年、中国共产党诞生 100 周年、人类社会经济第六轮增长长周期的到来。具体而言，要努力做好五大转变：由传统能源产业转变为安全高效、绿色智能新能源产业；由政府主体、政策主导为主转变为企业主体、市场导向为主的发展模式；由产业链条过短和自我闭路循环生产模式转变为原煤深加工转化一条龙长产业链开放循环生产模式；由燃料原煤生产供应商向精品燃料和原料综合供应商的转变；由煤炭运输线路为纽带、区域性、点对点的服务方式转变为网络数据、开放式、全覆盖的现代服务方式。

2018年

开局尚稳 继续向好可期
面对挑战 清醒理性应对[*]

（一季度）

2018 年一季度，我国煤炭产业开局尚稳，发展质量有所提高，继续保持稳定运行的态势。煤炭生产供给和市场需求略有增加，供求基本平衡；库存增加相对较多，但仍在合理区间内；进出口差额拉大，进口煤有卷土重来之势；煤炭价格有所回落，属正常调整；总体盈利水平处于稳定状态；固定资产投资有所增长；就业形势相对稳定。

从具体数据看：①供给方面。2018 年一季度累计生产煤炭 8.05 亿吨，同比增长 3.9%，较 2017 年四季度−5.23% 有明显回升；煤炭进口显著增加，为 7541 万吨，同比增加 1072.5 万吨，增长 16.6%，较 2017 年四季度−12.39% 大幅度回升；2 月末，全国重点电厂存煤 6470 万吨，可用 18 天；一季度末，秦皇岛港库存煤炭 654 万吨，同比增长 29.2%。②需求方面。一季度，主营业务收入为 5685.1 亿元，同比增长 2.7%，较 2017 年四季度−26.01% 有明显回升；累计出口煤炭 96.8 万吨，同比减少 148 万吨，下降 60.5%，较 2017 年四季度−39.11% 的降幅明显扩大；一季度末，煤炭价格有所回落，环渤海 5500 大卡动力煤价格 571 元/吨，同比下降 5.6%，比 2017 年年底减少 7 元/吨。③效益方面。一季度，实现利润总额 744.1 亿元，同比增长 18.1%，较 2017 年四季度 13.12% 有所

---

* 《中国煤炭经济研究院信息要报》，2018 年第八期（总第 117 期）。

参与本课题研究的除主编外还有：林火灿、陈秀兰、王蕾、王奕、王小亮。

提升；2 月末，应收账款 2445.8 亿元，同比下降 12.32%，较 2017 年四季度 -6.1% 降幅明显扩大。④发展方面。一季度，固定资产投资总额 263.48 亿元，同比增长 3.7%，较 2017 年四季度 -24.11% 明显回升；2 月末，从业人数 324.8 万人，同比下降 5.6%，较 2017 年四季度 -8.8% 有所回落。

我国煤炭产业能够继续保持稳定运行，得益于以习近平同志为核心的党中央的坚强领导、精准施策，使得国民经济形势持续好转；得益于煤炭产业上下坚持新发展理念，按照高质量发展的要求，深入推进供给侧结构性改革，坚持创新驱动、转型升级、绿色发展；得益于自美国次贷危机引发的 2008 年世界经济爆发危机以来，长达八年多的复苏调整、形势好转。

展望我国煤炭产业下一步的发展，尽管存在一些久而未决的问题，如产能过剩、杠杆率过长、成本过高、短板过短的"四过"问题，但不容置疑的是，经过反复洗礼，发展的动力和韧性都有所增长。若没有系统风险的影响，继续保持稳定运行的态势是有保证的。然而，由于特朗普开打贸易战，使本来进入复苏轨道的世界经济蒙上一层阴影，全球贸易体系正在并还将继续被破坏，财政和金融风险将上升，政治冲突会加剧，正在复苏的世界经济将会难以维继。

国际环境的恶化对我国经济的影响很大。拉动经济增长的"三驾马车"中的外贸、投资受阻；由于市场有限性和结构性产能过剩矛盾没有得到根本解决，内需消费也存在明显的局限性。尽管贸易战不是直接冲煤炭产业而来，但间接影响不可小觑。例如，美国对钢铁和铝质品进口提高关税的限制措施，使我国煤炭产业两大下游产业的供求基本平衡的格局被打破，将会间接影响煤炭的需求，导致处于理性回归中的煤炭价格加速下行，若把控不利，稳定运行的态势恐难继续，甚至加速下行也有可能。对此，我们务必要有清醒的认识。"朗"来了，我们不怕，但为防止被"朗"伤害，必须要拿起武器做好防范。

一、静观国际风云变幻，理性判断精准应对

特朗普炮制的如此严峻的贸易战，对我们来说是史无前例的挑战；下一步如何演绎不得而知。必须宁静致远、理性判断、把握时机、精准应对。在目前的非常时期，政府政策必须要稳，此刻切忌出台易导致产业波动的政策，以防止调整

幅度过大，导致非理性问题发生。企业既不要恐慌惧怕、乱了阵脚，也不要轻敌自大、高枕无忧。相信以习近平同志为核心的党中央有能力领导我们打败任何形式的敢于来犯之敌。

二、坚持供给侧结构性改革不动摇

着力加强供给侧结构性改革政策的实施，是党中央、国务院根据我国经济形势发展变化做出的重大战略性决策。尽管国内外形势有所变化，但作为该改革政策依据的大势未变、问题未决，必须坚持深化下去。淘汰落后产能、化解过剩产能要同时稳定优化现有产能，坚持稳中求进。利用国民经济去杠杆的大背景，多措并举，降低煤炭企业杠杆率；提高煤炭企业效益，降低过高成本，使成本趋于合理化；依靠科技创新驱动，增实力补短板，以此推动产业质量变革、效率变革和动力变革，促进煤炭产业转型升级、高质量发展。与此同时，还要努力增加有效需求，以进一步优化市场格局，稳定价格，应对有可能发生的非理性剧烈下跌。

三、加大创新驱动力度，努力实现产业转型升级、绿色发展

在特朗普挑起的这场贸易战中，中国以大无畏的精神迎接挑战，值得点赞；遗憾的是面对对手打出的"中兴芯片"这张牌，却显得很被动。客观地讲，我国的软肋是石油对外依存度过高，最担心的曾经是西方世界用石油武器发动贸易战，然而这并没有发生！究其原因，不能不承认与目前我国已完全拥有从 20 世纪 80 年代开始实施的煤基合成制油替代进口石油工程的自主知识产权有关。正反两方面充分证明加大创新驱动力度，努力实现产业转型升级、绿色发展是非常必要的。煤炭产业必须加大创新力度，加大科研投入，打造更多类似煤制油这样的产业乃至国之重器，以确保产业安全和国家能源安全。

上半年煤炭产业经济形势总体平稳、稳 中 向 好[*]

（二季度）

报告通过供给、需求、效益和发展 4 个维度、10 个指标的分析，认为 2018 年上半年我国煤炭产业经济形势总体平稳、稳中向好、韧性增强，高质量发展的正能量增多；若不出意外，下半年仍会延续目前态势。由于预期内经济运行的外部环境不确定性增多而且复杂，产业结构调整、转型升级、高质量发展任务艰巨，建议继续坚持稳中求进的总基调，保持高质量发展的战略定势，牢牢把握供给侧结构性改革主线，进一步增强应对各种挑战的韧性和防范化解风险隐患的能力，用优异的成绩向世人展示改革开放 40 年后的中国煤炭产业。

一、煤炭产业经济运行情况

2018 年上半年，我国煤炭产业经济在经过温和调整之后，回稳向好，平稳运行。我们跟踪研究的 10 个指标中，煤炭供求基本平衡，库存合理，主营业务收入增加，价格基本平稳，盈利水平稳步提升，固定资产投资温和增长，用工人数略有减少，高质量发展的正能量增多。

（一）供给

1. 生产

2018 年上半年累计生产煤炭 16.97 亿吨，同比增长 3.9%，增速较 2017 年

---

* 《中国煤炭》，2018 年第 44 卷第 8 期。

参与本课题研究的除主编外还有：林火灿；陈秀兰；王蕾；王小亮；王奕；闫石，中国煤炭经济研究院见习研究员。

同期放缓 1.1 个百分点。其中，第一季度产煤 8.05 亿吨，同比增长 3.9%；第二季度产煤 8.92 亿吨，同比减少 1.26%（图 1）。

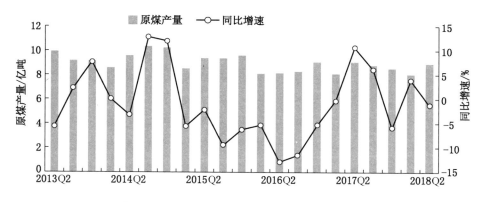

图 1　2013Q2—2018Q2 我国原煤产量及同比增速

2. 进口

2018 年上半年累计进口煤炭 1.46 亿吨，同比增加 1319.1 万吨，增长 9.9%，增速较 2017 年同期收窄 13.6 个百分点。其中第一季度进口 7541 万吨，增长 16.6%；第二季度进口 7059 万吨，同比增长 2.98%（图 2）。

图 2　2013Q2—2018Q2 我国煤炭进口量及同比增速

3. 库存

2018 年上半年末，全国重点电厂存煤 7569 万吨，可用 21 天；秦皇岛港库存煤炭 697 万吨，同比增长 32.26%。

2018 年上半年末，煤炭产业产成品资金占用为 742.3 亿元，同比下降
6.5%。降幅较 2017 年同期的-3.4%、一季度末的-4.4%有所扩大（图 3）。

图 3　2013Q2—2018Q2 我国煤炭产业产成品资金占用及同比增速

（二）需求

1. 主营业务收入

2018 年上半年，主营业务收入为 11783.4 亿元，同比增长 5.8%，增速较
2017 年同期收窄 31.8 个百分点。其中，第一季度为 5685.1 亿元，同比增加
2.7%；第二季度为 6098.3 亿元，同比下降 11.52%（图 4）。

图 4　2013Q2—2018Q2 我国煤炭产业主营业务收入及同比增速

2. 出口

2018 年上半年累计出口煤炭 236.5 万吨, 同比减少 292.2 万吨, 下降 55.3%, 与 2017 年同期增速 15.1% 相比, 大幅度降低。其中, 第一季度出口煤炭 96.8 万吨, 同比下降 60.5%; 第二季度出口煤炭 139.7 万吨, 同比下降 52.32% (图 5)。

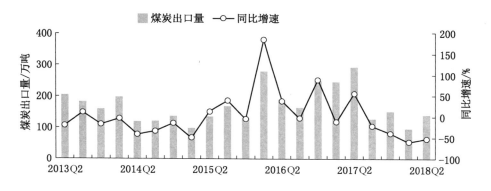

图 5 2013Q2—2018Q2 我国煤炭出口量及同比增速

3. 价格

2018 年上半年末, 环渤海 5500 大卡动力煤价格 570 元/吨, 同比下降 1.2%, 较 2017 年同期增速 43.9% 大幅降低; 出厂价格指数为 106.3% (2017 年同期为 100%) (图 6)。

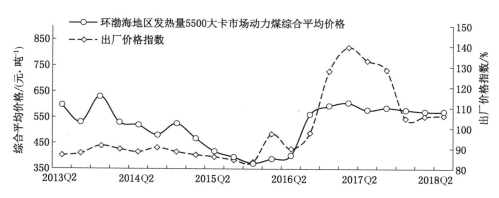

图 6 2013Q2—2018Q2 我国煤炭价格走势

（三）效益

1. 利润

2018 年上半年，我国煤炭产业实现利润总额为 1564 亿元，同比增长 18.4%，较 2017 年同期增速 1968.3% 断崖式收窄。其中，一季度为 744.1 亿元，同比增长 18.1%；二季度为 819.9 亿元，同比增长 7.04%（图 7）。

图 7　2013Q2—2018Q2 我国煤炭利润总额及销售利润率

2. 回款

2018 年上半年末，应收账款 2603.6 亿元，同比下降 5.6%，较 2017 年同期增速回落 9.2 个百分点。较一季度末的 2563 亿元，增加了 1.6%（图 8）。

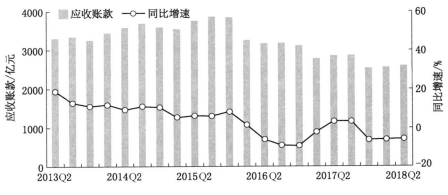

图 8　2013Q2—2018Q2 我国煤炭产业应收账款及同比增速

（四）发展

1. 投资

2018年上半年，固定资产投资总额1128.62亿元，同比增长1.4%，较2017年同期增幅扩大1.2个百分点。其中，一季度固定资产投资总额为263.37亿元，同比增长3.7%；二季度固定资产投资总额为865.26亿元，同比增长0.72%（图9）。

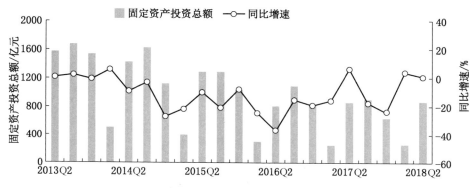

图9 2013Q2—2018Q2我国煤炭产业固定资产投资总额及同比增速

2. 用工

2018年上半年末，从业人员为329.30万人，同比减少4.60%，较2017年同期降幅收窄3.4个百分点。与一季度从329.8万人基本持平（图10）。

图10 2013Q2—2018Q2我国煤炭产业从业人员及同比增速

二、平稳运行的原因

（一）得益于世界经济总体向好

2018 年上半年，尽管世界经济增长动能有所减弱，近期又爆发了贸易战，但自本次经济复苏以来，经济增速创近年新高后，总体继续向好的发展势头并未改变（图11）。世界经济增长促进了大宗商品的需求，导致该类商品价格稳中有升。受地缘政治不稳的影响，能源价格大幅上升，导致世界贸易更加活跃。受投资者预期美国以外的经济体将会增长提速的影响，外汇市场打破美元一家独占的局面，出现币种多元化结构性变化，非美元外汇储备份额持续增加，其中特别是人民币增加较快。

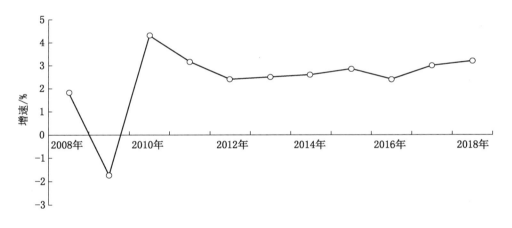

图 11 2008—2018 年世界经济增速

（二）得益于国民经济稳中有进

在党中央、国务院的坚强领导下，坚持稳中求进的总基调，紧紧抓住供给侧结构性改革主线，"三去一降一补"的主要任务完成较好，保障了中国经济总体上延续稳中向好态势。尽管有贸易战等不利因素的影响，2018 年一、二季度国民经济增速依然达到了 6.8% 和 6.7%，景气度较高，就业形势稳定，产业结构进一步优化，金融资本市场趋于稳定，正态动能在恢复中得到加强，经济发展出现明显的新旧动能转换，整体上看发展韧性进一步加强，已开始进入高质量发展轨道（图 12）。

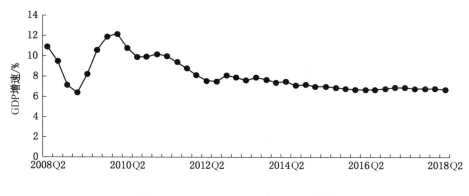

图 12   2008Q2—2018Q2 中国 GDP 增速

（三）得益于下游产业对煤炭需求的增加

2018 年上半年，全社会用电需求增加较多，同比增加近一成，相应增加了煤炭市场需求。增速较快，同比高出了 3.1 百分点；包括化学原料制品、非金属矿物制品、黑色金属冶炼和有色金属冶炼四大高耗能行业用电同比增幅达 5.1 个百分点；跨区送电同比增加 20.3 个百分点；随着电力需求的增加，全国火电设备利用小时数同比增加，达 2126 小时，其中燃煤发电设备利用小时数达 2184 小时，好于去年；规模以上火电发电同比增长 8%，增速高于 2017 年同期 0.9 个百分点。

（四）得益于煤炭产业自身的不懈努力

2018 年上半年，煤炭 330 多万产业大军，坚持以习近平新时代中国特色社会主义思想为指导，坚定践行"创新、协调、绿色、开放、共享"的新发展理念，全面认真贯彻落实党中央、国务院关于供给侧结构性改革的战略部署，主动对标高质量发展要求，坚定淘汰落后产能，发展先进产能，重组存量产能，不断优化产能结构；根据市场需求变化主动调整产量，稳定煤炭价格；加强内控管理，降本提效，实现了产量增加放慢情况下的效益提升、利润增加。

三、发展预期

对于下一步的发展，若不出现意外，继续平稳运行是大概率。与此同时，也不要掉以轻心，对可能出现的风险要有充分的心理准备，保持高度警觉。从目前情况看，未来经济运行的外部环境不确定因素在增多而且复杂，产业结构调整、转型升级、高质量发展任务艰巨。

（一）警惕世界经济脱轨

随着世界经济增长动能减弱，增长速度有所放缓，大宗商品价格也将会下滑；世界金融市场打破美元一家独大格局的同时，也增加了货币政策分化加剧的风险；全球债务规模创纪录，使得债务风险系数加大；美联储的不断加息，更会诱发金融市场波动，随时有可能爆发金融危机；地缘政治风险，特别是贸易战的爆发，将会影响人们对世界经济增长与发展的理性预期，有可能导致世界经济过冷而脱离向好的轨道。

（二）国民经济持续上行压力加大

从目前情况看，在国内外诸多不利因素的影响下，我国经济在稳中向好发展过程中存在增速放缓的可能性。就拉动经济发展的"三驾马车"而言，固定资产投资已呈下降趋势，而且下降较快；对外贸易在贸易战背景下呈继续收窄趋势；居民消费因关税提高和消费品市场缺少创新，也有可能出现不足。与此同时，为了防范发生系统性金融风险，宏观政策坚守底线思维，不断加强约束力，融资渠道将会在降低杠杆率的同时变窄；而且，时有发生的股市"黑天鹅"和债务违约事件又会对债券市场产生巨大影响，使得股权融资和债券融资更为困难，其中特别是煤炭、钢铁等高负债率产业。相关数据已经证明，2018 年上半年采矿业同比增速仅为 1.6%，低于规模以上工业企业 4.4 个百分点，已向我们预警。

（三）煤炭市场有效需求增加难度大

在环保新政的高压下，减少煤炭消费已成大趋势。从目前情况看，无论是生产性消费，还是生活性消费都难以形成煤炭有效需求的增长点。火力发电目前是最大的需求方，其装机容量增速多少与煤炭有效需求增长息息相关。从统计数据来看，全国发电装机容量增速已出现放缓迹象，基建新建增加发电生产能力同比减少，而其中新增新能源发电装机同比增加，火电投资同比下降。"煤改气"在去年底遇冷后带来了炼炭需求的增长，但目前又热了起来，天然气进口量同比大幅增加，再次产生对煤炭消费的挤出效应。钢铁产业受贸易战的影响，出口受阻；水泥产业去产能、去库存力度在加大；居民消费因"煤改气""煤改电"和分布式新能源的发展，也大大减少了煤炭直接消费。

（四）产业自身存在问题不可忽视

2018 年上半年煤炭产业平稳运行、稳中向好并不表明产业自身不存在问题。种种迹象表明，目前我国煤炭产业发展出现趋缓态势。从投资上看，增速下滑；从产量上看，出现缩量；从价格上看，出现下调。

煤炭产业经济形势好转，得益于供给侧结构性改革。但同时也必须客观地看到这一改革给产业带来的新矛盾、新问题。例如，过剩产能大部分去掉了，但由此而形成的过剩劳动力、负债、闲置生产设备大都成为集团或存续企业的负担；去杠杆投入了大量的人力、物力、财力，其结果大都难以落地，反而增加了再融资的难度；降低制度性、政策性成本的普惠政策已出，但对推高煤炭成本的主要制度安排和政策规定并没有做出相应的调整或取消，例如所得税、流转税、资源税、消费税，铁路建设基金、港口建设费等，使得该项政策效果在煤炭产业并不明显；补短板主要靠提高科学技术和管理水平、加快转型升级的步伐，客观地讲，近来步伐着实有些慢，不尽如人意。

四、政策建议

为了应对经济运行外部环境的不确定性可能带来的冲击，努力克服持续上行压力加大、市场有效需求不足给产业发展带来的困难，防止已经出现的产业经济景气度温和调整演变成过度调整，提出如下建议。

（一）继续坚持稳中求进

稳中求进是党中央、国务院面对错综复杂的国内外经济形势、国民经济下行压力加大而提出的新常态下的发展方针。稳中求进就是要在基本稳定的前提下，谋求发展。近些年来，我们坚持稳政策、稳供给、稳价格、稳杠杆，使陷入困境的煤炭产业摆脱困境、重燃生机的实践证明，这样做是正确的，还要继续坚持这样做。

（二）保持高质量发展的战略定势

高质量发展，是"创新、协调、绿色、开放、共享"新发展理念的具体体现，是中国经济经过多年高速增长后，站在新发展起点的客观要求。高质量发展具体到煤炭产业，要求把高质量的供给体系建设作为重点，通过质量变革，提高煤炭产品供给质量，满足需求；通过效率变革，提高投入产出质量，降本提效；通过动力变革，增强产业经济发展的内生动力，提高综合竞争力。

（三）牢牢把握供给侧结构性改革主线

实现高质量发展要靠改革、科技创新和管理创新，要通过全面深化改革补齐高质量发展短板，激发发展活力，加快从靠生产要素投入驱动为主向以创新驱动为主转变。为此，要牢牢把握供给侧结构性改革主线，努力完成"三去一降一补"主要任务。淘汰落后产能，出清僵尸企业要坚定不移，同时要注重发展先进产能，以确保能源安全供给；去过高杠杆率解决负债率过高问题毫不动摇，但要讲求策略，首先要稳杠杆，防止资金链断裂；降成本要加大力度，要注意发挥两个积极性，在企业努力降低经营性成本的同时，政府通过正税清费等举措降低制度性、政策性成本，重点是降低所得税，合理征收流转税、资源税，取消煤制油消费税，取消铁路建设基金和港口建设费；补短板要积极主动，立足自身优势，扬长补短，重点要放在产业结构优化、转型升级上，重点放在煤基合成技术产业化上；通过科技创新和管理创新，进一步增强企业应对各种挑战的韧性和防范化解风险隐患的能力。

平稳运行　向好可期
风险仍在　沉着应对[*]

（三季度）

2018 年三季度，面对异常复杂严峻的国际形势，及受此影响而出现的国民经济运行稳中有变、增速趋缓、下行压力加大的不利局面，我国煤炭产业继续沿着上半年形成的轨迹运行，产业景气值虽呈现温和向下调整，但总的看基本平稳。跟踪研究的十大指标具体如下：

（1）供给方面。生产煤炭 8.98 亿吨，同比增长 2.2%；增速较 2017 年同期收窄 3.9 个百分点。进口煤炭 8295.9 万吨，同比增长 15.9%；增速较 2017 年同期扩大 16.3 个百分点。全国重点电厂存煤 7657 万吨，可用 22 天；秦皇岛港库存煤炭 633 万吨，同比增长 1.93%。

（2）需求方面。主营业务收入为 6074.1 亿元，同比下降 10.3%；增速较 2017 年同期放缓 28.5 个百分点。出口煤炭 108.7 万吨，同比下降 15.1%；增速较 2017 年同期回落 6.4 个百分点。环渤海 5500 大卡动力煤价格 569 元/吨，同比下降 2.9%，较 2017 年同期增速 4.5% 有所收窄。

（3）效益方面。实现利润总额 763.5 亿元，同比减少 3%；增速较 2017 年同期 209.9% 大幅度下降。应收账款为 2552.2 亿元，同比下降 7.8%；较 2017 年同期增速回落 11.3 个百分点。

（4）发展方面。固定资产投资总额为 925.86 亿元，同比增长 3%；增速较

---

　　* 《中国煤炭经济研究院信息要报》，2018 年第十三期（总第 122 期）。

　　参与本课题研究的除主编外还有：池亚楠，中国矿业大学（北京）博士研究生；林火灿；王蕾；王奕；王志文，中国矿业大学（北京）硕士；闫石。

2017 年同期扩大 20.5 个百分点。从业人员为 326.6 万人，同比减少 4.2%，较 2017 年同期降幅收窄 3.5 个百分点。

三季度，我国煤炭产业平稳运行来之不易。首先得益于党中央、国务院的坚强领导。面对异常复杂严峻的外部环境，沉着冷静应对，继续坚持稳中求进的发展总基调，统筹推进稳增长、促改革、调结构、惠民生、防风险各项工作，针对变化了的外部环境及时改变策略措施，为煤炭产业经济平稳运行创造了良好的国民经济环境。得益于近几年不断深入开展的供给侧结构性改革，煤炭产业又有幸成为主战场。随着以"三去一降一补"为主要任务的供给侧结构性改革在煤炭产业的深入推进，代表落后生产力的落后产能的退出、过剩产能的化解，从根本上保障了煤炭市场供求相对平衡、价格稳定；去杠杆、特别是降低制度性、政策性成本措施的实施，为产业投入产出率和利润率的相对提高创造了条件。得益于战略上从高速增长向高质量发展的重大转变。煤炭产业经过"黄金十年"的高速增长，量的扩张已经超速；经过"十二五"期间的深度调整后，客观上有步入新的发展周期要求。党中央及时做出了高质量发展的英明决策，防止了煤炭产业重踏量的扩张的老路，而是着力质量变革、效率提高和动力焕发，由此增强了产业韧性，才有逆境中投资逐季增加的好势头。

四季度若不出大的意外事件，在供给侧结构性改革"三去一降一补"取得阶段性成果并继续深入推进的政策环境下，向好可期。但也不会改变现有运行轨迹，箱体运行的态势将成为下一阶段的常态。

与此同时，我们也必须高度警觉客观存在的风险。在逆全球化和贸易保护主义之风越刮越烈，美国发动的贸易战愈演愈烈的条件下，多年形成的国际市场格局、贸易价格体系被打破，严重影响了世界经济秩序：美元大幅升值，美债收益飙升，美联储渐进加息，具有平准作用的黄金价格低迷；发展中国家甚至少数发达国家的跨境资本回流，股市承压暴跌，资本市场风险加剧；投资人理性向好预期出现动摇，融资条件会进一步恶化。从近期欧元区增长出现的疲态，新兴经济体普遍出现的增速放缓，甚至巴西还出现下滑的情况已得到证明。

异常严峻复杂的世界经济形势，对我国经济增长与发展的影响不能低估，特别是美国发动的贸易摩擦加剧而导致的全球经济下滑加速的风险仍在，若把控不利存在进一步恶化演变成金融危机，乃至于经济危机的可能性。从目前的情况看，首要任务是应对异常复杂严峻的国际形势，及由此导致的国民经济稳中有变、增速趋缓、克服下行压力加大；就宏观政策层面判断，坚守底线思维，坚持稳中求进、稳中应变，不断完善突发事件的应对机制，将成为目前非常时期的取向。基于此政策背景下，煤炭下游产业也难产生煤炭需求新的增量。

在目前异常特殊的历史条件下，为了适应国内外形势出现的新变化，在已经出现的煤炭产业经济景气度温和向下情况下，防止演变成过度调整，击穿运行箱体十分必要。为此我们建议：

（1）坚持稳中求进与应变。要稳煤炭供给、稳价格、稳投资、稳就业。在目前，"黑天鹅"事件不断的形势下，稳中求进的同时还要稳中应变。借鉴国内外产业发展经验教训，在类似于目前的形势下，由政府引导设立一支主要用于应对产业出现异常情况的维稳基金十分必要。

（2）要继续坚持高质量发展战略定式。着力建立健全、不断完善高质量的绿色供给体系，通过质量变革，提高煤炭产品供给质量，满足能源消费革命需求；通过效率变革，提高煤炭产出质量，降低成本，提高效率，增强自我积累能力；通过动力变革，增强产业经济发展的内生动力，提高综合竞争力。

（3）要牢牢把握供给侧结构性改革主线，巩固取得成果，努力深入推进。淘汰落后产能、出清"僵尸"企业要坚定不移，同时要注重发展先进产能，以确保能源安全供给；去杠杆解决负债率过高问题毫不动摇，但策略上首先要稳杠杆，防止资金链断裂；降成本要注意发挥企业和政府两个积极性，加大力度，在企业努力降低经营性成本的同时，政府通过正税清费等举措降低制度性、政策性成本，重点是降低所得税，合理征收流转税、资源税，取消煤制油消费税，取消铁路建设基金和港口建设费；补短板要积极主动，立足自身优势，重点要放在产业结构优化、转型升级和煤炭深加工转化上。

煤炭产业总体平稳
景气度较上年明显趋弱[*]

（四季度暨年度）

本报告运用现代经济分析方法分析了 2018 年中国煤炭产业经济形势，认为总体上延续了基本平稳态势，但与上一年度相比已发生变化，景气度明显趋弱，但降幅有所收敛。预期 2019 年，若不出现意外，景气度将呈现温和调整，缓慢下行，先抑后扬，相对平稳，稳中向好的态势。建议立足于世界经济处在百年未有之大变局，国民经济中深层次问题尚待解决，产业经济结构矛盾突出这一时代背景，坚定信心，审时度势，继续坚持稳中求进的工作总基调，坚持以供给侧结构性改革为主线，坚持"创新、协调、绿色、开放、共享"新发展观念，坚持高质量发展的战略目标，以优异成绩向新中国成立 70 周年华诞献礼！

一、2018 年中国煤炭产业经济景气度

中国煤炭产业经济景气度在 2017 年三、四季度出现较大幅度下跌至 97.16 点后，于 2018 年一季度出现反弹，至 98.06 点，而后逐季盘落，二季度末 97.94 点，三季度末 97.72 点，至四季度末暨年末的 97.68 点，分别下降了 0.12 点、0.22 点、0.04 点。从总体上看，延续平稳运行的基本态势，但与 2017 年走势相比已发生变化。景气度明显趋弱，但降幅有收敛迹象（图 1）。在跟踪研究的 4

---

* 《中国煤炭》，2019 年第 45 卷第 2 期。

　参与本课题研究的除主编外还有：池亚楠、林火灿、王蕾、王奕、王志文、闫石。

个维度的十大指标中，在四季度末同比上升的有 5 个，分别是煤炭产量、进口量、主营业务收入、利润和投资；下降的有 5 个，分别是出口、库存、价格、应收款和用工数。

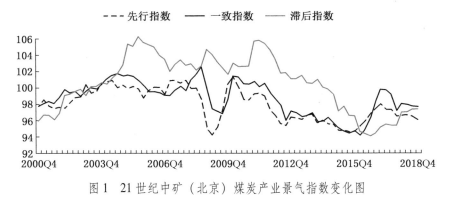

图 1　21 世纪中矿（北京）煤炭产业景气指数变化图

二、煤炭经济运行具体情况

（一）供给

1. 生产

2018 年累计生产煤炭 35.5 亿吨，同比增长 5.2%；增速较 2017 年加快 2 个百分点。其中，一季度产煤 8.05 亿吨，同比增长 3.9%；二季度产煤 8.92 亿吨，同比减少 1.3%；三季度产煤 8.98 亿吨，同比增长 2.2%；四季度产煤 9.51 亿吨，同比增长 11.43%，增速较 2017 年同期扩大 17.4 个百分点（图 2）。

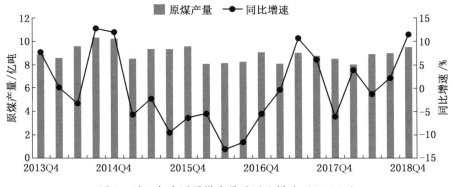

图 2　近五年我国原煤产量及同比增速（2018Q4）

2. 进口

2018 年累计进口煤炭 2.81 亿吨，同比增长 3.9%，较 2017 年增速收窄 2.2 个百分点。其中，一季度进口 7541 万吨，同比增长 16.6%；二季度进口 7059 万吨，同比增长 3%；三季度进口 8295.9 万吨，同比增长 15.9%；四季度进口 5227.3 万吨，同比减少 20.9%，降幅较 2017 年同期扩大 8.5 个百分点（图 3）。

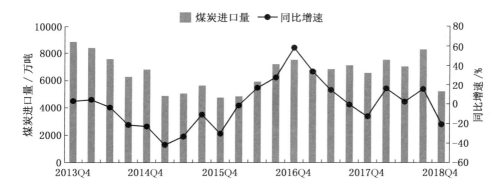

图 3   近五年我国煤炭进口量及同比增速（2018Q4）

3. 库存

2018 年末，全国重点电厂存煤 8141 万吨，可用 18 天；秦皇岛港库存煤炭 586 万吨，同比减少 7%。

煤炭产业产成品资金占用为 665.7 亿元，同比下降 10.4%，降幅较 2017 年同期扩大 9.1 个百分点。一季度末煤炭产业产成品资金占用为 743 亿元，同比下降 4.4%；二季度末为 742.3 亿元，同比下降 6.5%；三季度末为 723.6 亿元，同比下降 4.5%（图 4）。

（二）需求

1. 主营业务收入

2018 年主营业务收入为 22660.3 亿元，同比增加 5.5%；增速较 2017 年同期收窄 20.4 个百分点。其中，一季度为 5685.1 亿元，同比增加 2.7%；二季度为 6098.3 亿元，同比下降 11.5%；三季度为 6074.1 亿元，同比下降 10.3%；四季度为 4802.8 亿元，同比减少 9.7%，降幅较 2017 年同期收窄 16.7 个百分点（图 5）。

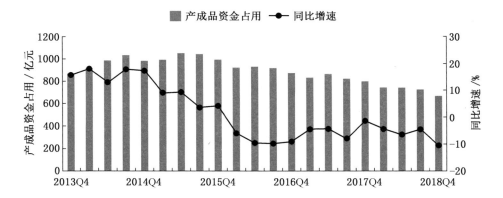

图 4 近五年我国煤炭产业产成品资金占用及同比增速（2018Q4）

图 5 近五年我国煤炭产业主营业务收入及同比增速（2018Q4）

2. 出口

2018 年累计出口煤炭 493.4 万吨，同比减少 39%；降幅较 2017 年同期扩大 32 个百分点。其中，一季度出口煤炭 96.8 万吨，同比下降 60.5%；二季度出口煤炭 139.7 万吨，同比下降 52.3%；三季度出口煤炭 108.7 万吨，同比下降 15.1%；四季度出口煤炭 148.2 万吨，同比下降 1.9%，增速较 2017 年同期 -39.1% 大幅回升（图 6）。

3. 价格

2018 年末，环渤海 5500 大卡动力煤价格 569 元/吨，同比下降 1.6%，较 2017

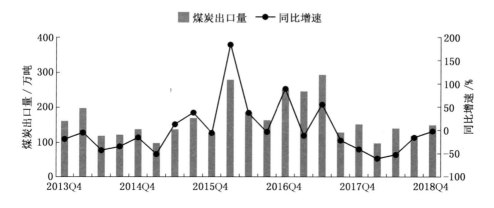

图 6　近五年我国煤炭出口量及同比增速（2018Q4）

年同期降幅收窄 0.9 个百分点。一季度末环渤海 5500 大卡动力煤价格为 571 元/吨，同比下降 5.6%；二季度末为 570 元/吨，同比下降 1.2%；三季度末为 569 元/吨，同比下降 2.9%。年末出厂价格指数为 104%（2017 年同期为 100%）（图 7）。

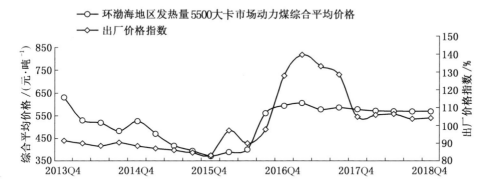

图 7　近五年我国环渤海地区煤炭价格走势（2018Q4）

（三）效益

1. 利润

2018 年实现利润总额 2888.2 亿元，同比增长 5.2%；较 2017 年同期增速 290.5% 大幅度回落。其中，一季度为 744.1 亿元，同比增长 18.1%；二季度为

819.9 亿元，同比增长 7%；三季度为 763.5 亿元，同比减少 3%；四季度为 560.7 亿元，同比减少 19.6%，较 2017 年降幅扩大 14 个百分点。近 5 年我国煤炭利润总额及销售利润率情况如图 8 所示。

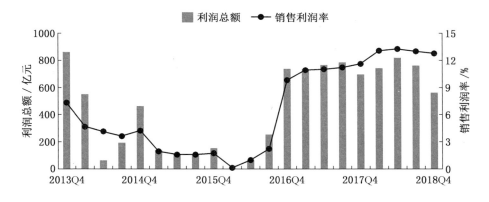

图 8　近五年我国煤炭利润总额及销售利润率（2018Q4）

2. 回款

2018 年末应收账款为 2403.5 亿元,同比增加 0.6%,较 2017 年同期降幅回落 6.7 个百分点。一季度末应收账款为 2563 亿元,同比减少 5.8%；二季度末为 2603.6 亿元,同比减少 5.6%；三季度末为 2552.2 亿元,同比减少 7.8%（图 9）。

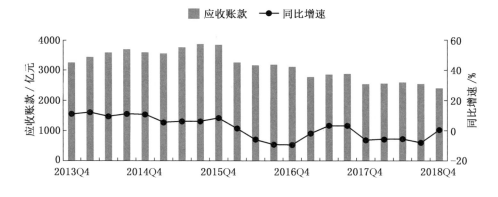

图 9　近五年我国煤炭产业应收账款及同比增速（2018Q4）

（四）发展

1. 投资

2018 年固定资产投资总额 2804.63 亿元，同比增长 5.9%；较 2017 年同期增幅扩大 18.2 个百分点。其中，一季度固定资产投资总额为 263.37 亿元，同比增长 3.7%；二季度固定资产投资总额为 865.26 亿元，同比增长 0.7%；三季度固定资产投资总额为 925.86 亿元，同比增长 3%；四季度固定资产投资总额为 750.15 亿元，同比增长 17.9%，增幅较 2017 年大幅度扩大（图 10）。

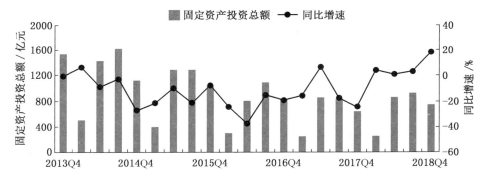

图 10　近五年我国煤炭产业固定资产投资总额及同比增速（2018Q4）

2. 用工

2018 年底从业人员为 320.9 万人，同比减少 4.6%，较 2017 年同期降幅收窄 4.2 个百分点。与一季度 329.8 万人、二季度 329.3 万人、三季度 326.6 万人相比有所下降（图 11）。

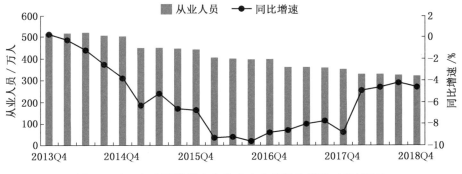

图 11　近五年我国煤炭产业从业人员及同比增速（2018Q4）

三、2018 年煤炭产业经济基本平稳运行的原因

2018 年，在世界经济增速放缓，贸易战爆发，美元强势，外部压力大的背景下，中国经济虽延续稳中向好态势，但下行压力也持续加大，结构性问题进一步暴露，资本市场疲软下行，金融风险加剧。中国煤炭产业在复杂多变的国内外经济形势下，依然能延续基本平稳运行态势实属不易。究其原因，主要有以下几点。

（一）得益于党中央国务院的坚强领导，政策的及时调整

在"百年未有之变局"的 2018 年，面对接二连三的突发事件和挑战，以习近平同志为核心的党中央，面对突变有静气，应对挑战有定力，坚持以新时代中国特色社会主义思想为指引，坚定践行"创新、协调、绿色、开放、共享"新发展理念，坚持改革开放、稳中求进的工作总基调，努力发挥制度优势，及时调整政策，五指并拢，打出稳就业、稳金融、稳外贸、稳投资、稳物价、稳预期的政策组合拳，使煤炭产业延续平稳运行态势所需的外部环境未在"百年未有之变局"中遭到破坏。

（二）得益于供给侧结构性改革的深入推进

2015 年 11 月 10 日，习近平同志在中央财经领导小组第十一次会议上提出"推进供给侧结构性改革"。为完成供给侧结构性改革"三去一降一补"，即去产能、去库存、去杠杆、降成本、补短板的重点任务，国务院连续发文做出相关部署。《国务院关于煤炭行业化解过剩产能实现脱困发展的意见》（国发〔2016〕7号）、《降低实体经济企业成本工作方案的通知》（国发〔2016〕48 号）、《国务院关于积极稳妥降低企业杠杆率的意见》（国发〔2016〕54 号）陆续下发。

自文件下发以来，煤炭产业积极贯彻落实。截至目前，累计化解过剩煤炭产能近 7 亿吨，产能过剩问题得到有效化解；在以债转股为主要手段的去杠杆过程中，企业资产负债率不断攀升的势头得到遏制；以降低政策性成本为重点的降成本过程，有效缓解了企业成本居高不下的矛盾；以解决产业发展过程中内生动力不足、转型升级迟缓问题的多项补短板措施正在全面推进，以对接煤炭产业高质量发展。

设想，若没有这几年的供给侧结构性改革，落后产能没有退出，过剩产能没有化解，过高的杠杆率没有稳下来，成本不降下去，短板不补上去，在整个煤炭产业需求疲软，有效需求没有跟上来的情况下，煤炭产业实现供求平稳的现状是绝不可能的。

（三）得益于煤炭产业开放合作的有序推进

开放合作包括对外开放和对内开放。对外开放，即跨国合作。对内开放，即打破所有制、地域以及产业界限的合作。改革开放 40 年来，煤炭产业有序推进开放合作，实践证明，开放合作是煤炭产业取得成功的法宝。多年的开放合作为煤炭产业平稳发展添砖加瓦：地域间的流通促进了煤炭资源优化配置；在国有和民营企业深度融合的体制机制下，企业积极性增强，内生动力加大；行业间矛盾得到有效化解，交易成本降低；许多先进的煤炭企业坚持"引进来"和"走出去"并举，在资源出现瓶颈的情况下，依然保持良好发展。兖矿集团在煤炭企业普遍面临杠杆居高不下、融资难且贵的困境时，积极主动寻求海外资源，在国际市场发行股票，历经十多年的发展，目前已成为澳洲第一大煤炭生产商。河南能源化工集团首开河南国企海外融资先河，海外募集资金 6250 万美元，有效解决了项目投资和偿还到期带息负债问题。神华曾一度瞄准蒙古国的煤矿资源，于 2014 年成功获得世界最大的未开采煤矿——塔本陶勒盖煤矿的开采权。国家能源集团由神华和国电电力重组而成，经过一年多的运行证明是成功的，二者的重组战略有效减少了重复投资，缓解了未来煤炭、电力等行业潜在产能过剩压力，使集团内部资源得到更充分利用，降低运营成本，实现规模效益。

（四）得益于下游产业较为给力

统计局调查数据显示，2018 年，全社会用电量 68449 亿千瓦时，同比增长 8.5%，创 2012 年以来增速新高；全国 6000 千瓦及以上电厂发电设备累计平均利用小时 3862 小时，同比增加 73 小时，各类型发电设备利用小时均同比增加。在化解过剩产能、出清地条钢等一系列改革政策措施推动下，钢铁产业运行情况在 2018 年保持稳中向好发展态势，尤其是"一带一路"的建设刺激了钢铁产业的有效需求。全国粗钢产量首破 9 亿吨，达 92826 万吨，同比增长 6.6%，这是 2015 年中国钢铁产业步入低谷以来的最快增速；钢材产量 110552 万吨，同比增长 8.5%。全国水泥产量为 217667 万吨，同比增长 3.0%。水泥产业在环保整治错峰限产、集中停产、优化产能结构和加强产能置换等政策推动下，水泥价格一路上扬，2018 年全国均价达 458 元/吨，较 2017 年上涨 100 元/吨。综合分析，下游产业对稳定煤炭需求、维持价格稳定较为给力。

（五）得益于煤炭企业发展方式转变和动能转换

多年来，煤炭企业习惯在市场疲软、价格盘落情况下，在市场重压之下，不仅没有限产、减产，反而通过提高产量的方式，薄利多销。在新的历史条件下，随着"创新、协调、绿色、开放、共享"的新发展理念日益深入人心，煤炭企业顺应时代潮流，积极寻求发展方式的转变和动力转换，全面贯彻高质量发展，逐渐由高速增长的规模速度型转变为高质量发展的质量效益型。主动放弃价格战和市场争夺战，朝精细化管理方向迈进，根据市场需求变化主动调整产量，稳定煤炭价格，加强内控管理，降本提效，主动对标高质量发展，实现了增速放缓条件下的稳定运行。

四、2019 年预期

综合分析国内外经济形势，结合煤炭产业自身发展的客观实际，2019 年我国煤炭产业下行压力较大，短期内难以改变景气度缓慢下行趋势；从已经和正在发生的诸多变化看，若调控不力，供求平衡的局面有可能被阶段性打破，煤炭市场价格下行的可能性较大。对此不可掉以轻心，要做好 2019 年过苦日子的准备，但也不必过于悲观，若无重大意外，不会出现始于 2012 年初那种"飞流直下三千尺"式的断崖式下跌；随着供给侧结构性改革的进一步深入，政府逆周期调控政策的陆续出台，及由此而产生的新动能的释放，景气度缓慢下行的态势会暂时改变趋势，温和向好，但对此期望值也不宜过高，不会出现 2016 年那种"煤超疯"式的报复性大幅反弹行情。总体来看，若无重大意外，2019 年我国煤炭产业景气度将呈现缓慢下行、温和调整、先抑后扬、相对平稳、稳中向好的态势。

（一）世界经济形势不容乐观

2018 年世界经济发生了"百年未有之变局"，爆发了史上最大规模的贸易战，已运行 70 余年的战后世界经济秩序面临挑战，保护主义、单边主义、孤立主义等逆全球化思潮甚嚣尘上，2008 年世界金融危机后调整形成的弱复苏局面被打破。客观地讲，"百年未有之变局"的发生，不会在短期内化解，谈判中的贸易紧张局面并没有从根本上改变，大宗商品价格大幅跳水，将会影响被打破的弱复苏局面的修复。透过金融风险不断上升的现象可见，引发经济危机的云团在积聚，随时可能爆发金融危机，乃至经济危机；在地缘政治矛盾日益尖锐化的情况下，经济危机极易引发政治危机。总体来看，2019 年世界经济形势不容乐观，区域性矛盾尖锐，局部性风险加大，美国等发达经济体从高增长转向衰退已很明显，新兴经济体面临的外部压力加大和挑战增多，增长率也将下降，增长动能减弱，增速相对 2018 年会有所放缓，做好经济下行应对是头等大事。国际货币基金组织已将近两年经济增长预期从 3.9% 下调至 3.7%，1 月 21 日再次下调至 3.5%。

（二）国民经济增速延续趋缓

在经济全球化、世界经济一体化的历史条件下，已经融入世界经济体中的中国经济目前没有办法摆脱百年未有世界经济变局之困扰，生变的世界经济已对中国经济产生重大影响。贸易战使外向型企业，尤其是电子通信、电气机械、化学产品等高新技术企业，面临成本增加、订单下降、减产歇业、调整重组的挑战。与此同时，为了防范金融风险，还要继续去杠杆，由于资本市场不给力，许多民营企业和中小微企业资金链断裂，产生了降杠杆与企业资金短缺并存的矛盾。2018 年逐季降低的 GDP 增长速度还没有止跌迹象，预示 2019 年一季度的经济增速趋缓，还将延续。世界银行预测 2019 年中国 GDP 增速约为 6.5%。2018 年 12 月，制造业采购经理指数（PMI）为 49.4%，低于临界点，创三年新低。"稳中向好、稳中有变、变中有忧"将成为未来一段时间中国经济的发展态势。

（三）煤炭市场需求增量有限

综合分析煤炭下游产业和替代能源发展态势，预测 2019 年我国煤炭市场需求增量有限。火力发电作为煤炭最大消费户，2018 年全国基建新增装机容量同比减少，其中太阳能发电和火电新增装机减少较多，电源和电网完成投资同比下降；2018 年钢材出口继续回落，全年出口 6933.6 万吨，同比降低 8.1%，"一带一路"建设对钢铁的需求也即将触及天花板，需求量减少；在"去库存""房住不炒"的政策背景下，房地产业仍将处于调整之中，建材市场继续低迷。

我国能源资源赋存结构是"富煤贫油少气"，石油和天然气进口量大。据中国石油企业协会预测，2018 年我国石油对外依存度逼近 70%，已成为世界上最大的石油进口国；天然气进口量也已高居世界第一；由于国内油价一直高于国际油价，国际原油价格暴跌进一步刺激了我国石油进口。煤炭与石油互为替代品的特性压缩了煤炭的有效需求，煤制油产业也受到影响。此外，在绿色工业发展和各类环境保护政策的约束下，新能源和可再生能源快速发展对煤炭的替代作用不断增强。在 2019 年全国能源工作会议上，国家能源局局长章建华指出，2019 年，非化石能源消费比重要提高到 14.6% 左右，天然气消费比重提高到 8.3% 左右，煤炭消费比重下降到 58.5% 左右。

（四）煤炭产业自身面对诸多困难

新中国成立以来，特别是改革开放 40 年来，我国煤炭产业有了长足发展，生产力水平大幅提高，生产关系有了极大改善。与此同时，也必须清醒地看到，产业自身存在的诸多问题，如产业集中度偏低、关联度较差、科技水平参差不齐、人员结构欠佳、投入产出效益不高、自我积累能力弱等问题，还没有从根本上解决；而且在改革发展过程中又产生了一些新的矛盾，如随着产能置换的推进和新建先进矿井的陆续投产，新过剩产能问题有可能生成，市场有效需求不能同步跟上，煤炭市场价格有下跌的忧虑，企业盈利水平有下降趋势，自我积累能力会进一步减弱，正在推动的"去杠杆"还没完全落地，又不得不再去融资"增杠杆"；在资本市场不给力，融资难、融资贵的环境下，纾解资金供给不足之困惑，将成为煤炭产业下一步发展面对的困局。不仅如此，随着科学技术的进步，生态环境、安全生产约束条件的增强，还必须增加刚性投入。基于以上分析，客观地讲，煤炭产业脱困发展仍在路上，高质量发展任重道远。

五、新形势下中国煤炭产业发展思路与政策建议

（一）发展思路

煤炭产业发展要立足于世界经济处在百年未有之大变局，国民经济中深层次

问题尚待解决，产业经济结构性矛盾突出这一时代背景，坚定信心，审时度势，继续坚持稳中求进的工作总基调，坚持以供给侧结构性改革为主线，坚持五大新发展理念，坚持高质量发展的战略目标，抓住机遇，主动出击，守住底线，平稳运行。创造优异成绩向新中国成立 70 周年华诞献礼！

（二）政策建议

1. 坚定信心，砥砺前行

面对"百年未有之大变局"和异常复杂的经济形势，首要的是要有定力，要增强战胜困难的自信心。在复杂的形势面前，信心比金子更重要。坚信以习近平同志为核心的党中央的坚强领导，坚信伟大的中国人民的聪明智慧和力量，坚信中国特色社会主义制度优越性，坚信经过新中国 70 年发展历程，特别是改革开放 40 周年创新发展的中国煤炭产业已拥有足够的韧性和巨大潜力，长期向好的态势不会被扭转；坚信 325 万特别能战斗的中国煤炭产业大军一定能同心同结、团结一致、主动应变、积极排忧、砥砺前行。

2. 审时度势，稳中求进

"百年未有之大变局"是挑战，同时也是机遇。人类社会发展史告诉我们，大变局中蕴藏大机遇。问题的关键是要善于在错综复杂的条件下看准机遇，抓住机遇，而关键之关键是审时度势，即能客观准确地研判把握不断变化的形势，顺势而为，稳中求进。

中国煤炭产业要密切关注国内外不断变化的新形势，加强对复杂多变形势的分析研判，适应新常态，引领新业态，利用大变局带来的大机遇，用开放的国际化视野谋划中国煤炭产业发展大计，抓住今年召开的第二届"一带一路"高峰论坛契机，积极拓展沿线国家煤炭产业经济发展空间，主动参与世界经济格局与秩序重构，努力塑造中国煤炭的大国形象，争取本应属于中国的话语权。要加强对国际国内资本市场的研究，抓住发达国家后次贷危机和债券危机资本市场调整的机会，加大资本运作力度，挖掘国内外金融资本对我国煤炭产业投资的热情；要利用好新中国成立 70 周年华诞这一历史机遇，努力调动煤炭产业职工为祖国做贡献的积极性、主动性、创造性；要根据能源结构性变化和市场信号的变化，调控产能释放，稳定煤炭供给，构建相对平衡和均态的市场格局，以实现煤炭价格的相对稳定。

3. 转变方式，高质量发展

发展是解决我国一切问题的基础和关键，而如何发展是发展问题的关键所在。40年改革开放使中国进入了一个新时代，新时代的世界政治、经济格局必然发生变化，更为激烈的国际竞争将成为新常态，近期爆发的"美中贸易战"足以证明。国内主要矛盾的转变，也要求我们转变发展方式，从高速增长转向高质量发展，从根本上解决发展不平衡、不充分和不可持续问题，更好地满足人民日益增长的美好生活需要。

高质量发展一般是指行为主体为应对生存和发展环境的变化，而选择的发展方式或发展质量状态。本报告所说的高质量发展，是指以习近平新时代中国特色社会主义思想为指导，充分体现新发展理念要求，把创新作为第一动力，协调成为内生特点，绿色成为普遍现象，开放成为必由之路，共享作为本质要求，能够适应、引领新常态，更好地满足人民日益增长的美好生活需要的经济发展方式和发展质量状态。具体到煤炭产业就是要通过不断深入的改革与创新，推动企业制度、资产结构、工艺技术、生产服务、投入产出、安全生产、环境保护、社会责任等方面质量不断提升的发展方式，致力于形成"清洁、低碳、安全、高效"新业态。

4. 深化改革，创新驱动

中国经济发展实践充分证明改革是促进经济增长与发展的法宝，创新是新旧动能转换的第一驱动力。习近平同志在中央经济工作会议上指出："我国经济运行主要矛盾仍然是供给侧结构性的，必须坚持以供给侧结构性改革为主线不动摇。"新形势下煤炭产业高质量发展有赖于进一步深化改革，创新驱动产品和服务质量、投入产出效率、增长发展动能变革。

作为供给侧结构性改革主战场的煤炭产业，在党中央、国务院的正确领导下已经取得卓越成效，但仍需进一步深化，而且在改革进程中新产生的问题也需要在下一步深化改革中加以解决。去过剩产能要坚定不移，落后产能要坚决出清，扭亏无望的"僵尸"企业要坚决退出市场，同时要保护发展先进产能，给予政策支持，产能市场化减量置换值得推广，但要防止形成新过剩产能。去杠杆降低企业资产负债率是大势所趋、久久为功的战略性措施，但要考虑特殊时期的客观实际，要在不危及产业安全的前提下推进，去杠杆要先稳杠杆，要在替代资金确保落地到位的前提下进行。降低政策性成本要加大政府政策的逆周期调节力度，把正税清费工作继续推进下去，金融政策应适度增加灵活性和精准度，可采取阶段性降准降息措施调控资金供给量；深化放管服改革，清除"红帽子"中介，改善营商环境，降低制度性可交易成本；深化价格体制和形成机制改革，清除垄断，增加听证，降低用能、用地、物流成本；深化就业、社会保障制度改革，辅之以临时性措施，解决人工成本相对上升过快的矛盾。补短板作为供给侧结构性改革唯一一个做加法的任务事关全局成败，要针对煤炭产业内生动力不足、转型升级迟缓、不平衡、不协调、不可持续问题，通过科技创新、组织创新、体制机制创新，增强产业克服困难、应对挑战的韧性和化解风险能力，以确保国家能源安全和广大煤炭职工的福祉。

2019年

坚定信心　砥砺前行　审时度势
稳中求进　转变方式　高质量发展*

（一季度）

2019 年一季度，我国煤炭产业开局尚稳，延续了 2018 年的平稳运行态势，中矿（北京）煤炭产业景气指数为 97.02 点，较 2018 年四季度下降 0.88 点（图 1）。

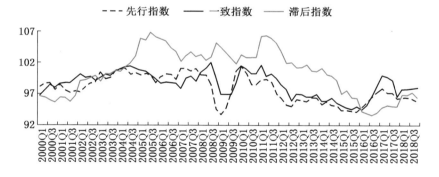

图 1　21 世纪中矿（北京）煤炭产业景气指数变化图

从具体数据看：一季度累计生产煤炭 8.1 亿吨，同比增长 0.4%，增速较 2018 年同期放缓 3.5 个百分点；累计进口煤炭 7462.8 万吨，同比下降 1.8%，

---

* 《中国煤炭经济研究院信息要报》，2019 年第六期（总第 130 期）。
参与本课题研究的除主编外还有：池亚楠、林火灿、王蕾、王奕、王志文。

较 2018 年同期增速回落 18.4 个百分点；全国重点电厂存煤可用 18 天左右；秦皇岛港库存煤炭 639.5 万吨，同比减少 1.3%。主营业务收入基本与 2018 年同期持平；累计出口煤炭 182.4 万吨，同比增长 88.5%，增速较 2018 年同期扩大 149 个百分点；环渤海 5500 大卡动力煤价格 578 元/吨，同比增长 1.2%，增速较 2018 年同期扩大 6.9 个百分点，比 2018 年年底增加 9 元/吨；累计实现利润总额 600 亿元左右，与 2018 年同期相比变化不大；固定资产投资总额 308.9 亿元，同比增长 17.3%，较 2018 年同期增速扩大 13.6 个百分点；从业人数与 2018 年年底相比没有大的变化。

我国煤炭产业能够保持相对平稳运行的态势，得益于党中央的坚强领导。在"百年未有之变局"面前，以习近平同志为核心的党中央，面对突变有静气，应对挑战有定力，坚持以新时代中国特色社会主义思想为指引，坚定践行"创新、协调、绿色、开放、共享"新发展理念，坚持改革开放、稳中求进的工作总基调，努力发挥制度优势，及时调整政策，五指并拢，打出稳就业、稳金融、稳外贸、稳投资、稳物价、稳预期的政策组合拳，使煤炭产业延续平稳运行态势所需的外部环境未遭到破坏，使得 2019 年初煤炭产业运行相对平稳。得益于煤炭企业发展方式转变和动能转换。在新的历史条件下，随着新发展理念日益深入人心，煤炭企业顺应时代潮流，积极寻求发展方式的转变和动力转换，全面贯彻高质量发展，逐渐由高速增长的规模速度型转变为高质量发展的质量效益型；主动放弃价格战和市场争夺战，朝精细化管理方向迈进，根据市场需求变化主动调整产量，稳定煤炭价格，加强内控管理，降本提效，主动对标高质量发展，实现了增速放缓条件下的稳定运行。

2019 年一季度，我国经济运行开局平稳，GDP 增长 6.4%，积极因素逐渐增多，市场预期的信心增强。3 月，制造业采购经理指数（PMI）为 50.5%，比 2 月上升 1.3 个百分点，连续 3 个月低于临界点后重回扩张区间（2018 年 12 月，PMI 为 49.4%）。国民经济总体平稳、稳中有进的发展态势，为煤炭产业下一步发展坚打下良好基础。从《20 世纪中矿（北京）煤炭产业景气指数（先行、一致、滞后指数）变化图》（图 1）中可看出，煤炭产业经济在异常复杂多变的国内外形势下，存在下行的可能。我们要未雨绸缪，审时度势，继续坚持稳中求进的工作总基调，坚持以供给侧结构性改革为主线，坚持五大新发展理念，努力实现高质量发展。

一、坚定信心，砥砺前行

面对异常复杂的经济形势，最重要的是要有定力，要增强战胜困难的自信心。坚信以习近平同志为核心的党中央的坚强领导，坚信伟大的中国人民的聪明智慧和力量，坚信中国特色社会主义制度优越性，坚信煤炭产业经过新中国 70 年发展历程已拥有足够的韧性和巨大潜力，长期向好的态势不会被扭转；坚信特别能战斗的中国煤炭产业大军一定能同心同结、团结一致、主动应变、积极排忧、砥砺前行。

二、审时度势，稳中求进

中国煤炭产业要密切关注国内外不断变化的新形势，用开放的国际化视野谋划中国煤炭产业发展大计。要抓住 2019 年召开的第二届"一带一路"高峰论坛契机，积极拓展沿线国家煤炭产业经济发展空间，主动参与世界经济格局与秩序重构。要利用好新中国成立 70 周年华诞这一历史机遇，努力调动煤炭产业职工为祖国做贡献的积极性、主动性、创造性；要根据能源结构性和市场信号的变化，调控产能释放，稳定煤炭供给，构建相对平衡和均态的市场格局，以实现煤炭价格的相对稳定。

三、转变方式，高质量发展

发展是解决我国一切问题的基础和关键，而如何发展是发展问题的关键所在。40 年改革开放使中国进入了一个新时代，也使中国煤炭产业进入了一个新时代，煤炭产业以往粗放的发展方式已走到尽头。要通过不断深入的改革与创新，推动企业制度、资产结构、工艺技术、生产服务、投入产出、安全生产、环境保护、社会责任等方面质量的不断提升，转变发展方式，致力于形成"清洁、低碳、安全、高效"新业态，实现高质量发展。

煤炭产业要深化改革加快创新[*]

（二季度）

2019 年上半年，我国煤炭产业立足于世界经济处在百年未有之重大变局和国民经济运行总体平稳、稳中有进、能源消费同比有所增加的背景下，原煤产量同比有所增长，进口旺盛；由于成本降低有限，利润同比出现下降。具体数据如下：

（1）累计生产煤炭 17.6 亿吨，同比增长 2.6%；累计进口煤炭 1.5 亿吨，同比增长 5.8%；全国重点电厂存煤 9000 万吨，可用 24 天；秦皇岛港库存煤炭 559 万吨，同比减少 20.6%；煤炭产业产成品资金占用为 622 亿元，同比下降 11.6%。

（2）煤炭产业营业收入为 11697.3 亿元，同比增长 3.6%；累计出口煤炭 297.7 万吨，同比增长 61.2%；环渤海 5500 大卡动力煤价格 578 元/吨，同比增长 1.4%，较 2018 年同期增速扩大 2.6 个百分点；出厂价格指数为 103.4%；营业成本 8333.8 亿元，同比增长 6.3%。

（3）累计实现利润总额 1391.1 亿元，同比下降 7.1%，增速较 2018 年回落 25.5 个百分点；应收票据及应收账款为 3574.6 亿元，同比减少 10.2%。

（4）固定资产投资总额在 1400 亿元左右，同比增长 24%，增速较 2018 年同期扩大 22.6 个百分点；从业人数变化基本平稳。

2019 年下半年以来，我国煤炭产业面对的困局没有发生根本性的改变。

---

* 《中国煤炭经济研究院信息要报》，2019 年第九期（总第 133 期）。

参与本课题研究的除主编外还有：池亚楠、林火灿、王蕾、王志文。

首先，从国际形势看，"百年未有之大变局"仍在进行，受国际政治环境恶化、贸易冲突升级影响，发达国家增长动力减弱、发展中国家发展受阻，全球经济下行风险加大，人民币与美元的比价出现下跌，世界银行将 2019 年全球经济增长预期从 2018 年的 3% 降至 2.9%。

其次，从国民经济发展形势看，2019 年上半年中国经济总体运行在平稳区间，上半年国内生产总值达 450933 亿元，同比增长 6.3%，其中最终消费支出对经济增长的贡献率达 60.1%，第三产业增加值占 GDP 的 54.9%。然而，面对我国经济自身发展不平衡不充分的诸多问题，稳增长、防风险的形式依旧严峻，从需求侧来看，消费增速持续疲软，虽房地产开发投资维持高位，基建投资小幅回升，但受工业企业利润增速下降、进出口增速下滑的影响，制造业投资大幅下滑，总投资增速有所回落，经济持续增长承压明显。

再次，从与煤炭相关的产业发展状况看，2019 年上半年四大耗煤产业亮点不多，仅建材业维持较高景气度，火电、钢铁、化工均承受较大的发展压力。其中，火电需求微增、经营乏力；钢铁业"两升两降"，即产量增、成本升、价格降、效益降；建材业量稳价升、效益显著增长；化工业则难言景气。预计下半年，火电成本下降难、发电小时数提升难，经营困难局面难以改善；钢铁业有望在国外矿山复产带来铁矿石价格下降的作用下，经营状况有所好转；建材业在地产投资减弱、基建投资复苏的对冲作用下，仍将保持较高的景气度；煤化工产业在油价下行压力加大、需求进一步承压的背景下，景气状况难有改善。总体而言，下半年煤炭下游产业发展状况难以出现实质性的转变，因而对煤炭产业深化供给侧改革、提升高质量发展水平提出了更高的要求。

基于以上分析，我们建议深化改革，加快创新。

中国经济发展实践充分证明改革是促进经济增长与发展的法宝，创新是新旧动能转换的第一驱动力。习近平同志在中央经济工作会议上指出："我国经济运行主要矛盾仍然是供给侧结构性的，必须坚持以供给侧结构性改革为主线不动摇。"新形势下煤炭产业高质量发展有赖于进一步深化改革，创新驱动产品和服务质量、投入产出效率、增长发展动能变革。

作为供给侧结构性改革主战场的煤炭产业，在党中央、国务院的正确领导下已经取得卓越成效，但仍需进一步深化，而且在改革进程中新产生的问题也需要在下一步深化改革中加以解决。去过剩产能要坚定不移，落后产能要坚决出清，扭亏无望的"僵尸"企业要坚决退出市场，抓住国际资本撤离煤炭产业造成国际煤炭供给量减少的机遇，适时适当调整煤炭进出口政策，同时要保护发展先进产能，给予政策支持，产能市场化减量置换值得推广，但要防止形成新过剩产能。去杠杆降低企业资产负债率是大势所趋的战略性措施，但要考虑特殊时期的客观实际，要在不危及产业安全的前提下推进，去杠杆要先稳杠杆，要在替代资金确保落地到位的前提下进行。降低政策性成本要加大政府政策的逆周期调节力度，把正税清费工作继续推进下去，金融政策应适度增加灵活性和精准度，可采取阶段性降准降息措施调控资金供给量；深化放管服改革，清除"红帽子"中介，改善营商环境，降低制度性可交易成本；深化价格体制和形成机制改革，清除垄断，增加听证，降低用能、用地、物流成本；深化就业、社会保障制度改革，辅之以临时性措施，解决人工成本相对上升过快的矛盾。补短板作为供给侧结构性改革唯一一个做加法的任务事关全局成败，要针对煤炭产业内生动力不足、转型升级迟缓、不平衡、不协调、不可持续问题，通过科技创新、组织创新、体制机制创新，增强产业克服困难、应对挑战的韧性和化解风险能力，以确保国家能源安全、产业可持续发展和广大煤炭职工的福祉。

要迎难而上，创新驱动。国际资本逃离煤炭产业的本质原因，是煤炭利用大量排放二氧化碳不符合全球低碳发展趋势。要通过兼并重组提高煤炭企业实力，推动煤炭由燃料向原料、向材料、向产品的转型，特别是要加大对二氧化碳捕集利用的研发，即碳汇产业发展，实现二氧化碳循环利用，使传统煤炭产业焕发出新生机，实现与非化石能源相伴发展。

我国煤炭产业形势保持整体平稳态势[*]

（三季度）

2019年三季度，我国煤炭产业形势保持整体平稳态势，中矿（北京）煤炭产业景气指数为98.11点，同比增长0.01点，环比增长0.27点（图1）。

图1　21世纪中矿（北京）煤炭产业景气指数变化图（2019Q3）

跟踪研究的具体数据如下：

（1）前三季度累计生产煤炭27.4亿吨，同比增长4.5%，增速较2018年同期放缓0.6个百分点；进口煤炭2.5亿吨，同比增长9.5%，增速较2018年同期减缓2.3个百分点；营业成本同比增长6.3%。三季度末全国重点电厂存煤8598

* 《中国煤炭经济研究院信息要报》，2019年第十一期（总第135期）。

参与本课题研究的除主编外还有：池亚楠；林火灿；王蕾；王志文；刘利鹏，中国矿业大学（北京）博士研究生。

万吨，可用 24 天；秦皇岛港库存煤炭 585 万吨，同比减少 7.6%；煤炭产业产成品资金占用为 650.4 亿元，同比下降 6.6%，降幅较 2018 年同期扩大 2.1 个百分点。

（2）前三季度煤炭产业营业收入为 18305.6 亿元，同比增长 3.9%，增速较 2018 年同期收紧 0.8 个百分点；出口煤炭 421.8 万吨，同比增长 22.2%，增速较 2018 年同期扩大 69.2 个百分点。三季度末环渤海 5500 大卡动力煤价格 578 元/吨，同比增长 1.6%，增速较 2018 年同期扩大 4.5 个百分点；出厂价格指数为 100.2%（2018 年同期为 100%）；但 5500 大卡和 5000 大卡动力煤价格 9 月比 8 月分别回落 4 元/吨和 1 元/吨，电煤价格下降 6.18%。

（3）前三季度煤炭产业累计实现利润总额 2165 亿元，同比下降 3.2%，增速较 2018 年回落 17.7 个百分点；应收票据及应收账款为 3641.7 亿元，同比下降 6.3%。

（4）前三季度煤炭产业固定资产投资总额 2590.7 亿元，同比增长 26.1%，增速较 2018 年同期扩大 24 个百分点；从业人数基本保持不变。

在世界经济上行乏力，低速增长，中美贸易战持续胶着，国民经济下行压力增加，相关产业除建材业维持较高景气度，其他产业均承受较大上行发展压力，煤炭市场需求旺季不旺、价格该涨不涨的经济背景下，煤炭产业经济形势持续延续平稳态势实属不易。客观总结，得益于以习近平同志为核心的党中央的正确领导和国务院的正确战略布局，是继续深入开展的以"三去一降一补"为主要任务的供给侧结构性改革、从高速增长阶段转向高质量发展阶段发展方式转变结下的硕果。

伴随着庆祝新中国成立 70 周年的礼炮声，中国煤炭产业又开始了新征程。客观地讲，曾被伟人毛泽东称之为"特别能战斗"的中国煤炭职工队伍，定能不忘初心、砥砺前行。同时也应清楚地意识到，在世界处于百年未有之重大变局的时代背景下，前行的路也并非一马平川，艰难险阻依然存在。

从国际形势看，世界经济持续下行、复苏动力减弱。世界主要经济体如美国、欧洲、日本、新兴经济体等经济发展速度仍在不同程度地放缓。伴随中美贸易战长期化，贸易保护主义不断加剧，已严重损害世界经济增长。商业信心下降，投资放缓，世界金融也承受极大风险，金融收紧和偿债成本增加，挤压产业利润，受英国脱欧、地缘政治紧张和气候变化等问题影响，国际经济形势不容乐观。

从国民经济看，中国经济是世界经济的一部分，面临较大下行压力。消费持续低迷，投资增速回落，对外贸易增速下滑，失业率有所上升，居民收入水平增速下降。但国家统计局公布的数据显示，前三季度国内生产总值（GDP）70 万亿元，同比增长 6.2%。分季度看，一季度增长 6.4%，二季度增长 6.2%，三季度增长 6.0%，逐季盘落，但幅度不大。

从煤炭相关产业看，三季度火电、化工、建材、冶炼增速走势分化，仅建材业维持较高景气度，其他产业均承受较大发展压力。总体而言，煤炭下游产业发展状况虽有所好转但仍难以实现实质性突破，故对煤炭产业深化供给侧改革、提升高质量发展水平提出了更高的要求。

展望未来，尽管前行的路上有险阻困难，但有利因素还是比较多的。只要我们立足我国基本国情和发展阶段，坚信党中央、国务院的坚强正确领导，适应、引领新常态，科学规划产业布局，加快输煤输电通道建设，推动安全、绿色开采和清洁高效利用，定会排除万难，争取更大胜利，走出这波较长的低谷运行期，迎来从高速增长十年黄金期向高质量发展的黄金期转变。

坚持稳中求进的总基调
顺势而为谋转型 主动创新谋发展[*]

（四季度暨年度）

2019 年，在国内外不确定性明显上升的复杂局面下，我国经济运行总体平稳、稳中有进，主要预期目标较好实现。煤炭产业供求基本平衡，产业景气指数有所回升，整体运行保持平稳态势。2020 年，受国内外环境和新冠肺炎疫情等因素影响，煤炭产业运行仍将面临不小的下行压力。在迈向高质量发展的征程中，煤炭产业高质量发展必须坚持稳中求进的总基调，顺势而为谋转型，主动创新谋发展。

一、中国煤炭产业经济景气度

2019 年四季度，中矿（北京）煤炭产业景气指数为 98.79 点，比 2018 年同期上升 0.51 点，比上季度上升 0.75 点。景气指数表明，我国煤炭产业整体保持平稳运行态势（图 1）。

二、煤炭经济运行情况

从跟踪研究的四个维度十大指标看，2019 年，煤炭产业供求基本平衡、韧性增强、波动较小，产业运行总体平稳、稳中向好。

---

* 《中国煤炭》，2020 年第 46 卷第 3 期。
参与本课题研究的除主编外还有：林火灿；张新闻，经济学硕士，中国工商银行业务开发中心产品经理；池亚楠；王楠；刘利鹏；王志文。

图 1　21 世纪中矿（北京）煤炭产业景气指数变化图（2019Q4）

（一）供给

1. 生产

2019 年全年，全国累计生产煤炭 37.5 亿吨，同比增长 4.2%，增速较 2018 年同期放缓 1 个百分点。其中，一季度产煤 8.1 亿吨，同比增长 0.4%；二季度产煤 9.5 亿吨，同比增长 6%；三季度产煤 9.8 亿吨，同比增长 8.9%；四季度产煤 10.1 亿吨，同比增长 6.1%（图 2）。

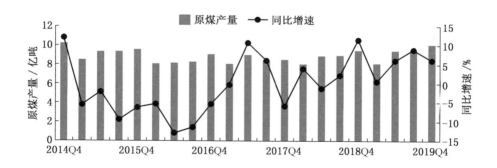

图 2　近五年我国原煤产量及同比增速（2019Q4）

2. 进口

2019 年全年，累计进口煤炭 3 亿吨，同比增长 6.3%，增速较 2018 年同期加快 2.4 个百分点。其中，一季度进口 7462.8 万吨，同比减少 1.8%；二季度进口 7985.8 万吨，同比增长 13.1%；三季度进口 9608.7 万吨，同比增长 15.8%；四季度进口 4910.1 万吨，同比减少 6.1%（图 3）。

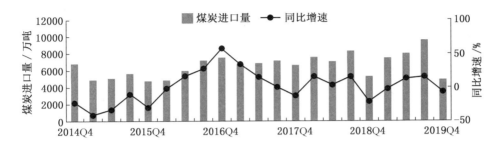

图 3 近五年我国煤炭进口量及同比增速（2019Q4）

3. 库存

2019 年末，全国重点电厂存煤 8296 万吨，可用 17 天；秦皇岛港库存煤炭 560 万吨，同比减少 4.4%。煤炭产业产成品资金占用为 631.1 亿元，同比减少 3.5%，降幅比 2018 年同期收窄 6.9 个百分点。其中，一季度末产成品资金占用 592.8 亿元，同比减少 16.2%；二季度末产成品资金占用 622 亿元，同比减少 11.6%；三季度末产成品资金占用 650.4 亿元，同比减少 6.6%（图 4）。

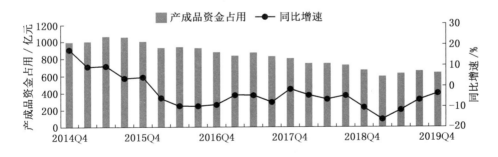

图 4 近五年我国煤炭产业产成品资金占用及同比增速（2019Q4）

（二）需求

1. 营业收入

2019 年全年煤炭产业营业收入为 24789 亿元，同比增长 3.2%，增速较 2018

年同期放缓 1.1 个百分点。其中，一季度营业收入 5478.6 亿元，同比增长 5.4%；二季度营业收入 6218.7 亿元，同比减少 8.2%；三季度营业收入 6608.3 亿元，同比下降 0.3%；四季度营业收入 6483.4 亿元，同比增长 22.9%（图 5）。

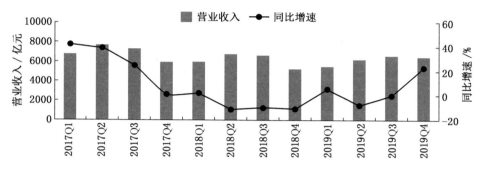

图 5　近三年我国煤炭产业营业收入及同比增速（2019Q4）

2. 出口

2019 年全年，累计出口煤炭 602.5 万吨，同比增长 22.1%，2018 年同期为同比下降 39.0%。其中，一季度出口 182.4 万吨，同比增长 88.5%；二季度出口 115.3 万吨，同比减少 17.5%；三季度出口 124.1 万吨，同比增长 14.2%；四季度出口 180.7 万吨，同比增长 21.9%（图 6）。

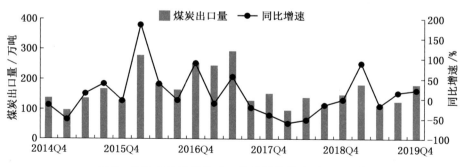

图 6　近五年我国煤炭出口量及同比增速（2019Q4）

3. 价格

2019 年末，环渤海 5500 大卡动力煤价格 552 元/吨，同比下跌 3%，跌幅较

2018 年同期扩大 1.4 个百分点；出厂价格指数为 96.4%（2018 年同期为 100%）。近五年我国煤炭价格走势如图 7 所示。

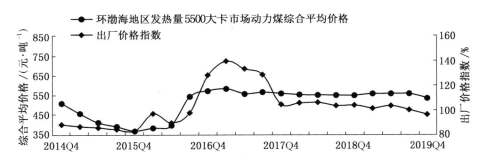

图 7 近五年我国煤炭价格走势（2019Q4）

（三）效益

1. 利润

2019 年全年累计实现利润总额 2830.3 亿元，同比减少 2.4%。其中，一季度实现利润总额 589.5 亿元，同比减少 18%；二季度 801.6 亿元，同比减少 2.2%；三季度 773.9 亿元，同比增长 1.4%；四季度 665.3 亿元，同比增长 18.7%。近五年我国煤炭利润总额及销售利润率如图 8 所示。

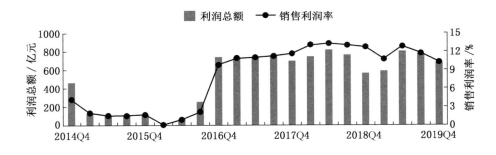

图 8 近五年我国煤炭利润总额及销售利润率（2019Q4）

2. 回款

2019 年末，应收账款为 3510.5 亿元，同比减少 3%。其中，一季度末应收

账款为 3425.8 亿元，同比减少 6.5%；二季度末为 3574.6 亿元，同比减少
10.2%；三季度末为 3641.7 亿元，同比减少 6.3%（图 9）。

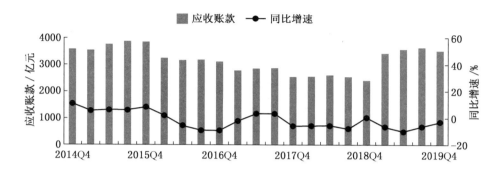

注：自 2019 年一季度起应收账款统计范围扩展为应收票据及应收账款，故数值偏高。

图 9   近五年我国煤炭产业应收账款及同比增速（2019Q4）

（四）发展

1. 投资

2019 年全年固定资产投资总额 3634.8 亿元，同比增长 29.6%；增速较 2018
年同期加快 23.7 个百分点。其中，一季度固定资产投资总额为 308.9 亿元，同
比增长 17.3%；二季度为 1090.6 亿元，同比增长 26%；三季度为 1191.2 亿元，
同比增长 28.7%；四季度为 1044.1 亿元，同比增长 39.2%（图 10）。

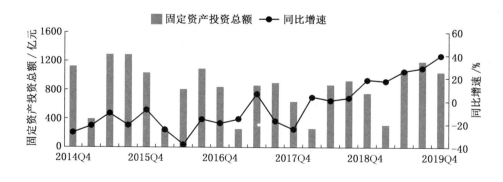

图 10   近五年我国煤炭产业固定资产投资总额及同比增速（2019Q4）

2. 资产

2019 年末，资产总计 56360 亿元，同比增长 3.7%，增速较 2018 年同期回落 1.2 个百分点；资产负债率为 64.89%，较 2018 年降低 0.8 个百分点。其中，一季度末资产总计 54207.8 亿元，同比增长 3.7%；二季度末 54138.6 亿元，同比增长 2.2%；三季度末 56448.4 亿元，同比增长 4.4%（图 11）。

图 11 近五年我国煤炭资产总计及资产负债率（2019Q4）

三、原因分析

2019 年，在国内外不确定性明显上升的复杂局面下，我国经济运行总体平稳、稳中有进，主要预期目标较好实现，全面建成小康社会取得新的重大进展。煤炭产业实现了供求基本平衡的局面，韧性增强、波动小、总体平稳、稳中向好。究其原因，主要有以下几点。

（一）党中央、国务院的坚强领导和正确战略部署

当今世界正面临"百年未有之大变局"，国际环境复杂多变。面对国际能源供需格局深度调整和能源新形势、新挑战，中央不断增强忧患意识和发展信心，保持战略定力，注重稳扎稳打，把贯彻落实党的十九大精神和能源安全新战略引向深入。按照"巩固、增强、提升、畅通"八字方针，坚定不移推进能源领域供给侧结构性改革，着力推动能源发展质量变革、效率变革、动力变革。及时正确处理能源高质量发展面临的重大现实问题，切实加强推动能源高质量发展的支撑保障，扎实推进能源产业朝着更高质量、更有效率、更加公平、更可持续的方

向发展。

（二）得益于供给侧结构性改革的持续深入推进

供给侧结构性改革是我国经济工作的一条主线。煤炭产业作为供给侧结构性改革的主战场，近年来持续推进去产能工作，并逐步从总量性去产能转向结构性优化产能。经过多方努力，煤炭市场供需实现从严重供大于求到基本平衡的转变，煤炭产业结构不断优化，大型现代化煤矿成为行业"主力军"，市场价格保持在绿色区间，整体效益稳步回升。2019 年，能源系统坚决淘汰落后过剩产能，深入推进煤炭结构性去产能，组织实施年产 30 万吨以下煤矿分类处置，关闭退出落后煤矿 450 处以上，淘汰关停 2000 万千瓦煤电机组的"十三五"去产能任务超额完成。

（三）转变发展方式的具体体现

进入 21 世纪以来，我国煤炭产业先后经历了"黄金十年"的高速发展和"寒冬四年"的深刻教训。在我国宏观经济正处于增长速度换挡期、结构调整阵痛期和前期刺激政策消化期"三期"叠加的宏观大背景下，煤炭产业传统的粗放型的发展方式难以为继。在"五大新发展理念"的引领下，煤炭产业自觉适应新时代、新业态的需要，主动践行由高速增长转为高质量发展的发展思路，遵循"四个革命、一个合作"的能源安全新战略原则，以创新为动力，实现煤炭开发利用全过程、全要素、全周期、全方位的高质量和可持续发展。

（四）煤炭产业大军特别能战斗

新中国成立 70 年来，在党和政府的正确指导下，煤炭产业发展了一批"特别能吃苦、特别能战斗、特别能奉献"的产业大军，上至产业主管部门，下至微观企业主体，齐心协力，共同维护煤炭产业的平稳发展。

在世界能源格局指向性明显，风能、核能、太阳能等新能源快速发展，迅速挤占煤炭市场的大背景下，产业主管部门明确提出煤炭在未来一定时间内仍将保持我国基础能源地位不动摇，坚定了产业发展的信心①。

---

① 2019 年 12 月 16 日召开的全国能源工作会议指出，要稳基础、优产能，切实抓好煤炭兜底保障，深刻认识我国能源资源禀赋和煤炭的基础性保障作用，持续做好煤炭清洁高效利用这篇大文章，不轻易转移对煤炭的注意力，不轻言"去煤化"。

2019 年 4 月 25 日，"一带一路"能源合作伙伴关系成立，"一带一路"倡议提出近六年来，能源领域合作成果丰硕，一大批标志性能源项目顺利落地，将更有助于推进煤炭产业的开放合作。

微观企业主体也持续发力。例如，同煤集团以循环经济建设助推企业高质量发展，遵循"减量化、再利用、再循环"的"3R"发展思路，实现了经济效益、生态效益和社会效益并举；山西焦煤集团自"双百行动"改革方案全面实施以来，市场化经营机制改革取得突破，历史欠账和遗留问题有效消化解决，企业活力动力明显提升。

四、前景展望

2020 年，在全球经济不稳定不确定性因素增加，国内经济增速下行压力加大，加之煤炭供应总量过剩，进口规模不减，下游需求不振，煤炭行业下行压力逐步加大。预计全年煤炭市场供应格局、消费格局、运输和竞争格局发生显著变化，风险和机遇并存。

（一）国际经济形势不稳定不确定，面临下行风险

当前，世界经济增长持续放缓，仍处在国际金融危机后的深度调整期，世界大变局加速演变的特征更趋明显，全球动荡源和风险点显著增多。

2019 年 10 月，IMF 发布的报告认为，2020 年各经济体增长步调预计将出现分化，全球经济增速可能从 2019 年的低谷中温和回升 0.4 个百分点到 3.4%。但由于不稳定不确定因素增多，该预测值面临着下行风险，下行风险可能来自贸易情势恶化、英国脱欧干扰以及金融市场突然涌现避险情绪等。

发达经济体 2020 年整体增速预计和 2019 年持平。美国随着财政刺激措施解除，2020 年增长预期将小幅减缓至 2.1%。日本消费税率增长或将对经济增长产生不良影响，2020 年增速预期降至 0.6%。随着德国汽车产业受到欧洲新环保标准的负面影响逐渐减弱，以及法国和意大利经济回升，欧元区经济增速 2020 年有望企稳回升。

新兴经济体经济增速虽然分化依旧，但绝大部分国家经济增速有望实现同步回升，加之陷入经济动荡国家逐渐走出困境，将可能拉升整体经济增速至

4.7%，并对全球经济形成一定程度的支撑。

考虑到全球经济增长主要来源于欧元区及新兴经济体的恢复性增长，且各国政策空间收窄，全球经济增长依然缺乏稳定基础，面临着下行风险。

（二）国内经济下行压力不减

2020 年是全面建成小康社会和"十三五"规划的收官之年，是实现第一个百年奋斗目标的决胜之年，也是脱贫攻坚战的达标之年。

不过，我国正处在转变发展方式、优化经济结构、转换增长动力的攻关期，结构性、体制性、周期性问题相互交织，"三期叠加"影响持续深化，经济下行压力加大。

在各项宏观调控政策综合作用下，预计 2020 年中国经济增长 6.0% 左右。预计 2020 年全社会固定资产投资将达到 71.6 万亿元，名义增长 5.5%，增速比 2019 年提高 0.4 个百分点。预计 2020 年社会消费品零售总额将达到 44.4 万亿元，名义增长 7.8%，增速比 2019 年回落 0.3 个百分点。预计 2020 年进出口有望实现小幅正增长，货物贸易顺差有所收窄。预计 2020 年居民消费价格指数（CPI）上涨 3.4%，核心 CPI 上涨 2.0%，工业生产者出厂价格指数（PPI）下降 0.5%。预计 2020 年农村居民人均纯收入和城镇居民人均可支配收入分别实际增长 6.2% 和 5.1%，农村居民人均纯收入实际增速持续 10 年高于城镇居民人均可支配收入实际增速。预计 2020 年我国财政收入 196 万亿元，增长 3.2%，财政支出 260 万亿元，增长 7.9%。

（三）煤炭产业经济下行压力较大

1. 煤炭供应保障能力将会增强，供应过剩压力不断增大，煤炭产业结构将继续优化

2020 年，煤炭新增产能将进入新一轮集中释放期，新产能规模更大，技术更先进，供应能力更强。煤炭进口量可能逐步增加，预计 2020 年国内煤炭产量加进口量在 40.5 亿吨左右，供给过剩预计在 1.5 亿吨左右。2020 年取消煤电价格联动机制，火电强烈诉求压低煤价，煤炭价格面临较大调整压力，煤炭市场向买方市场过渡。

随着煤炭行业供给侧改革深入推进，结构性去产能、系统性优产能，煤炭产

业结构将持续优化。2020 年，有关部门将组织实施年产 30 万吨以下煤矿分类处置，关闭退出落后煤矿 450 处以上。此外，持续推进煤炭优质产能释放，年产 120 万吨及以上煤矿产能达到总产能的四分之三，进一步向资源富集地区集中。监管方面，按照国务院和应急管理部的有关要求，各地区、各有关部门和单位将加强安全风险防控和隐患排查治理各项责任措施落实，集中开展煤矿安全生产整治，坚决遏制重特大事故。总体来看，预计 2020 年，我国煤炭供应保障能力将稳步提升，煤炭安全监管比较严格，煤炭产业结构持续优化。

2. 消费增量受限

2020 年宏观经济下行压力加大，加之在国内经济增速换挡和产业优化中，能源需求增速和能源消费强度将进一步下降，能源需求总量难有增加。此外，火电受水、风、光及核电等替代能源的影响不断增大，火力发电设备平均利用小时数不断下降，电煤需求不稳定的问题突出，且未来需求总量将有所下降；化工、建材、冶金行业受制于政策调控、环保约束、基建投入收缩及调峰停产等影响，对煤炭的需求或减少，但中短期内将保持相对稳定的发展，非电煤预期还有一定增量空间。

3. 煤炭运输格局和竞争格局持续调整优化

煤炭铁路运量将逐步增长。2020 年，铁路部门将继续以晋、陕、蒙、新四省（区）煤炭外运为核心，以煤炭"公转铁"为增量，重点针对公路煤炭运量仍然较大的区域，从扩大铁路运煤的供给、加大装备设施投入等多方面综合施策，力争实现煤炭增运 1 亿吨以上。随着节后各地企业陆续开工，煤炭需求将逐渐回暖，预计铁路煤炭运量将逐步增长。

"公转铁"和货运增量行动实施以来，强化了核心产区跨区域、长距离保供能力，"西煤东运、北煤南调、公铁转运、铁水联运"大运输网络不断完善。同时，也将倒逼煤炭企业提升矿区储装运系统能力，进一步向铁路主导型煤炭供应链转变。

4. 煤炭产业加快由"要素驱动"向"创新驱动"转变

经过近年的供给侧结构性改革，我国已提前完成"十三五"去产能目标，先进产能加快释放并向"三西"地区集中。大型煤炭企业已经具备全面推动数字化、智能化矿山建设的能力和动力，煤炭高质量供给将进入新的发展阶段。

从流通环节来看，煤炭营销与信息化技术加快创新融合是大势所趋，"十四五"期间，随着人工智能、物联网、5G 通信、大数据、区块链为代表的新一代信息技术加速突破应用，将赋予煤炭流通企业更快、更好、更全面的掌控和运用数据信息资源的能力，未来几年将是煤炭流通企业把握互联网机遇，不断催生出煤炭供应链新形态、新模式的关键时期。

五、政策建议

（一）坚持稳中求进的总基调，推动煤炭产业高质量发展

2020 年煤炭产业要进一步筑牢"稳"的根基，不断拓展"进"的空间。新冠肺炎疫情对中国经济发展带来了一定程度的影响，煤炭产业要在主动做好疫情防控的同时，稳妥组织推进企业复工复产，确保煤炭供应总体平稳，满足人民群众的能源消费需求。

同时，要不断提升产业发展认识高度，将推动煤炭产业高质量发展作为一项长期坚守的事业来推动，一是要站在保障国家能源安全的高度，认真落实中共十九大关于"推进能源生产和消费革命，构建清洁低碳、安全高效的能源体系"的相关部署；二是始终围绕供给侧结构性改革这条主线，贯彻创新、协调、绿色、开放、共享的新发展理念，通过煤炭产业的转型升级与结构调整，围绕煤矿发展质量变革、效率变革和动力变革，不断增强科技创新，提升煤炭产业价值创造能力水平。

（二）加强政策规范与引导，助力煤炭产业稳健合规发展

煤炭产业的健康发展是保障我国能源安全的前提。外部环境不确定性因素增加，国内经济转型"三期叠加"压力，这些都对煤炭产业稳健发展提出了严峻挑战，煤炭产业政策要保持定力。

一是要加强宏观调控和市场监管。坚持按照"总量性去产能要转向系统性去产能、结构性优化产能为主"的总体原则淘汰落后产能，建立化解产能严重过剩矛盾的长效机制，推动产业转型升级。确保煤炭总体供需平衡。二是加强煤炭产业绿色发展的政策优化。煤炭产业探索绿色发展的进程中，逐渐暴露出产业

政策执行与生态保护、土地利用、煤炭开发、能源安全、民生问题之间存在的矛盾关系，需要按照中央经济工作会议提出的"树立全面、整体的观念，遵循经济社会发展规律，重大政策出台和调整要进行综合影响评估"要求，结合产业发展实际动态优化产业政策，平衡好改革与发展的关系，因地制宜、因时制宜完善煤炭产业政策。三是处理好当下财政和长远税源的关系，为煤炭产业高质量发展提供良好的政策环境。各地政府应建立煤炭企业对政府政策的合理预期，避免朝令夕改，确保企业在良好的政策环境和制度约束下从事市场竞争，实现稳健合规、积极高效的发展。四是落实切实可行的激励政策，鼓励煤炭企业转型升级。着力从产业发展政策、财税优惠扶持政策和其他相关扶持政策上，增强煤炭资源节约与综合利用支持力度。通过专项资金投入、调整价格、专项转移支付、税收优惠等经济手段激励调节，鼓励煤炭企业采取多种形式、拓宽资金渠道，提高煤炭资源开发与综合利用水平。

（三）加强组织推动，形成产业发展合力

一是科学编制"十四五"发展规划，持续推动高质量发展。2020 年是"十三五"的收官之年，煤炭产业要坚定不移贯彻新发展理念，继续科学编制"十四五"发展规划。首先，在广泛调研，科学分析研判的基础上，摸清煤炭产业家底，积累资源、产能、建设规模等产业数据，运用大数据精准研判产业走向，实现煤炭产业供给规模可预测、供需矛盾能预警。其次，要在规划中特别注重煤、电在量和空间上的匹配性，为产业总体规模与空间布局明确规划目标。最后，要平衡好先进产能建设与落后产能退出的关系，防止新增产能过快增长。

二是打造煤炭产业发展与技术创新平台，组织政府部门、科研院校、煤炭企业和中介单位等联合开展研究攻关，加强官产学研之间、不同地区和煤炭企业之间的互联互通，共享信息、资源和人才，形成产业发展共识，凝聚产业发展力量。

三是结合产业技术发展尽快出台相关技术标准，尤其是在煤炭资源节约与综合利用相关技术领域，产业主管部门应尽快制定统一的相关领域技术标准，指导技术推广应用，助力技术有序规范发展。

四是进一步加大煤炭产业安监力度，不断完善安全监察体制，加强煤矿安全

生产法治建设和基础建设。引导企业不断强化安全生产责任意识，鼓励在煤炭生产过程中引进先进自动化、智能化技术，从制度和技术两方面着手为企业安全生产保驾护航。

（四）顺势而为谋转型，主动创新求发展

一是要大力推动企业转型升级。尽早制定"十四五"期间发展战略，谋划科学合理的发展蓝图，通过扩大有效投资、增强技术研发能力，加强新技术、新工艺的开发、推广与应用，加快实现发展方式向"清洁化"转变。

二是要进一步深化企业改革。巩固中国特色现代企业制度建设，不断创新投融资发展模式，拓宽投融资渠道，用好资本市场助力企业自身转型，通过市场化改革，聚焦企业重点问题，凝聚改革共识，汇集改革合力，释放改革红利。

三是要大力推进科技创新。企业内部要营造良好的创新氛围，树立建设世界一流科技创新体系建设的决心，因企制宜实施创新驱动战略，鼓励企业职工进行关键核心技术攻关、两化深度融合，提高企业核心竞争力。

四是要顺势而为谋发展。企业自身要把握好政府逆周期调节的节奏与企业自身发展的关系，根据产业景气周期适度调整企业经营策略，避免在煤炭产业仍处较高景气周期内，出现投资力度过度、投资范围过广等新问题。头部低负债率企业要在中央经济工作会议"稳杠杆"和逆周期调节要求下主动稳定杠杆率；中间高负债率企业要稳步推动企业降杠杆；微利或亏损企业确保杠杆率先稳后降。

2020 年

坚定信心　转危为机　稳中求进
高质量发展　应对疫情后煤炭产业下行[*]

（一季度）

2020 年一季度，中矿（北京）煤炭产业景气指数为 95.67 点，较上季度下降 2.93 点，较 2019 年同期下降 2.40 点（图 1）。

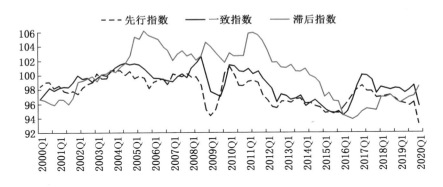

图 1　21 世纪中矿（北京）煤炭产业景气指数变化图（2020Q1）

从跟踪研究的四个维度十大指标看，一季度煤炭产业同样受到疫情冲击，但相对显得较小，复工复产后供给侧很快恢复正常，但需求侧相对较弱，库存增

---

* 　《北京绿能煤炭经济研究基金会信息要报》，2020 年 5 月 6 日。

　　参与本课题研究的除主编外还有：林火灿、张新闻、池亚楠、王蕾、刘利鹏、王志文。

加，价格下跌，回款滞后，盈利下滑，经营压力增加，投资增速放缓，但就业基本稳定。具体如下：

（1）供给方面。累计生产煤炭 8.3 亿吨，同比减少 0.5%，增速较 2019 年同期下跌 0.9 个百分点；累计进口煤炭 9578 万吨，同比增长 28.4%，增速较 2019 年同期扩大 30.2 个百分点；秦皇岛港库存煤炭 671 万吨，同比增长 4.9%；煤炭产成品资金占用为 549.8 亿元，同比增长 15%，增速较 2019 年同期扩大 31.2 个百分点。

（2）需求方面。累计营业收入为 4290.7 亿元，同比减少 12.7%，增速较 2019 年同期下跌 18.1 个百分点；累计出口煤炭 111 万吨，同比减少 45.8%，增速较 2019 年同期下跌 134.3 个百分点；环渤海 5500 大卡动力煤价格 546 元/吨，同比减少 5.5%，增速较 2019 年同期下跌 6.8 个百分点；出厂价格指数为 96.4%（2019 年同期为 100%）。

（3）效益方面。累计实现利润总额 421.1 亿元，同比减少 29.9%，降幅较 2019 年同期扩大 11.9 个百分点；应收账款为 2704.7 亿元，同比增长 14.8%，增速较 2019 年同期扩大 21.3 个百分点。

（4）发展方面。固定资产投资总额 321.9 亿元，同比增长 4.2%，增速较 2019 年同期放缓 13.1 个百分点；从业人员 266.50 万人，同比减少 4.6%。

受新冠肺炎疫情影响，煤炭产业难免受到冲击，一季度煤炭产业景气度下降 2.9 点，但受疫情影响的冲击低于工业整体水平（中经工业景气度下降 9.6 点），也低于电力、钢铁产业（分别下降 4 点和 3.9 点）。疫情发生的时间正值春节假期，正是煤炭产业的淡季，作为民生保障物资之一，用煤量较大的地区会提前储备；煤炭主产区大多远离疫情重灾区，作为供给侧结构性改革主战场的煤炭产业，通过"三去一降一补"，增强了产业应对突发事件冲击的韧性；煤炭产业目前以国有企业为主，产业集中度相对较高，增强了产业组织能力；有光荣传统、特别能战斗的产业大军保障煤炭安全供应，再次焕发出了战斗力。

随着疫情全球蔓延，世界经济遭到自 2008 年世界金融危机以来最大冲击在所难免，全球已出现经济恐慌，演绎成经济危机的潜在风险加大，经济衰退已在所难免。作为经济全球化背景下的中国，疫情虽基本得到控制，各行业复工复产正在加快，组合政策支持力度强劲，但作为世界经济一体化的一部分，尽管应对突发事件的韧性较强，也难免遭受冲击，相对稳定、稳中求进将成为疫情后恢复期的基本态势。煤炭产业是中国的基础产业和主体能源产业，经过多年的发展供给能力有保障；但在相关下游产业需求相对较弱的形势下，供给大于需求矛盾会加剧，商品煤价在二季度继续下跌在所难免；疫情后产业结构链条、生产组织方式的变革，也要求煤炭产业组织方式顺势而为，面临变革。

虽然当前煤炭产业面临较大的风险，但伴随疫情的有效防控，产业复工逐步加快，煤炭供求矛盾缓和，二季度经济形势趋稳。与此同时，我们不能掉以轻心，抱有 2003 年"非典"后快速复苏的想法，两次疫情发生的背景条件不同，产业复苏的表现形式不同；要深刻总结 2008 年"金融危机"和 2012 年盲目扩张产能过剩、无序竞争导致的产业陷入 4 年"隆冬季"的经验教训。要坚定信心，转危为机，稳中求进，高质量发展，应对疫情后煤炭产业下行。坚信我国经济韧性足、发展空间大、长期向好的基本态势不会改变，转危为机，清楚暴露出的短板，建立应急体系，增强应对突发事件的能力，巩固煤炭基础能源地位；因势利导，继续推动供给侧结构性改革，完善体制、机制，维护产业链正常循环、周转，稳中求进；坚持五大新发展理念，丰富高质量发展内涵，优化高质量发展条件，携手应对疫情冲击，共克时艰，推动高质量发展迈出更大步伐。

因 势 利 导
开启后疫情时代煤炭产业高质量发展[*]

(二季度)

2020 年上半年，新冠肺炎疫情席卷全球，世界经济发展陷入困境。我国经济作为世界经济一部分，也面临困难，但凭借特色优势，已逐步克服困难呈现恢复性增长和稳步复苏态势。煤炭产业经济发展也曾脱离预期轨道，呈现下降趋势；令我们欣慰的是，二季度已好于一季度，从 21 世纪中矿（北京）煤炭产业景气指数变化中可以看出已有回归预期轨道迹象，从我们跟踪研究的四个维度十大指标也看出煤炭产业生产供给趋于稳定，市场供求双向改善，市场价格虽然处于低位，但已逐渐回升，经济效益虽有所下滑但已好转。下半年，只要我们因势利导，抓新机，开新局，展新姿，是会重回常态轨道，开启后疫情时代煤炭产业高质量发展新常态。

一、中矿（北京）煤炭产业景气指数

二季度，中矿（北京）煤炭产业景气指数为 96.31 点，较 2019 年同期下降 1.22 点（图 1）。

二、煤炭经济运行情况

（1）供给方面。累计生产煤炭 18.1 亿吨，同比增长 0.6%，增速较 2019 年同

---

* 《北京绿能煤炭经济研究基金会信息要报》，2020 年 8 月 11 日。
参与本课题研究的除主编外还有：林火灿、张新闻、池亚楠、王蕾、刘利鹏、王志文。

期放缓 2 个百分点；进口煤炭 1.7 亿吨，同比增长 12.7%，增速较 2019 年同期加快 6.9 个百分点；秦皇岛港库存煤炭 483 万吨，同比减少 13.6%；煤炭产成品资金占用为 562 亿元，同比增长 5.3%，增速较 2019 年同期加快 16.9 个百分点。

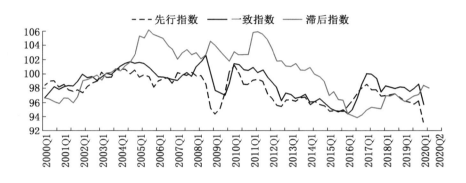

图 1　21 世纪中矿（北京）煤炭产业景气指数变化图（2020Q2）

（2）需求方面。累计营业收入为 9158 亿元，同比减少 11.8%，增速较 2019 年同期放缓 15.4 个百分点；出口煤炭 174 万吨，同比减少 41.7%，增速较 2019 年同期下跌 67.6 个百分点；环渤海 5500 大卡动力煤价格 533 元/吨，同比减少 7.8%，增速较 2019 年同期下跌 9.2 个百分点，较 5 月底和 4 月底分别回升 2 元/吨、3 元/吨；出厂价格指数为 90.7%（2019 年同期为 100%）。

（3）效益方面。累计实现利润总额 984.7 亿元，同比减少 31.2%，增速较 2019 年同期下跌 24.1 个百分点；应收账款为 2741.4 亿元，同比增长 11.3%，增速较 2019 年同期加快 21.5 个百分点。

（4）发展方面。固定资产投资总额为 1365.9 亿元，同比减少 2.4%，增速较 2019 年同期下跌 26.4 个百分点；从业人数为 267.3 万人，同比减少 5.2%。

三、剔除疫情影响发展情况

剔除疫情的影响，煤炭产业经济仍然总体趋稳，稳中向好。如果按照 2019 年同期增长率计算，估计 2020 年上半年煤炭产量与实际产量基本持平，进口煤炭比实际少 1000 万吨；出口煤炭比实际多 200 万吨，营业收入比实际多近 3000 亿元，其中 5—6 月收入比实际多 1300 亿元；利润总额比实际多 300 亿元，其中 5—6 月利润比实际多 200 亿元。

四、我国煤炭产业总体趋稳、稳步复苏原因

面对新冠疫情带来的严峻考验和复杂多变的国内外环境，煤炭产业转危为机，总体趋稳，稳中向好，得益于中国特色社会主义道路的无限光明；得益于中国共产党的英明领导；得益于供给侧结构性改革的深入推进；得益于由高速增长转向高质量发展的战略转型；得益于"特别能战斗"的煤炭产业大军的砥砺前行。

五、后疫情时代中国煤炭产业任重道远

下一步，由于疫情的影响，世界经济发展国际产业链循环不畅，世界经济格局重构，国际政治局面面临新变化。中国经济是世界经济的一部分，随着"一带一路"建设，人类命运共同体的形成，中国承担世界发展的担子越来越重，国民经济"六稳""六保"要求日益紧迫。煤炭下游产业复工、复产、复兴任重道远；煤炭有效需求有待提升；国际和医疗投资加大，煤炭产业投资力度有限；煤炭企业盈利水平下降，自我积累能力不足。中国的煤炭产业后疫情时代高质量发展任重道远。

六、发展建议

中国煤炭产业经过多年的发展也具有特色。资源有保障，需求有刚性，技术有支撑，供给侧结构性改革夯实了基础，"小、散、乱、差"的局面有改善，特别是经过疫情防控战役的洗礼，新一轮煤炭企业重组将进一步提高产业集中度，"特别能战斗"的队伍战斗力不断加强。只要我们听党的话，坚持走社会主义道路，坚持改革开放，后疫情时代煤炭产业定会夺取高质量发展新胜利。建议，积极融入国际、国内双循环中，因势利导，顺势而为，激发内生动力；以数字化煤炭产业经济发展为引领，实现产业智能化，客观总结"十三五"规划完成情况，

以后疫情时代煤炭产业高质量发展为主线，着力"十四五"规划；做好"六稳"工作，落实"六保"任务，服务于国民经济全局；加强煤炭经济理论、政策、制度研究，实现煤炭软科学和硬科学"两手都要硬"。

煤炭产业延续了重回常态
轨道后稳中有进的态势[*]

（三季度）

　　2020 年三季度，煤炭产业延续了抗击新冠肺炎疫情取得阶段性胜利以来，自二季度重回常态轨道后稳中有进的态势。中矿（北京）煤炭产业景气指数为 96.5 点，较上季度上升 0.23 点，较 2019 年同期下降 1.44 点，虽然受疫情影响与 2019 年同期相比表现出下滑的趋势，但是总体平稳、稳中向好（图 1）。

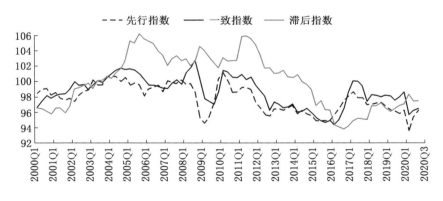

图 1　21 世纪中矿（北京）煤炭产业景气指数变化图（2020Q3）

　　从跟踪研究的四个维度十大指标看，具体如下：

---

　　[*]　《北京绿能煤炭经济研究基金会信息要报》，2020 年 11 月 8 日。
　　参与本课题研究的除主编外还有：林火灿、张新闻、池亚楠、王蕾、刘利鹏、王志文。

（1）供给方面。累计生产煤炭 27.9 亿吨，同比减少 0.1%，增速较 2019 年同期放缓 4.6 个百分点；进口煤炭 2.4 亿吨，同比减少 4.4%，增速较 2019 年同期放缓 13.9 个百分点；秦皇岛港库存煤炭 502 万吨，同比减少 15%；煤炭产成品资金占用为 575 亿元，同比增长 4.6%，增速较 2019 年同期加快 11.2 个百分点。

（2）需求方面。累计营业收入为 14149.2 亿元，同比减少 12%，增速较 2019 年同期放缓 15.9 个百分点；出口煤炭 274 万吨，同比减少 35%，降幅较 2019 年同期加快 57.2 个百分点；环渤海 5500 大卡动力煤价格 551 元/吨，同比减少 4.7%，增速较 2019 年同期放缓 6.3 个百分点；价格较 7 月底和 8 月底分别上涨 10 元/吨、7 元/吨。出厂价格指数为 92.5%（2019 年同期为 100%）。

（3）效益方面。累计实现利润总额 1544 亿元，同比减少 30.1%，增速较 2019 年同期放缓 26.9 个百分点；应收账款为 2778.9 亿元，同比增长 12.6%，增速较 2019 年同期加快 18.9 个百分点。

（4）发展方面。固定资产投资总额 2601 亿元，同比增长 0.4%，增速较 2019 年同期放缓 25.7 个百分点；从业人数为 268.6 万人，同比减少 5%。

突如其来的新冠肺炎疫情给各国带来严重冲击，也给世界经济带来重创。我们党团结带领全国各族人民，统筹推进疫情防控和经济社会发展工作，抓紧恢复生产生活秩序，取得显著成效。煤炭产业经过一季度的疫情冲击下滑，二季度供求双向改善，重回常态轨道，得益于党中央统揽全局、果断决策，以非常之举应对非常之事；煤炭产业大军风雨同舟、众志成城，构筑起疫情防控能源保障的坚固防线；供给侧结构性改革的持续深入推进，高质量发展的战略转型，生产生活秩序稳步恢复，产业发展稳定转好。

下一步，世界经济增速下滑，资本、大宗商品市场动荡加剧，再生产各环节脱节，进出口不顺畅，世界经济不稳定不确定因素增多，不确定性恐将成为"新常态"。中国将进入一个新发展阶段，决胜全面建成小康社会、决战脱贫攻坚的目标即将实现，从 2021 年起将开启全面建设社会主义现代化国家新征程，构建以国内大循环为主体、国内国际双循环相互促进的新发展格局。煤炭产业受"十三五"期间新增产能释放接近尾声，生产严格要求合法合规的限制，供给缺乏弹性；同时在"能源安全"战略部署下，煤炭占一次能源消费占比降幅有望明显收窄，煤炭需求有望继续提升。随着能源转型的加快，煤炭产业正处于"转型升级、创新发展"的关键时期，正在孕育新机遇和新动力。

煤炭产业经过多年的发展，资源有保障，需求有刚性，技术有支撑，供给侧结构性改革夯实了基础，"小、散、乱、差"的局面有改善，特别是经过疫情防控战役的洗礼，新一轮煤炭企业重组将进一步提高产业集中度，"特别能战斗"的队伍战斗力不断加强。我们要坚定信心、增强勇气、共克时艰。要全面贯彻落实党的十九届五中全会精神，站在"两个一百年"奋斗目标的历史交汇点上，准确把握国际国内形势纷繁复杂现象下的本质，乘中国国际进口博览会的东风，不忘初心，重展"特别能战斗"的煤炭产业队伍雄风，砥砺前行，坚持稳中求进、坚定稳妥的主基调，客观认真总结"十三五"期间取得的经验教训，特别是重大突发事件的应对策略，集中精力谋划好"十四五"规划，做好"六稳"工作，落实"六保"任务。在后疫情时代，积极贯彻新发展理念，转变内生动力，以创新引领发展，融入"双循环"格局中，顺势而为，谋求产业的高质量发展战略性安排。

坚定新发展理念　下定决心
排除万难　稳中求进[*]

（四季度暨年度）

2020 年，面对国内外诸多不确定因素，特别是新冠肺炎疫情在全球蔓延所形成的巨大下行压力，中国煤炭产业经济发挥制度优势，砥砺前行，转危为安，运行整体平稳。2021 年受国内外环境、特别是新冠肺炎疫情在全球继续蔓延的影响，我国煤炭产业运行仍将面临诸多挑战；"十四五"开局的任务也较重；需要坚定新发展理念，下定决心，排除万难，稳中求进。

一、煤炭产业经济景气度

2020 年是极不寻常的一年。新冠肺炎疫情突发并在全球扩散，给全球经济带来了不小的冲击，也对煤炭产业的运行带来了影响。年初，我国煤炭产业景气度曾一度跌至近四年来最低点；二季度随着国内成功控制住疫情，全面复工复产，开始重回常态轨道；三季度延续稳中求进态势；临近年底，受到季节性需求拉动和大面积降温天气影响，煤炭供小于求，价格再现"煤超疯"。2020 年四季度，中矿（北京）煤炭产业景气指数为 97.78 点，较上季度上升 1.26 点，较 2019 年同期下降 0.87 点。新世纪中矿（北京）煤炭产业景气指数变化情况如图 1 所示。

---

* 《中国煤炭》，2021 年第 47 卷第 3 期。

参与本课题研究的除主编外还有：林火灿、张新闻、王蕾、池亚楠、刘利鹏。

二、煤炭经济运行情况

从跟踪研究的四个维度十大指标看，具体分析如下。

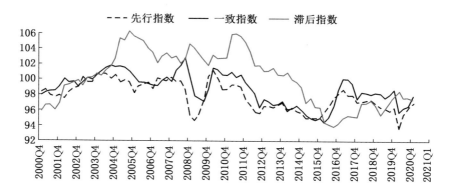

图 1　21 世纪中矿（北京）煤炭产业景气指数变化图

（一）供给

1. 生产

全年累计生产煤炭 38.4 亿吨，同比增长 0.9%，增速较 2019 年同期放缓 3.3 个百分点。其中，一季度生产 8.3 亿吨，同比减少 0.5%；二季度生产 9.8 亿吨，同比增长 3.2%；三季度生产 9.8 亿吨，同比增长 0.4%；四季度生产 10.6 亿吨，同比增长 4.7%（图 2）。

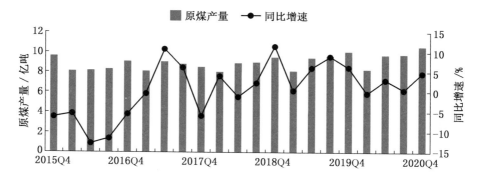

图 2　近五年我国原煤产量及同比增速（2020Q4）

2. 进口

全年累计进口煤炭 3 亿吨，同比增长 1.5%，增速较 2019 年同期放缓 4.8 个百分点。其中，一季度进口 9578 万吨，同比增长 28.4%；二季度进口 7821.1 万吨，同比减少 2.1%；三季度进口 6543.8 万吨，同比减少 31.9%；四季度进口 6456.1 万吨，同比增长 31.5%（图 3）。

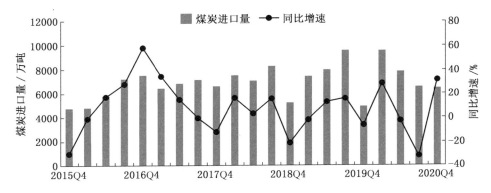

图 3　近五年我国煤炭进口量及同比增速（2020Q4）

3. 库存

2020 年末，秦皇岛港库存煤炭 508.5 万吨，同比减少 3.1%。煤炭产成品资金占用为 525.6 亿元，同比减少 0.5%，降幅较 2019 年同期放缓 3 个百分点。其中，一季度末产成品资金占用 549.8 亿元，同比增长 15%；二季度末为 562 亿元，同比增长 5.3%；三季度末为 575 亿元，同比增长 4.6%（图 4）。

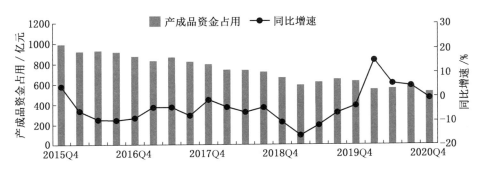

图 4　近五年我国煤炭产业产成品资金占用及同比增速（2020Q4）

（二）需求

1. 营业收入

全年煤炭产业累计营业收入为 20001.9 亿元，同比减少 8.4%，增速较 2019 年同期放缓 11.6 个百分点。其中，一季度营业收入 4290.7 亿元，同比减少 12.7%；二季度为 4867.3 亿元，同比减少 21.7%；三季度为 4991.2 亿元，同比减少 24.5%；四季度为 5852.7 亿元，同比减少 9.7%（图 5）。

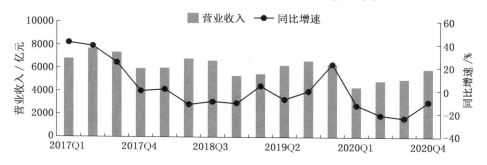

图 5　近四年我国煤炭产业营业收入及同比增速（2020Q4）

2. 出口

全年累计出口煤炭 319 万吨，同比减少 47.1%，降幅较 2019 年同期扩大 69.2 个百分点。其中，一季度出口 111 万吨，同比减少 39.1%；二季度出口 63 万吨，同比减少 45.4%；三季度出口 100 万吨，同比减少 19.4%；四季度出口 45 万吨，同比减少 75.1%（图 6）。

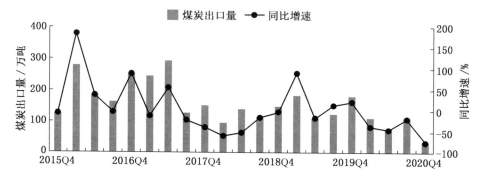

图 6　近五年我国煤炭出口量及同比增速

3. 价格

2020 年末，环渤海 5500 大卡动力煤价格 585 元/吨，同比增长 6%，增速较 2019 年同期加快 9 个百分点；价格较 10 月底和 11 月底分别上涨 26 元/吨、15 元/吨。出厂价格指数为 101.3%（2019 年同期为 100%）（图 7）。

图 7　近五年我国煤炭价格走势（2020Q4）

（三）效益

1. 利润

全年煤炭产业累计实现利润 2222.7 亿元，同比减少 21.1%，降幅较 2019 年同期扩大 18.7 个百分点。其中，一季度利润总额 421.1 亿元，同比减少 29.9%；二季度为 563.6 亿元，同比减少 29.7%；三季度为 559.3 亿元，同比减少 27.7%；四季度为 678.7 亿元，同比增长 2%。近五年我国煤炭利润总额及销售利润率情况如图 8 所示。

2. 回款

2020 年末，煤炭产业应收账款为 2675.5 亿元，同比增长 16.3%，增速较 2019 年同期加快 19.3 个百分点。一季度末应收账款为 2704.7 亿元，同比增长 14.8%；二季度末为 2741.4 亿元，同比增长 11.3%；三季度末为 2778.9 亿元，同比增长 12.6%（图 9）。

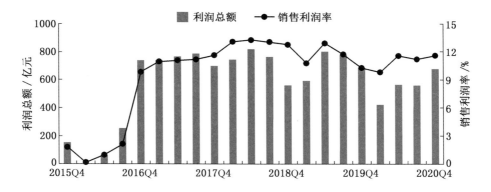

图 8　近五年我国煤炭利润总额及销售利润率（2020Q4）

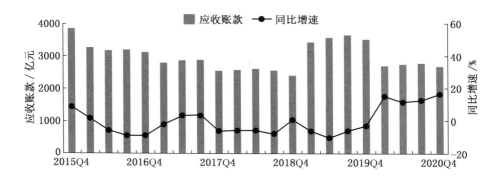

注：2019 年国家统计局应收账款统计范围为应收票据及应收账款，故此期间数值偏高。

图 9　近五年我国煤炭产业应收账款及同比增速（2020Q4）

（四）发展

1. 投资

全年煤炭产业固定资产投资总额为 3609.4 亿元，同比减少 0.7%，增速较 2019 年同期放缓 30.3 个百分点。其中，一季度固定资产投资 321.9 亿元，同比增长 4.2%；二季度为 1044 亿元，同比减少 4.3%；三季度为 1235.1 亿元，同比增长 3.7%；四季度为 1008.4 亿元，同比减少 3.4%（图 10）。

2. 用工

2020 年末，煤炭产业从业人员为 268.3 万人，同比减少 4.7%。与前两季度

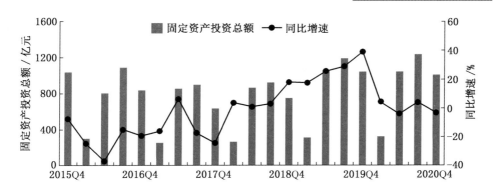

图 10　近五年我国煤炭产业固定资产投资总额及同比增速（2020Q4）

相比，煤炭产业从业人员基本趋于稳定。一季度末从业人员 266.5 万人，同比减少 4.6%；二季度末为 267.3 万人，同比减少 5.2%；三季度末为 268.6 万人，同比减少 5%（图 11）。

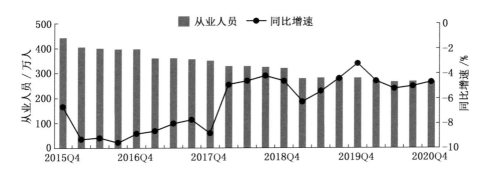

图 11　近五年我国煤炭产业从业人员及同比增速（2020Q4）

三、原因分析

2020 年中国煤炭产业面对国内外诸多不确定因素，特别是新冠肺炎疫情在全球蔓延所形成的巨大下行压力，砥砺前行，转危为安，取得了整体运行平稳的成绩。究其原因，有如下几点。

（一）得益于中国共产党的坚强领导

2020 年 1 月 25 日，农历正月初一，中共中央政治局常务委员会召开会议，总书记习近平同志主持会议并发表重要讲话，指出要把疫情防控工作作为当前最重要的工作，对防控工作提出了要求，做出了具体部署。在大年初一召开会议，并对疫情防控工作提出要求，做出具体部署，这对于稳定全局、坚定信心、转危为机、稳中有进意义重大。

在发展中不断强化的煤炭产业各级党组织坚决贯彻落实党中央决策部署，积极发挥战斗堡垒作用，绷紧疫情防控这根弦，扛起精准防控大旗，增强领导力、思想引力、组织力、号召力，为煤炭产业战胜疫情、稳中求进发展提供了组织保障。

（二）得益于社会主义制度优越性

在中国共产党的坚强领导下，建立了人民当家做主，公有制经济为主体，多种所有制经济成分并存、混合、协调发展，按劳与按生产要素投入公平分配的社会主义制度。在这一社会制度保障下，确保了在历经风险挑战时，转危为安，化险为夷，持续发力，勇往直前。在 2020 年战疫情，复工、复产的日子里，煤炭产业在党中央、国务院的领导下，顾全大局，团结一致，同向发力，贯彻落实稳就业、稳金融、稳外贸、稳外资、稳投资、稳预期的"六稳"，全力以赴，保居民就业、保基本民生、保市场主体、保粮食能源安全、保产业链供应链稳定、保基层运转的"六保"。

（三）得益于不断深入的改革开放

2020 年 5 月，中共中央、国务院发布了《关于新时代加快完善社会主义市场经济体制的意见》。这对于全面贯彻党的方针、路线、政策，坚持和完善中国特色社会主义制度，推动国家治理体系和治理能力现代化，在更高起点、更高层次、更高目标上推动改革与发展意义重大。市场化改革进一步理顺了政府、市场、企业的关系，破除了阻碍生产要素优化配置的体制机制障碍，保障了不同主体公开、公平、公正，在竞争中实现效率最高和效益最佳。煤炭产业基于市场经济新体制框架下，建立健全了现代产权、现代企业、现代组织、现代管理制度，紧紧围绕产权"界定清晰，主题明确，保护严格，流转顺畅"的核心要义，通过混合所有制等方式，打破了"所有制、区域和产业界限"，焕发出"积极性、主动性、创造性";企业制度演变成为适应社会化大生产和市场经济要求、以股份制为主要形式的现代企业制度;以"去行政化"为突破口,改革国有煤炭企业和企业集团为重点,创新法人治理结构,明确主体责任,保障出资人合法权益;以规范企业决策、运营流程,各项业务合法合规的现代管理制度,保障管理效率和投入产出效益的最大化。

不断深入的市场改革,特别是以"三去一降一补"为主要任务的供给侧结构性改革,促进了煤炭产业转型升级。转型升级的煤炭产业优势,在疫情防控条件下进一步凸显。在 2020 年,煤炭产业加速改变主要依靠生产要素堆积为主要手段的粗放型、外延式发展,转变为主要依靠存量生产要素已形成的生产组织框架,通过技术改造、创新,发展智能化、互联网为手段的精细型、内涵式发展,破解发展困局,焕发内生动力,保障了煤炭产业运行整体平稳。

(四)得益于特别能战斗的产业大军

特别能吃苦、特别能战斗、特别能奉献,是煤炭产业大军的特点。2020 年,在统筹疫情防控和经济社会发展中,他们冲锋在前,再次发扬特别能战斗的品格,无私无畏做贡献。中国煤炭职工,个个都是 2020 年取得整体平稳运行战果的英雄!

四、2021 年中国煤炭产业经济发展预期

(一)总体判断

2021 年,是国民经济和社会发展"十四五"规划开局之年,举国喜庆中国共产党 100 年华诞。中国煤炭产业开始步入后疫情时代。综合、系统分析国内外形势,中国煤炭产业面对较大的下行压力;客观分析产业自身的特点,若不出现较大的意外,整体上将延续稳中有进、稳中向好;中矿(北京)煤炭产业景气指数呈现趋势向上态势。

具体来说,产能产量有所增加,经过供给侧结构性改革所进行的产能置换和产业主管部门核准增加的新产能,预计年增产能 1 亿吨,有效产能总量达到 43 亿吨,原煤产量 39 亿吨左右;预计全年煤炭有效需求 42 亿吨左右,考虑进口 3 亿吨,基本上可做到供求平衡;煤炭价格上半年将维持已形成的强势,下半年将

有所回落，全年虽有所波动，但总体上会稳定在合理水平；营业收入和经济效益好于 2020 年；投资和用工基本稳定。

（二）形势分析

1. 国际形势

众所周知，新冠肺炎疫情仍在全球蔓延，在 2021 年将突破 1 亿患者，死亡人数已数百万计；中国抗疫防疫虽取得成功的经验，但其他主要经济体抗疫形势不乐观；多种防疫疫苗虽不断问世，但接种效果有待静观；在英国等国出现病毒变异毒株更增加了全球疫情的不确定性。新冠肺炎疫情虽具有不确定性，但对世界经济的影响是确定的。首先是增长的停滞、增速下滑，全球只有中国一国在 2020 年实现正增长的事实证明，新冠肺炎疫情对经济增长影响是严峻的。随着疫情的持续蔓延，对 2021 年世界经济增长的影响程度会有增无减。

2. 国内形势

当今世界正处在百年未有之重大变局中，显著变化是以中国为代表的新兴经济体的崛起。新冠肺炎疫情和世界百年未有之重大变局相互影响，把人类历史推向了一个新时代。中国作为联合国常任理事国已担当起大国责任，习近平同志在联合国大会上提出四点倡议：践行人民至上、生命至上理念，加强团结、同舟共济，制定全面和常态化防控措施，关心和照顾发展中国家特别是非洲国家。中国将高举多边主义的大旗，激发内生动力，加大战胜全球疫情、复苏世界经济的投入，构建世界经济大循环体系，把"一带一路"建成人类生存大通道，共建人类命运共同体。2021 年的中国，必将更加精准防控新冠肺炎疫情复发和全面复工、复产、复兴，稳中求进；增强竞争力、创新力、号召力、影响力和抗风险能力；继续坚持"六稳""六保"的举国之策；推进脱贫后的新农村建设，加大大湾区、长三角、雄安新区、黄河流域的建设、完善、发展、治理力度，数字化经济新基建；全面深化改革，促进高质量发展。据世界权威预测机构预测，2021 年中国经济增速为 7%（穆迪）或 7.9%（世界银行）。

（三）煤炭产业系统分析

1. 新形势下的新任务

党的十九届五中全会审议通过的《中共中央关于制定国民经济和社会发展

第十四个五年规划和二〇三五年远景目标的建议》，明确提出了新形势下我国经济发展的新任务，要以"创新、协调、绿色、开放、共享"五大新发展理念为指导，抓住新一轮科技革命和产业变革的历史性机遇期，推动疫情后世界经济"绿色复苏"，构建新发展格局。

在国际、国内新形势下，中国煤炭产业 2021 年任务很重：展现中国大国格局和历史担当的雄姿，发挥特别能战斗的生力军作用，防控新冠肺炎疫情继续蔓延，积极推进"六稳""六保"工作，推动高质量发展，取得优异成绩，向中国共产党百年华诞献礼。

2. 中国煤炭产业特色

中国煤炭产业经过多年的发展已具有特色。资源有保障，需求有刚性，技术有支撑，发展有韧性，"小、散、乱、差"状况有改善，特别是经过新冠肺炎疫情防控战役的洗礼，体内流淌的红色基因更明显，特别能战斗的战斗力更强。

3. 产业发展"短板"

在看到中国煤炭产业特色的同时，也要客观看到产业发展"短板"。生产要素配置方面，煤炭资源配置不合理问题突出，开采浪费严重；作为第一生产力的科学技术现代化步伐较慢；人才队伍结构不合理，适用高端人才缺乏，老龄化明显，富余劳动力较多；化解产能过剩需要再配置的生产要素没有得到及时解决；资金链断裂，再融资难问题时有发生。在生产过程组织方面，生产主体的货币资本、生产资本、商品资本三大职能资本比例失衡，与"时间上继起，空间上并存"的要求差距较大，循环周转不畅，生产性服务存在脱节现象。在产业调控管理方向，规划和实施存在脱节，阶段性、季节性供求时有错配。"煤超疯"问题时有发生，政策完善不及时，人才培养、智库发展与客观需要脱节，风险防范和应急求助系统不健全，业绩考评缺少综合性，政府、市场、企业三者关系有待进一步理顺。

五、政策建议

（一）把防疫新冠肺炎疫情作为第一要务

在新冠肺炎疫情全球蔓延，而且可能长期流行的形势下，中国煤炭产业要把疫情防控工作作为全盘工作中的重中之重，做到常态化，精准施策。做好这项工作，首先要在全产业宣传好作为第一要务的必要性；要加强组织领导，利用煤炭产业相对完备的安全生产组织架构，增加疫情防控内容；要完善规章制度，从上到下逐级明确岗位责任，把该项工作作为一把手工程，每个责任岗位要落实到人；要从人、财、物全要素做好储备，有备无患，保证一旦疫情暴发可以全面应对；要常态化开展巡视、检查、指导，做到不中断、无死角；要利用智能化、互联网等高科技技术实现全产业一盘棋统筹推进；要定期开展总结交流，做到有价值的做法共享，有失误的做法共戒。

（二）完善自循环，融入双循环，做世界矿业排头兵

2020 年 5 月 14 日，中共中央政治局常委会会议首次提出"构建国内国际双循环相互促进的新发展格局"；两会期间，习近平同志强调"面向未来，要把满足国内需求作为发展的出发点和落脚点，加快构建完整的内需体系，逐步形成以国内大循环为主体、国内国际双循环相互促进的新发展格局，培育新形势下我国参与国际合作和竞争新优势"。

中国煤炭产业要顺势而为，积极融入"双循环"格局中，推进国际化发展战略，立足国内，走向世界，做世界矿业排头兵。联合国工业发展组织产业目录，将煤炭划归矿业。要理性预期世界能源格局变化新趋势，在全球范围内做好规划、布局和市场对接；要发挥世界最大煤炭生产国和消费国的作用，打造人类绿色地球家园；要做好资本、技术、劳务、产品的引进和输出，提高国际化投入产出的效率和效益。

融入"双循环"，要完善产业自身循环。煤炭作为国民经济的基础，能源主体的重要组成部分，现代工业特别是现代化工业的重要原材料，其产业的循环和周转是构建双循环发展格局的基础和动力，完善自身循环是促进双循环的必要条件。要努力做好资金、生产、商品三大职能资本时间上的连续、空间上的并存和比例合理，生产、流通、消费、分配再生产各环节相互衔接，相互推进，形成整体统一、共同发力的循环体态。

（三）开好局，服务好"六稳""六保"

2021 年是我国"十四五"规划和后疫情时代开局之年。煤炭产业要全面贯彻落实党的十九届五中全会精神，率先在全球跨入后疫情时代新征程。

2018 年中美贸易摩擦发生后，党中央在国际国内错综复杂的形势下提出了"六稳"；2020 年受新冠肺炎疫情的冲击，国内外形势出现前所未有的困难，党中央又提出"六保"；全国两会明确"六稳""六保"是稳中求进，全面建成小康社会的底线和基本盘。

在"六稳""六保"举国之策中，粮食能源安全是基础。中国是煤炭大国，煤炭在国民经济中的地位，在现阶段和今后新能源没有取代煤炭之前无法撼动。稳、保能源安全首推煤炭。煤炭产业要重点突出，落实好稳、保能源安全，服务好国民经济大局的重要保障。

市场经济条件下的煤炭产业稳中有进，是稳、保能源安全的关键，关键的关键是煤炭市场，市场供求相对平衡，价格水平合理是集中体现。近阶段受主客观因素影响，煤炭市场供求关系趋紧，价格快速上涨，影响国民经济的稳中求进。2021 年伊始，要把稳定煤炭市场作为抓手，有序释放储备产能，适度增加产量，疏通销售渠道，改善趋紧的供求关系，遏制煤价快速上涨；同时要加强供求关系研判、预测。由于主客观条件的改变，下半年煤炭市场供求可能不再趋紧，或供给大于需求，价格下跌；要做好应对准备，如减产措施，煤炭储备措施，与非煤能源产业协调，建立健全交易中心，甚至市场失灵状态下的打击炒作，利用财政、货币政策给予政府规制。

（四）全面深化改革，推动高质量发展

理论分析和实践证明，改革是发展的推动力。系统、全面深化改革，是贯彻习近平同志为核心的党中央明确的"四个革命"和"一个合作"能源发展战略实施、焕发发展新动能、构建新格局、打造新业态的根本举措。

全国深化改革，要深刻理解领会新发展理念，党中央、国务院的战略部署，保持中国社会主义特色，充分调动方方面面的积极性、主动性、创造性，反复论证，精细做出改革方案。

全面深化改革，要继续改革体制机制，包括领导体制、管理体制、收入分配体制、产权和企业制度、运行机制、调节控制等方面的改革深化；要问题导向，精准化解产业发展堵点和瓶颈，增强和激发改革主体活力；要坚持着力打造全国

体系完整、机体健康、信号准确的煤炭市场，储备必要产能，释放必要产量，平衡供求稳市场。

全面深化改革，要以解放和发展生产力，协调理顺生产关系，转变发展方式，夯实经济基础，利国利民为宗旨，不搞形式主义、教条主义的改革；要深刻全面总结 40 余年的改革实践，传承经验、总结教训，更不能开倒车，弱化市场的作用，政企合一的举措不可取；改革的全面深化是系统的深化，要严防片面，供给侧结构性改革"结构"二字不能少，要联系需求侧；全面深化改革是理论与实践的统一，理论、政策、制度研究要重视，"智库"作用不能少；作为一个动态过程，总结交流很必要，要阶段性进行总结提高，纠正偏差。

（五）组织好党的百年华诞庆典

2021 年 7 月 1 日，是中国共产党的百年华诞，举国上下将举行隆重庆典；庆典过后将开启新征程。组织好这次庆典是一件大事！煤炭产业要展示特有的精神风貌，按党中央的要求组织好。在上半年，要组织好宣传，学习好党史；党、政、工三大班子要凝聚智慧，形成合力，精细筹备，储备能量；举行庆典仪式时，做到声势浩大、形势新，内容丰富、作用大，增添产业高质量发展正能量。要把党的百年华诞庆典办成胜利会师、群英聚会、经典总结、启程动员的大会。庆典结束后，也就是在下半年能焕发出新动能，打造新格局，形成新业态，推动煤炭产业沿着具有中国特色的社会主义道路前进！

2021 年

煤炭产业整体上延续了稳中有进
稳中向好的趋势[*]

（一季度）

2021 年一季度，我国煤炭产业面对国内外诸多不确定因素，特别是新冠肺炎疫情依然严峻的形势，整体上延续了稳中有进，稳中向好的趋势，基本上已复归正轨，供求基本平衡，煤炭价格逐渐走稳。中矿（北京）煤炭产业景气指数一季度为 100.79 点，较上季度上升 2.93 点，较 2020 年同期上升 4.92 点，呈现向上态势，与我们年初预期基本一致（图 1）。

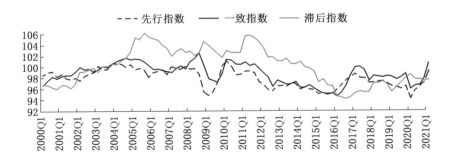

图 1 21 世纪中矿（北京）煤炭产业景气指数图（2021Q1）

---

* 《北京绿能煤炭经济研究基金会信息要报》，2021 年 5 月 12 日。

参与本课题研究的除主编外还有：林火灿、张新闻、王蕾、池亚楠、刘利鹏。

从跟踪研究的四个维度十大指标看：

（1）供给方面。累计生产煤炭 9.7 亿吨，同比增长 16.0%，增速较 2020 年同期加快 16.5 个百分点，较新冠肺炎疫情暴发前的 2019 年同期加快 15.6 个百分点；累计进口煤炭 6846 万吨，同比下降 28.5%，降幅较 2020 年同期加快 56.9 个百分点，较 2019 年同期加快 26.7 个百分点。秦皇岛港一季度末库存煤炭 453.5 万吨，同比减少 32.4%；煤炭产成品资金占用为 530.5 亿元，同比减少 5.2%，降幅较 2020 年同期加快 20.2 个百分点，较 2019 年同期放缓 11 个百分点。

（2）需求方面。累计营业收入为 5621.1 亿元，同比增长 29.6%，增速较 2020 年同期加快 42.3 个百分点，较 2019 年同期加快 24.2 个百分点；累计出口煤炭 77 万吨，同比减少 30.9%，降幅较 2020 年同期放缓 8.2 个百分点，较 2019 年同期加快 119.4 个百分点。环渤海 5500 大卡动力煤一季度末价格 585 元/吨，同比增长 7.1%，增速较 2020 年同期加快 12.7 个百分点，较 2019 年同期加快 5.9 个百分点。

（3）效益方面。累计实现利润 808.8 亿元，同比增长 94.3%，增速较 2020 年同期扩大 124.2 个百分点，较 2019 年同期加快 112.3 个百分点。一季度末应收账款为 3008.1 亿元，同比增长 10.1%，增速较 2020 年同期放缓 4.7 个百分点，较 2019 年同期加快 16.6 个百分点。

（4）发展方面。固定资产投资总额为 356.7 亿元，同比增长 10.8%，增速较 2020 年同期加快 6.6 个百分点，较 2019 年同期放缓 6.5 个百分点。一季度末从业人数为 256.3 万人，同比减少 3.6%，降幅较 2020 年同期放缓 1 个百分点，基本趋于稳定。

总结一季度中国煤炭产业如期取得成效的根本原因，如年初发布的产业景气指数研究报告所说的"四个得益于"，即得益于中国共产党的坚强领导，得益于社会主义制度优越性，得益于不断深入的改革开放，得益于特别能战斗的产业大军，还源于顺势而为，不急转弯、坚持稳中求进。在疫情在全球加剧的背景下，作为防控疫情先驱的中国领袖，提出了"人与自然和谐共生""打造人类社会命运共同体"的理念，通过"一带一路"战略实施，特别是新冠肺炎疫情加速了世界新格局的形成，中国的地位在全球重新确立，大国担当责任突出，为防控疫情，正在向 80 个国家和 3 个国际组织提供疫苗援助，向 40 多个国家出口疫苗，已向全球供应新冠疫苗突破 1 亿剂次。世界经济和中国经济双循环秩序有所恢复，加之喜迎中共百年华诞氛围产生的新动能，国民经济各产业复苏加快，新兴产业正在形成，能源动力、特别是电力需求增加（一季度全社会用电量累计 19219 亿千瓦时，同比增长 21.2%，高于同期煤炭增速 5.2 个百分点）。煤价高位维系（1—3 月环渤海 5500 大卡动力煤价格分别为 619 元/吨、578 元/吨、585 元/吨），煤炭再生产产业链顺畅循环周转，景气度如年初预期呈向上趋势。

从目前形势分析，世界经济复苏虽然趋势已定，但各国复苏节奏因疫情防控措施不同而不一致。4 月 30 日中共中央政治局会议客观指出，"当前经济恢复不均衡、基础不稳固"。世界疫情暴发加剧的危机，同时给中国带来更大的机遇；中共百年华诞在即，增添了发展延续总体平稳、势头更好的新动能；煤炭产业自身虽仍存在上行压力，但有所趋缓，若不出大的意外，二季度将继续沿着正常轨道运行，供求关系虽然趋紧但总体平衡，市场价格虽有所波动但不会再次"超疯"，总体上相对稳定，整体将延续稳中向好的趋势。煤炭产业要利用好这一压力较小的窗口期，转危为机，抓住机遇，补短板、调结构、固基础、开新局。补齐资本金和人力资源短板，调整货币资本、生产资本、商品资本三大职能资本结构，做到空间上并存比例合理、时间上继起可持续，不搞"假大空"；以清洁低碳、高效安全、数字化和智能化为方向，进一步理顺产业链条，实现国内大循环、国内国际双循环和产业内顺畅循环周转节奏一致、顺畅有序，增强产业大军的战斗力。积极主动参与构建新能源体系，为提高能源保障能力立新功。

上半年我国煤炭产业经济形势稳固向好

（二季度）

我国煤炭产业继一季度取得开门红的良好业绩后，沿着战胜新冠肺炎疫情后形成的上行轨道稳固向好发展。从我们跟踪研究所绘制的我国煤炭产业经济景气指数曲线图上看，不仅完全收复了疫情冲击所造成的失地，而且呈坚挺上行趋势，一致指数已经沿着形成的斜率坚挺上行。经测算，二季度中矿（北京）煤炭产业景气指数为 101.18 点，较上季度上升 0.42 点，较 2020 年同期上升 4.72 点（图 1）。

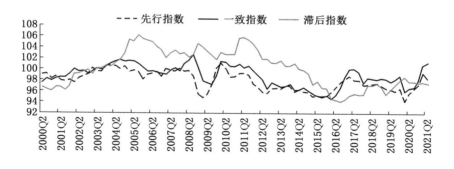

图 1　21 世纪中矿（北京）煤炭产业景气指数变化图（2021Q2）

从我们跟踪研究的四个维度十大指标看：

（1）供给方面。累计生产煤炭 19.5 亿吨，同比增长 6.4%，增速较 2020 年同期加快 5.8 个百分点，较新冠肺炎疫情暴发前的 2019 年同期加快 3.8 个百分。累计进口煤炭 1.4 亿吨，同比下降 19.7%，降幅较 2020 年同期加快 32.4 个百分点，较 2019 年同期加快 25.5 个百分点。秦皇岛港库存煤炭 450 万吨，同比下降 5.86%。5 月末，煤炭产成品资金占用为 530.5 亿元，同比下降 7.5%，降幅较 2020 年同期加快 12.8 个百分点，较 2019 年同期收窄 2.7 个百分点。

（2）需求方面。累计实现营业收入为 12159.5 亿元，同比增长 30.9%，增速较 2020 年同期加快 42.7 个百分点，较 2019 年同期加快 27.3 个百分点。累计出口煤炭 125 万吨，同比下降 27.7%，降幅较 2020 年同期收窄 14 个百分点，较 2019 年同期加快 53.6 个百分点。环渤海 5500 大卡动力煤价格 644 元/吨，同比增长 20.8%，增速较 2020 年同期加快 28.6 个百分点，较 2019 年同期加快 19.4 个百分点；价格较一季度末上涨 59 元/吨。出厂价格指数为 137.4%（2020 年同期为 100%）。

（3）效益方面。累计实现利润 2068.8 亿元，同比增长 113.8%，增速较 2020 年同期加快 145 个百分点，较 2019 年同期加快 120.9 个百分点。5 月末煤炭产业应收账款为 3276.6 亿元，同比增长 16.7%，增速较 2020 年同期加快 4.5 个百分点，较 2019 年同期加快 24.4 个百分点。

（4）发展方面。固定资产投资同比增长 10.6%，增速较 2020 年同期加快 13 个百分点，较 2019 年同期收窄 13.4 个百分点。5 月末煤炭产业从业人数为 257.3 万人，同比下降 4%，降幅较 2020 年同期收窄 0.8 个百分点，人数基本趋于稳定。

我国煤炭产业形势强劲复苏、稳中向好具有客观必然性。我们在总结 2020 年煤炭产业战胜疫情、取得成效时曾明确"四个得益于"，即得益于中国共产党的坚强领导，得益于社会主义制度优越性，得益于不断深入的改革开放，得益于特别能战斗的产业大军，这是我们制胜的基石！疫情暴发前深入开展推进的供给侧结构性改革，为疫情后取得靓丽成绩奠定了基础，没有"三去一降一补"，就不会有现在的产业局面。如果没有习近平同志提出的"创新、和谐、绿色、开放、共享"新发展理念，就很难形成现在的新发展格局，强劲的煤炭需求拉动局面难以看到，"去煤化"的呼声难以减弱。今年是中国共产党的百年华诞，庆贺这一重大喜庆的事件，也正如我们在年初所预期，为新发展局面的形成注入了新的动能。

我国煤炭产业经济稳固向好发展，并不等于不存在问题。供需过紧平衡负作用不可低估，"煤超疯"的再次出现应格外引起重视，活而有序的煤炭市场格局仍需更加精细化。高质量的新产能增加是一种必然，但在新项目审批日益严格、新能源投资强劲、煤炭金融工程偏弱的背景下，缓解供需平衡过紧局面有待努力，主要靠高煤价维系稳固向好局面潜在危机。我们还担心人才的供给，在煤炭产业生产方式向智能化、数字化转变的背景下，适用人才储备力度不足将会成为新的短板。

2021 年 7 月 1 日，中国又一个百年新征程已经开始。前途是光明的，任务是艰巨的。中国煤炭产业大军要全面贯彻落实习近平同志在庆祝中国共产党成立100 周年大会上的重要讲话精神，在理论、政策、实践层面突出新发展理念，按"十四五"规划构建产业发展新格局，致力于"六稳""六保"。要把形成供给与需求基本平衡的"煤炭均态市场"作为当前的重点任务；按市场经济条件下价值规律形成煤炭价格，健全完善金融工程，补煤炭工程系统短板；系统组织所需人才储备，实现生产要素优化配置；加强煤炭产业软科学研究，为实现产业智能化、数字化做出新贡献。

坚持"固基、保供、稳价、发展"
八 字 方 针*

（三季度）

进入三季度，面对错综复杂的国内外形势，中国煤炭产业经过新冠肺炎疫情的洗礼，乘喜庆中国共产党百年华诞的东风，高举习近平同志新发展理念的大旗，开启第二个百年新征程，砥砺前行。

三季度中矿（北京）煤炭产业景气指数为 102.87 点，较上季度上升 1.7 点，较 2020 年同期上升 6.14 点。从 21 世纪中矿（北京）煤炭产业景气指数变化看，指数犹如出水蛟龙，昂首挺进，已超过"黄金十年"，创历史新高（图 1）。

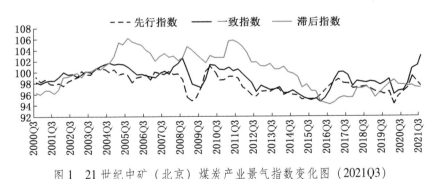

图 1 21 世纪中矿（北京）煤炭产业景气指数变化图（2021Q3）

从跟踪研究的四个维度十大指标看：

（1）供给方面。累计生产煤炭 29.3 亿吨，同比增长 3.7%，增速较 2020 年

---

* 《北京绿能煤炭经济研究基金会信息要报》，2021 年 11 月 3 日。

参与本课题研究的除主编外还有：林火灿；王蕾；张新闻；刘利鹏；王守琪，中国矿业大学（北京博士研究生；赵永超，中国矿业大学（北京）博士研究生。

同期加快 3.8 个百分点，较 2019 年同期收窄 0.8 个百分。进口煤炭 2.3 亿吨，同比下降 3.6%，降幅较 2020 年同期收窄 0.8 个百分点，较 2019 年同期加快 13.1 个百分点。秦皇岛港库存煤炭 424 万吨，同比下降 15.5%。煤炭产成品资金占用为 565 亿元，同比下降 5%，降幅较 2020 年同期加快 9.6 个百分点，较 2019 年同期收窄 1.6 个百分点。

（2）需求方面。累计实现营业收入 21131 亿元，同比增长 44.6%，增速较 2020 年同期加快 56.6 个百分点，较 2019 年同期加快 40.7 个百分点。出口煤炭 196 万吨，同比下降 28.4%，降幅较 2020 年同期收窄 6.6 个百分点，较 2019 年同期加快 50.6 个百分点。环渤海 5500 大卡动力煤价格 752 元/吨，同比增长 36.5%，增速较 2020 年同期加快 41.2 个百分点，较 2019 年同期加快 34.9 个百分点；价格较一季度末和二季度末分别上涨 167 元/吨、108 元/吨。出厂价格指数为 174.90%（2020 年同期为 100%）。

（3）效益方面。累计实现利润 4094 亿元，同比增长 172.2%，增速较 2020 年同期加快 202.3 个百分点，较 2019 年同期加快 175.4 个百分点。应收账款 3926.7 亿元，同比增长 40.7%，增速较 2020 年同期加快 28.1 个百分点，较 2019 年同期加快 47 个百分点。

（4）发展方面。固定资产投资同比增长 6.6%，增速较 2020 年同期加快 6.2 个百分点，较 2019 年同期收窄 19.5 个百分点。从业人数为 259.2 万人，同比下降 3.9%，降幅较 2020 年同期收窄 1.1 个百分点。

总体来看，稳中有进，但煤炭供给与需求矛盾尖锐，价格疯涨，资本和人力资源投入相对不足，加之严厉的管控，发展预期也令人担忧。客观地讲，新冠肺炎疫情在中国防控首战告捷后，煤炭产业已经回归正轨，现在又出现异常现象，这种"异常"不是煤炭产业的"异常"，而是市场的"异常"。这种异常现象的产生不是偶然的，有着复杂的起因。受疫情影响，很多国家再生产受阻、供给不足，把需求转移到中国，导致国内再生产提速、耗电量增加；并且多地气候异常，极端天气频发；加上煤炭产业自身存在一定问题，如有专家指出，激进的能源转型，无差别的控制二氧化碳，"一刀切"的产能监管，运动式地压制化石能源可持续发展；再加上煤炭产业经济理论基础薄弱，经营管理上供需统筹考虑不足，如供给侧和需求侧管理考虑较少，导致煤炭产业出现一系列问题。

识时务者为俊杰。从宏观、中观、微观层面系统分析，目前煤炭供求偏紧，价格高位震荡难以改变，经济发展面临滞胀，发展速度减慢，通货膨胀加速，甚至可能出现经济危机。为应对目前煤炭产业出现的这种异常形势，国家发改委、能源局等各部门纷纷提出保供稳价，但这仅仅是应急性措施，下一步需要从更高层面考虑。要认清形势。目前对形势的认识过于乐观。在经济全球化、世界经济一体化的大背景下，新冠肺炎疫情短时间内难以完全消除，一些国家供给出现问题，崛起的中国兼顾全人类的责任；落实"六稳""六保"任务、实现"3060目标"等，都加大了国民经济稳中求进的压力。在国际经济滞胀已经成为定局的情况下，中国经济要孤军独进也很难。虽然目前煤炭产业经济形势相对较好，但"一花独放"不易。要居安思危、稳中求进。增强大局意识，确保国家安全、社会稳定和人民身心健康，同时还要考虑到产业自身的安全。煤炭是我国的主体能源和基础产业，在保供稳价过程中，不能伤害了煤炭产业基础，要固基。要考虑可持续发展。发展是硬道理。投资是产业发展的第一推动力，还要补产业金融工程短板；劳动力是生产要素中唯一的活的要素，要增加供给、优化结构。面对异常形势，要坚持"固基、保供、稳价、发展"八字方针。打好基础的基础，加强理论研究很重要，通过推进智库建设，优化产业政策体系，研究时要听取企业呼声，使智库的研究成果充分落地。

在新发展理念指引下　坚持
"固基、保供、稳价、发展"
八字方针　推动高质量发展[*]

（四季度暨年度）

　　2021 年，在新冠肺炎疫情愈演愈烈、世界经济和国民经济循环周转不畅的大背景下，我国煤炭产业整体稳中有进，景气度呈逐季递增趋势。阐述了 2021 年中经煤炭产业景气指数的变化情况，并通过供给、需求、效益、发展 4 个维度共 10 个指标详细分析了我国煤炭产业各方面运行情况，得出：经过供给侧结构性改革所进行的产能置换和产业主管部门核准增加的新产能释放，煤炭产量有所增加，供求基本平衡；煤炭价格异常波动后，"煤超疯"被遏制，煤价回归合理区间；煤炭产业营业收入和经济效益明显好于 2020 年；投资和用工基本稳定。对煤炭产业景气度提升的原因进行分析，认为得益于供给侧结构性改革、新发展理念指引和中国共产党的百年华诞注入新动能。分析了煤炭产业异常波动的状态、原因并总结了经验教训；并以国际经济、国民经济、相关产业经济、煤炭产业经济、产业政策取向 5 个判断依据分析了 2022 年中国煤炭产业经济发展预期，认为，在新形势、新常态下煤炭产业虽将实现一定程度的可持续高质量发展，但上行压力将大于 2021 年。基于 2021 年煤炭产业运行情况以及经验教训，提出要把握好 2022 年我国经济工作的总体要求，在新发展理念指引下，坚持"固基、保供、稳价、发展"八字方针，以优异成绩迎接中共二十大胜利召开。

　　[*]　《中国煤炭》，2022 年第 48 卷第 2 期。
　　参与本课题研究的除主编外还有：林火灿；王蕾；张新闻；胡可征，中国社会科学院大学博士研究生，中国农业银行股份有限公司高级专员；刘利鹏；王安琪；赵永超。

一、煤炭产业景气度

2021 年，在新冠肺炎疫情愈演愈烈、世界经济和国民经济循环周转不畅的大背景下，我国煤炭产业继续砥砺前行，虽然出现了多种"异常"、承受多种压力，但依然取得了良好成绩：整体稳中有进、进中致远，景气度呈逐季递增趋势。

2021 年一季度，煤炭产业沿着上行轨道运行，供求基本平稳，煤价稳中有升，中经煤炭产业景气指数（以下简称"景气指数"）为 100.79 点，较 2020 年四季度上升 2.93 个点，较 2020 年同期上升 4.92 个点；二季度，煤炭供应开始逐步趋紧，景气指数为 101.18 点，较一季度上升 0.42 个点，较 2020 年同期上升 4.72 个点；三季度，在中国共产党百年华诞之际，第二个百年新征程开启，煤炭产业越战越勇，景气指数为 102.87 点，较二季度上升 1.7 个点，较 2020 年同期上升 6.14 个点，煤炭价格一路走高；四季度，尽管政府采取措施打压煤炭价格，但煤炭产量随着保供决策稳步增加，景气指数继续攀升，为 103.39 点，较三季度上升 0.5 个点，较 2020 年同期上升 5.44 个点。景气指数变化如图 1 所示。由图 1 可见，景气指数犹如"出水蛟龙"，昂首挺进，已超过"黄金十年"峰值期，创历史新高。

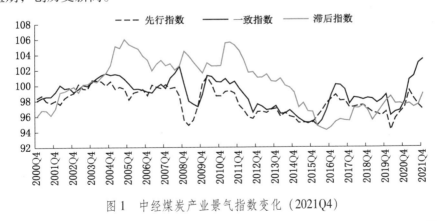

图 1　中经煤炭产业景气指数变化（2021Q4）

从跟踪研究的 4 个维度十大指标看，基本与 2021 年初预期吻合。经过供给侧结构性改革所进行的产能置换和产业主管部门核准增加的新产能释放，煤炭产量有所增加，供求基本平衡；煤炭价格异常波动后，"煤超疯"被遏制，煤价回归合理区间；煤炭产业营业收入和经济效益明显好于 2020 年；投资和用工基本稳定。

二、景气指数指标运行情况

（一）供给

1. 生产

2021 年，全国累计生产煤炭 4.07×10^9 t，同比增长 4.7%，增速较 2020 年同期加快 3.8 个百分点，较 2019 年同期加快 0.5 个百分点。其中，一季度生产 9.7×10^8 t，同比增长 16.0%；二季度生产 9.8×10^8 t，同比增长 0.3%；三季度生产 9.8×10^8 t，同比增长 0.02%；四季度生产 1.14×10^9 t，同比增长 8.0%。近五年我国原煤产量及同比增速情况如图 2 所示。

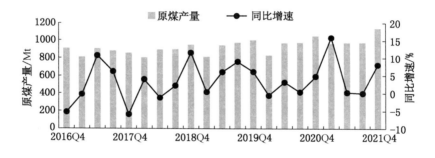

图 2　近五年我国原煤产量及同比增速（2021Q4）

2. 进口

2021 年，全国累计进口煤炭 3.2×10^8 t，同比增长 6.6%，增速较 2020 年同期加快 5.1 个百分点，较 2019 年同期加快 0.3 个百分点。其中，一季度进口 6.846×10^{11} t，同比下降 28.5%；二季度进口 7.11×10^{11} t，同比下降 9.1%；三季度进口 9.084×10^{11} t，同比增长 38.8%；四季度进口 9.282×10^{11} t，同比增长 43.8%。近五年我国煤炭进口量及同比增速情况如图 3 所示。

3. 库存

2021 年末，秦皇岛港库存煤炭 4.74 Mt，同比下降 6.8%。煤炭产成品资金占用为 603.5 亿元，同比增长 10.4%，增速较 2020 年同期加快 10.9 个百分点，

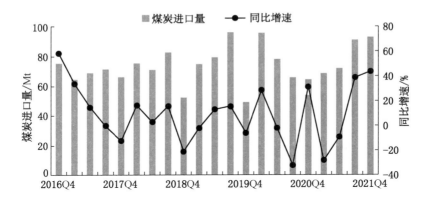

图 3 近五年我国煤炭进口量及同比增速（2021Q4）

较 2019 年同期加快 13.9 个百分点。其中，一季度资金占用为 530.5 亿元，同比下降 5.2%；二季度为 522.8 亿元，同比下降 8.6%；三季度为 565 亿元，同比下降 5%。近五年我国煤炭产业产成品资金占用及同比增速情况如图 4 所示。

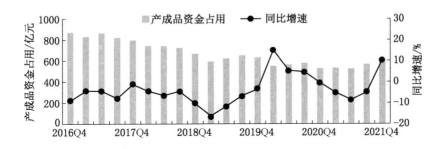

图 4 近五年我国煤炭产业产成品资金占用及同比增速（2021Q4）

（二）需求

1. 营业收入

2021 年，我国煤炭产业累计实现营业收入为 32896.6 亿元，同比增长 58.3%，增速较 2020 年同期加快 66.7 个百分点，较 2019 年同期加快 55.1 个百分点。其中，一季度营业收入为 5621.1 亿元，同比增长 29.6%；二季度为

6538.4亿元，同比增长34.3%；三季度为8971.5亿元，同比增长79.8%；四季度为11765.6亿元，同比增长101.0%。近五年我国煤炭产业营业收入及同比增速情况如图5所示。

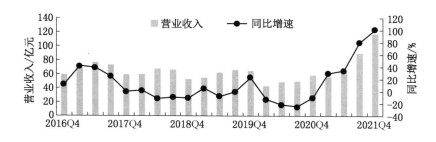

图5　近五年我国煤炭产业营业收入及同比增速（2021Q4）

2. 出口

2021年，我国累计出口煤炭2.6 Mt，同比下降18.4%，降幅较2020年同期收窄28.7个百分点，较2019年同期加快40.5个百分点。其中，一季度出口7.7×10^5 t，同比下降30.9%；二季度出口4.8×10^5 t，同比下降23.8%；三季度出口7.1×10^5 t，同比下降29.0%；四季度出口6.4×10^5 t，同比增长42.2%。近五年我国煤炭出口量及同比增速如图6所示。

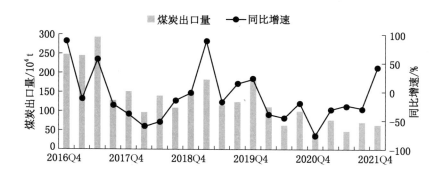

图6　近五年我国煤炭出口量及同比增速（2021Q4）

3. 价格

2021 年末，环渤海地区发热量为 5500 大卡动力煤价格为 737 元/t，同比增长 26.0%，增速较 2020 年同期加快 20 个百分点，较 2019 年同期加快 29 个百分点；较一、二季度末分别上涨 152 元/t 和 93 元/t，较三季度末下降 15 元/t。2021 年第四季度，出厂价格指数为 166.8%（2020 年同月为 100%）。近五年我国煤炭价格走势情况如图 7 所示。

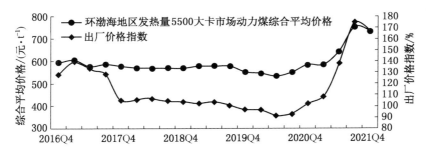

图 10 近五年环渤海地区发热量 23.0 MJ/kg 动力煤价格走势（2021Q4）

（三）效益

1. 利润

2021 年，我国煤炭产业累计实现利润 7023.1 亿元，同比增长 212.7%，增速较 2020 年同期加快 233.8 个百分点，较 2019 年同期加快 215.1 个百分点。其中，一季度实现利润 808.8 亿元，同比增长 94.3%；二季度实现利润 1260 亿元，同比增长 123.6%；三季度实现利润 2025.2 亿元，同比增长 262.1%；四季度实现利润 2929.1 亿元，同比增长 331.6%。近五年我国煤炭利润总额及销售利润率情况如图 8 所示。

2. 回款

2021 年末，我国煤炭产业应收账款为 4313.7 亿元，同比增长 60.1%，增速较 2020 年同期加快 43.8 个百分点，较 2019 年同期加快 63.1 个百分点。其中，一季度末应收账款为 3008.1 亿元，同比增长 10.1%；二季度末为 3272.3 亿元，同比增长 18.7%；三季度末为 3926.7 亿元，同比增长 40.7%。近五年我国煤炭产业应收账款及同比增速情况如图 9 所示。

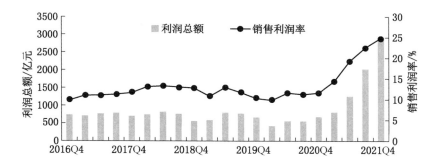

图8　近五年我国煤炭利润总额及销售利润率（2021Q4）

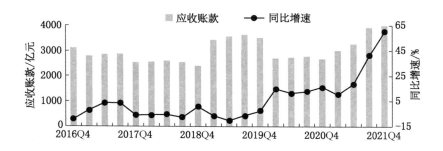

注：2019年国家统计局应收账款统计范围为应收票据及应收账款，故此期间数值偏高。

图9　近五年我国煤炭产业应收账款及同比增速（2021Q4）

（四）发展

1. 投资

2021年，我国煤炭产业固定资产投资同比增长11.1%，增速较2020年同期加快11.8个百分点，较2019年同期收窄18.5个百分点。其中，一季度投资同比增长10.8%；二季度投资同比增长10.5%；三季度投资同比增长2.2%；四季度投资同比增长22.7%。近五年我国煤炭产业固定资产投资额及同比增速情况如图10所示。

2. 用工

2021年末，我国煤炭产业从业人数为261.2万人，同比下降3.2%，降幅较

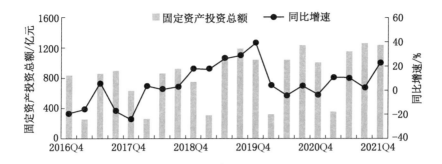

图 10　近五年我国煤炭产业固定资产投资额及同比增速（2021Q4）

2020 年同期收窄 1.5 个百分点。其中，一季度末人数为 256.3 万人，同比下降 3.6%；二季度末为 257.8 万人，同比下降 4.0%；三季度末为 259.2 万人，同比下降 3.9%。煤炭产业从业人数基本趋于稳定。近五年我国煤炭产业从业人数及同比增速情况如图 11 所示。

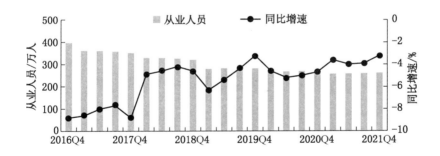

图 11　近五年我国煤炭产业从业人数及同比增速（2021Q4）

三、景气度提升的原因分析

2021 年，我国煤炭产业形势强劲复苏、稳中向好具有客观必然性。我们在总结 2020 年煤炭产业战胜疫情、取得成效时曾明确 "4 个得益于"，即得益于中国共产党的坚强领导，得益于社会主义制度优越性，得益于不断深入的改革开放，得益于特别能战斗的煤炭产业大军。新冠肺炎疫情暴发前，深入推进的供给侧结构性改革，为疫情发生后取得的靓丽成绩奠定了基础。如果没有"三去一降一补"，就不会有现在的产业局面。如果没有"创新、和谐、绿色、开放、共享"新发展理念指引，就很难形成现在的新发展格局，强劲的煤炭需求拉动局面难以形成，"去煤化"的呼声难以减弱。2021 年是中国共产党的百年华诞，庆贺这一重大喜庆的事件，也正如我们在 2021 年初所预期，为新发展局面的形成注入了新的动能。

四、产业"异动"分析

（一）"异动"及其状态

我国煤炭产业经济稳固向好发展，并不等于不存在问题。煤炭产业的"异动"，即异常波动，应格外引起重视。在市场经济条件下，煤炭市场信号即煤炭价格脱离了实际价值，产生暴跌或暴涨，都称为"异动"，是市场失灵的一种表现。

煤炭作为国民经济的基础能源和重要工业原料，其价格的剧烈波动不仅不利于产业自身的健康、稳定、可持续发展，而且对于整个国民经济，特别是下游产业发展都会产生消极的影响。2021 年，"煤超疯"再次重演，相比 2016 年的"煤超疯"，有过之而无不及。但这两次"煤超疯"的产生原因及表现形式不同，2016 年的"煤超疯"是由于价格暴跌后产生"报复性"反弹，这次的"煤超疯"是在价格稳定向好的情况下产生的价格疯涨。这次煤炭价格的"异动"，就像脱缰的野马，三季度以来，煤炭价格特别是动力煤价格进入持续上涨通道，坑口煤炭价格离 2000 元/t 仅一步之遥，而港口 23.0 MJ/kg 动力煤价格飙涨至 2600 元/t，创造了中国煤炭价格史上之最。价格猛涨大幅推高下游行业生产成本，特别是火电产业影响了投入产出，造成多地用电处于供需紧张状态，一些地方出现了错峰用电、拉闸限电、工厂停产的情况，给正常国民经济运行和居民生活带来不利影响，社会各方面反映强烈。2021 年 10 月 19 日，国家发展改革委发声，"将充分运用价格法规定的一切必要手段，研究对煤炭价格进行干预的集体措施，促进煤炭价格回归合理区间"，并连发 3 个相关文件，其中《国家发展改革委研究依法对煤炭价格实行干预措施》引发市场震荡。在产业政策调控下，煤炭价格快速回落，半个月降幅达 50% 以上。

（二）"异动"的成因分析

煤炭产业出现这样的"异动"，成因主要包括以下几点：

（1）疫情和极端天气影响。新冠肺炎疫情的爆发阻断了 2019 年已经形成的稳定上升趋势。很多国家煤炭再生产受阻、供给不足，把需求转移到中国，导致国内再生产提速、耗电量增加。受局部高温及暴雨等极端天气影响，部分煤矿难以按原计划复工复产，公路运输受阻，在一定程度上影响着煤炭供应。

（2）规划过程中存在供需错配。供给侧结构性改革背景下，行业内有部分声音片面夸大煤炭产业产能过剩，一些地方采用"一刀切"的方式去产能。理论分析和实践证明，产能应该作为战略性储备，一旦产生大量的煤炭需求，应及时释放产能来发挥其应有的作用，同时，更应该控制的是产能的转化形式——产量，也就是煤炭生产量。

（3）市场调控不及时。在《2020—2021 年中国煤炭产业经济形势研究报告》中指出，"煤炭价格上半年将维持已形成的强势"。如果能及时采取措施进行调整，就不至于采取非市场行为进行超经济强制。

（4）理论和政策上还存在一定问题。理论是政策的基础，政策是理论的具体化。政策先行，理论研究滞后，也是出现这次煤炭产业"异动"的原因之一。

（三）应汲取的经验教训

煤炭产业应认真总结 2021 年煤炭产业出现"异动"的经验教训，以利于今后的高质量发展。

（1）要坚持以马克思主义为指导思想的理论基础。毛泽东同志说过，"领导我们事业的核心力量是中国共产党，指导我们思想的理论基础是马克思列宁主义。"煤炭产业要坚持以马克思主义为指导思想的理论基础，实事求是，具体问题具体分析。如果将供求作为同一事物的两个方面来考虑，按价值规律调控价格，则可避免出现"异动"。

（2）基于马克思主义理论基础建立中国煤炭产业经济学。中国共产党领导新中国成立已经 70 多年，但煤炭产业目前还没有形成系统的经济学，这是煤炭产业的短板之一。如果建立健全煤炭产业经济学，对煤炭产业形成统一的政策口径大有裨益，有利于明确产业定位、优化产业布局、调整产业结构、提升产业测度水平、强化产业调控、稳定煤炭市场价格、促进产业发展。

（3）将理论具体化，则表现为产业政策不能"一刀切"。理论和政策要很好地进行耦合；政策取向上是一致的，但并不等于政策实施过程中内容完全一样，对企业的区域、特点、特色要全面考虑。

（4）市场化改革不能搞旧体制复归。近两年一些地方进行了行政性兼并重组，结果是"集而不团"，并容易造成区域垄断。

（5）推进煤炭产业高质量发展要把再生产体系完善作为重点。要努力做好资金、生产、商品三大职能资本时间上的连续、空间上的并存和比例合理，生产、流通、消费、分配再生产各环节相互衔接，相互推进，形成整体统一、共同发力的循环体态。

（6）要建设强有力的"官、产、学、研"一体化智库。把软科学和硬科学结合起来，形成煤炭产业互通平台、桥梁和韧带，以利于从更全面的角度洞悉产业，为煤炭产业健康、稳定和可持续、高质量发展献计献策。

五、2022 年中国煤炭产业经济发展预期

（一）总体判断

2022 年将是极不寻常的一年。在新形势、新常态下具有中国特色的煤炭产业虽将不负重责、稳定致远、可持续高质量发展，但上行压力将大于 2021 年。经理性预期，煤炭产业整体上将延续 2021 年下半年形成的高位掉头向下的态势，寻求新的平衡点，2022 年上半年企稳略升、下降趋弱，景气指数也将下降。具体来说，煤炭总产能可达 4.4 Gt/a 左右，预计原煤产量约 4.1 Gt，有效需求约 4.3 Gt，考虑到进口约 3×10^8 t，预计供求基本平衡；煤炭价格方面，预计上半年将企稳反弹，下半年有可能再次回落企稳；煤炭产业营业收入和效益同比可能有所下降；融资难、融资贵将凸显；用工总量将相对稳定，但结构性问题显露，即普通劳动者供大于求，高素质人才供不应求。

（二）判断依据

1. 国际经济

目前世界经济正处在后疫情时代前夜，即将进入后疫情时代或"带疫发展"时代。在百年未有之大变局之中，各国经济发展也逐步回归正轨，但复苏不充分、不均衡的现象依然普遍存在，债务和金融潜在的风险增大，循环周转受阻，国际能源板块式结构性震荡加剧，全球产业革命爆发。疫情的持续冲击暴露出许多经济体全球化与区域全球化、产业链稳定和安全、通胀以及宽松货币政策的外溢效应等问题，使得全球不得不反思过去的经济增长模式、财政与货币政策、产业政策以及贫富差距等中长期问题。推动全球经济复苏的首要前提仍是有效应对疫情形势变化，并争取尽快结束全球疫情大流行态势。促进全球经济复苏不是"权宜之计"，而是需要从长计议，重塑全球化发展格局，并以数字化和绿色转型为契机，促进全球经济发展提速升级。

2. 国民经济

当今世界正处在百年未有之大变局中，最显著的变化是以中国为代表的新兴经济体的崛起。2021 年，中国经济取得巨大成就，年经济增长率达 8.1%，远超世界其他主要经济体。中国要担当起引领世界的责任和义务，承担全球疫情防控，实现"三复"（复工、复产、复兴），应对滞胀、防范危机、稳定局面、互联互通、重构秩序。打铁必须自身硬，重任在身的中国，用举国之策，探究疫情，率先复苏，用国内循环和周转带动全球大循环和大周转，落实"六稳""六保"，巩固脱贫成果，加快共同富裕步伐，防范风险、稳中求进，引领产业革命。对于国内经济面临的压力，中国提出了 2022 年"稳字当头、稳中求进"的经济工作方案，坚持问题导向，坚持下好"先手棋"，坚信中国有条件也有能力完成经济转型升级，促进市场活力和均态市场格局的形成，实现经济高质量发展。

3. 相关产业经济

煤炭的下游需求主要集中在电力、钢铁、建材、化工等产业，其总耗煤占比超过 80%。中国能源消费结构虽然多元化，但目前仍以火电为主，2021 年全社会用电量 8.3128×10^{12} kW·h，同比增长 10.3%；火力发电量 5.77027×10^{12} kW·h，同比增长 8.4%；同期水力、核能、风力、太阳能发电量分别为 $1.18402 \times$

10^{12}、4.0752×10^{11}、5.667×10^{11}、1.8366×10^{11} kW·h，分别同比增长 -2.5%、11.3%、29.8%、14.1%。随着人类生活水平的提高，用电需求量将不断增加，虽然在双碳政策导向下，新能源占比上升是不可逆转的时代潮流，但考虑电力系统对新能源的消纳能力以及新能源发电依然处于探索阶段，短期内传统化石能源难以被大规模替代，煤炭仍将是我国主体和基础能源。钢铁作为用煤大户，新基建的兴起将对钢铁产生新的需求。而对于 2021 年由于自然灾害等原因损毁的工程修复，以及防洪工程的加固，需要大量水泥等建材。同时，煤化工作为我国战略性技术储备的方向一直没有改变，下一步煤炭作为工业原料的思路还将继续打开。总体来看，2022 年，我国煤炭下游产业还会有需求的拉动。

4. 煤炭产业

在煤炭供给短缺时，煤炭产业颇受重视。自从供给侧结构性改革以来，煤炭产能过剩问题化解，"去煤化"呼声越来越强。近几年煤炭产业发展暴露出诸多的问题，在以往精细化管理、混合所有制等改革过程中，应该积极推进的问题尚未得到有效解决，资本短板、人才结构等问题突出，3 个"打破"（即打破所有制、地域以及产业界限）不彻底。这种情况下，用行政手段形成的大的集团是容易集而不团的。

5. 产业政策取向

煤炭不仅是我国经济运行的压舱石，更是支撑我国国民经济发展的基石。当前煤炭产能不再过剩，产量不再过大。在一系列保供稳价政策引导下，煤炭产能将逐步释放，产量将有所增加，煤炭产业地位也将进一步提升。从 2021 年 10 月 19 日国家发展改革委连发 3 个文件干预煤炭价格以来，"立足以煤为主的基本国情"已经达成共识。10 月，中共中央政治局常委、国务院总理、国家能源委员会主任李克强主持召开国家能源委会议时强调，"要针对以煤为主的资源禀赋提高煤炭利用效率。要科学有序推进实现'双碳'目标，这必须付出长期艰苦卓绝努力。各地各有关方面要坚持先立后破，坚持全国一盘棋，不抢跑。从实际出发，纠正有的地方'一刀切'限电限产或运动式'减碳'。"12 月召开的中央经济工作会议指出，"要正确认识和把握'碳达峰、碳中和'。实现'碳达峰、碳中和'是推动高质量发展的内在要求，要坚定不移推进，但不可能毕其功于一役。传统能源逐步退出要建立在新能源安全可靠的替代基础上。要立足以煤为主的基本国情,抓好煤炭清洁高效利用,增加新能源消纳能力,推动煤炭和新能源优化组合。"此外,还要继续建立健全产业政策,如教育方面,要建立专业的煤炭产业院校;融资方面,取消金融机构对煤炭产业的限制措施;价格方面,促进煤炭产业价格回归价值。

六、政策建议

2022 年是具有里程碑意义的一年,中国号巨轮的第 2 个百年新征程已起航!煤炭产业要吸取 2021 年的经验教训,把握好 2022 年我国经济工作的总体要求,在新发展理念指引下,坚持"固基、保供、稳价、发展"八字方针。

(一)固基

固基,就是夯实巩固基础,全面提升煤炭产业发展的软基础和硬基础。在市场经济条件下,资源、资本、资产等是硬基础。资源要资本化,通过市场供求关系实现资源合理配置;资本要数字化,数字经济时代突出资本的数量和结构,提升管理效率;资产要多元化,形成国有、民营、外资、集体、企业自有等多种所有制经济并存的资产结构,促进企业自我积累。理论、政策、制度等是软基础。要建立专业的理论研究机构和智库,健全教育、融资、产业等方面的政策,建立保障政策全面准确科学落地的相应制度。中国是能源资源大国,煤炭产业是基础产业的基础,夯实了煤炭基础,才能巩固和筑牢国民经济发展的根基。

(二)保供

保供,就是保障煤炭的供给。要把保供作为煤炭产业的第一要务。"巧妇难为无米之炊",首先要保障供给主体,也就是煤炭企业的健康稳定,这是保供的前提。努力把煤炭企业做大做强,提升综合竞争力。对于煤炭企业的健康发展,需要先确保煤炭产业的应有地位,给予充分的自主权。其次,要保障供给总量足够。在确保国家能源安全的基础上,围绕市场需求变化提供充足的供给数量。再次,要保障供给结构合理。使供给种类和质量契合需要,真正形成有效供给。最后,要保障供求适度。供大于求的买方市场和供小于求的卖方市场都不是煤炭产业追求的目标,目标是有效供给与有效需求相对平衡的均态市场格局。保供是双向的，不能仅仅让煤炭保证供给，"要叫马儿跑，得让马儿吃草"，国家也要采取措施保障煤炭产业供给，增加人才储备，追加资本投入，保证物资供应。

（三）稳价

稳价，是指煤炭价格稳定，不出现暴涨暴跌。煤炭价格忽高忽低，如过山车般上下起伏，暴涨暴跌都不利于产业发展。煤炭要双向稳价，不但要稳高，还要稳低。稳定煤炭价格，首先要形成科学合理的价格形成机制。因为价格以价值为基础，没有客观价值的商品，就不会有合理的价格。作为市场信号的煤炭价格，能够客观引导市场参与者决定或调整生产经营与消费，并为政府决策提供信息，其是否客观、准确影响着市场功能的发挥。在煤炭价格信号的释放过程当中，管理者要做"交通警"，少做"消防队"，调控要及时，手段要有效。市场供求关系的变化引起价格变动，从而调节社会劳动力和生产资料在各个部门的分配，实现资源的合理配置，要通过市场调节煤炭产业与其他产业之间的关系。马克思认为，"各生产部门利润率的不同，会引起资本在部门间的流动，流动的结果使得利润率平均化，实现等量资本取得等量利润，"要为资本在各产业部门间流动创造条件。

（四）发展

发展，才是硬道理。煤炭产业要全面贯彻落实"稳字当头、稳中求进"的中央经济工作会议精神，坚持以新发展理念为导向，突出"三力"，即科学技术第一生产力，活力充沛的劳动力，发展过程中有力的资本推动力。科学技术是第一生产力。要全力推进创新驱动发展战略，坚持先立后破的原则，加强科技创新开放合作，构建数字经济与煤炭经济深度融合发展新格局。要加强科研单位与企业对接，推动科研成果转化，助力企业提质增效。生产力里唯一活的要素是劳动力。煤炭产业要逐渐由劳动密集型产业向技术密集型和人才密集型产业转变，要位到其人、人尽其才、适才适所、人事相宜，更好地发挥人的主观能动作用，同时注意收入分配问题，处理好人与人之间的关系，特别是上下级之间的关系。资本是经济发展过程当中的第一推动力。市场经济条件下，资本的作用不能忽视，要不断拓展资本的外延，不仅仅是货币一个要素，还包含科学技术、人才等，增加资本在产业间的流动性，实行以按劳分配为主、按生产要素分配为辅的分配方式，处理好工、本、费、利、税之间的关系。利用这次煤炭价格上涨机会，研究收入分配制度，使煤炭企业获得应有的利润，缩短过小的杠杆，减少负债率，促进企业更好地发展。

2014 年 6 月 13 日，习近平在中央财经领导小组第六次会议上强调，"保障国家能源安全，必须推动能源生产和消费革命。推动能源生产和消费革命是长期战略，必须从当前做起，加快实施重点任务和重大举措。"能源革命是在人类生产力水平不断提高的基础上，发生的能源生产和消费及其相关的产业转型升级、结构优化、技术进步、体制与机制创新等重大变革，是一个以新能源体系取代旧能源体系的演变更替过程。由我国能源资源赋存条件和现实生产能力所决定，煤炭产业应作为能源革命的主战场。但煤炭革命并不是要"革"煤炭的"命"，而是要"革"煤炭产业的"命"，这将是任重道远的，在后疫情时代或"带疫发展"时代，我们要继续推进煤炭产业革命，以优异成绩迎接中共二十大胜利召开。

后　　记

　　经过近一年的努力，《中经煤炭产业景气指数研究 10 年纪实》终于可以付梓出版了。该书主要内容虽曾经媒体发表，但因时间跨度大，媒体主体多，版本差异大，汇编成书也不那么简单。

　　本书在汇编过程中，凝聚了多位同仁挚友的心血。始终参与该指数研究的《经济日报》产经新闻部主任记者林火灿同志，在年迈父亲病重病危、本人又在新疆挂职的情况下，通读了全书并提出修改意见。《中国煤炭》杂志执行主编康淑云同志全程负责出版流程。北京绿能煤炭经济研究基金会秘书长王蕾同志承担了该汇编的文秘工作。经众人合作，初稿已在去年年中完成，准备开机印制。恰在此时，我们在 2020 年运用本指数理性预期的中国煤炭产业经济异常情况发生，而且愈演愈烈。我们研发的景气指数的及时、客观、全面、准确性再一次得到实证。2021 年一、二、三季度和年度景气指数研究报告引起高度重视。基于此情况，我们向出版社提出在原布局谋篇基础上扩编 2021 年的内容，出版社不仅同意，还应急安排责任编辑抓紧。在此，我向为本书出版做出贡献的人员致以谢意！由于增添了内容，不得不推迟出版日期，但为本书的出版增添了亮点。在此，向出版社致以真诚的谢意！

2022 年 5 月